顾问◎朱新力　任亦秋

立法前沿

（第一辑）

主编◎郑春燕　田梦海

ZHEJIANG UNIVERSITY PRESS
浙江大学出版社

图书在版编目（CIP）数据

立法前沿(第一辑) / 郑春燕,田梦海主编. —杭州：
浙江大学出版社，2017.10
ISBN 978-7-308-17382-7

Ⅰ.①立… Ⅱ.①郑… ②田… Ⅲ.①地方法规—立
法—研究—中国 Ⅳ.①D927

中国版本图书馆 CIP 数据核字（2017）第 221733 号

立法前沿(第一辑)

主编 郑春燕 田梦海

责任编辑 姜井勇(jiangjingyong@zju.edu.cn)
责任校对 罗人智
封面设计 周 灵
出版发行 浙江大学出版社
（杭州市天目山路 148 号 邮政编码 310007）
（网址：http://www.zjupress.com）
排 版 杭州中大图文设计有限公司
印 刷 杭州日报报业集团盛元印务有限公司
开 本 787mm×1092mm 1/16
印 张 13.5
字 数 241 千
版 印 次 2017 年 10 月第 1 版 2017 年 10 月第 1 次印刷
书 号 ISBN 978-7-308-17382-7
定 价 50.00 元

目录
Contents

名家论坛

地方立法的立法依据与权利能力辨析

◎莫纪宏

摘　要：本文通过考察宪法和立法法文本的方式，结合现行宪法所规定的中央与地方关系，从法理上明确地否定了分权意义上的"地方立法权"概念作为地方立法的正当性来源的合法性。在此基础上，通过分析地方立法的立法依据的来源和存在形式、特征，结合民事权利能力概念的逻辑构造，通过引进"地方立法权利能力"的概念来构建地方立法的正当性基础，并强调要进一步完善我国宪法和立法法所规定的立法授权机制，加强地方立法的立法监督机制建设，以此来推动地方立法再上一个新台阶。

关键词：地方立法权；授权；立法依据；权利能力；立法监督

当前，地方立法工作遇到的基本法理问题仍然是合宪性和合法性不清晰，无法形成整全的地方立法体制、机制和制度。尽管 2015 年 3 月 15 日十二届全国人大四次会议修订了 2000 年出台的《中华人民共和国立法法》，扩大了地方立法的"空间"和"范围"，但由于我国现行宪法和立法法并没有在法理上真正有效地解决地方立法的正当性问题，故在深化地方立法工作、提升地方立法能力、强化地方立法作用方面，存在着许多无法用法治原则来建立规范化的地方立法体制、机制和制度的法理困境与制度障碍。这些问题必须在理论上给予高度关注，与此同时，应当运用恰当的法律解释方法来为地方立法提供必要的正当性依据。本文试图运用"地方立法的立法依据"和"地方立法权利能力"两个概念来为地方立法的正当性提供较为科学的法解释路径，以期为地方立法工作做出些微的理论贡献。

莫纪宏，中国社会科学院法学研究所副所长，研究员。

一、地方立法权概念的缺失表明地方立法
缺少法律上的独立性和自主性

众所周知,宪法是我国的根本大法,具有最高法律效力。现行宪法第5条第三款规定:"一切法律、行政法规和地方性法规都不得同宪法相抵触。"在中国特色社会主义法律体系中,地方立法也是重要的立法层次,地方性法规和地方政府规章作为地方立法的最主要的形式,必须要服从作为根本法的宪法的要求。但可惜的是,我国现行宪法文本中并没有"地方立法权"的概念,只有"国家立法权"的术语①。很显然,依据宪法规定享有"立法权",才能保证享有"立法权"的立法主体立法行为的主动性和自主性。可以说,"地方立法权"是地方立法的正当性基础,没有"权",哪来的"正当性"? 当然,这里的"权",是国家权力性质的,是 power,而不是 right。可惜的是,在现行宪法没有赋予地方立法权的制度大前提下,地方立法权的概念却一直在地方立法实践中使用,导致地方立法的"立法依据"在理论上出现了混乱。

值得注意的是,"地方立法权"概念甚至在 2000 年全国人大制定的《中华人民共和国立法法》的法律文本中也没有出现。2015 年修订的《中华人民共和国立法法》第3条明确规定,"立法应当遵循宪法的基本原则",故在新修订的立法法文本中也没有出现"地方立法权"概念。不仅如此,《中华人民共和国立法法》第2条还明确规定:"法律、行政法规、地方性法规、自治条例和单行条例的制定、修改和废止,适用本法。""国务院部门规章和地方政府规章的制定、修改和废止,依照本法的有关规定执行。"上述条款涉及地方立法的立法形式至少有地方性法规、自治条例和单行条例、地方政府规章,制定地方性法规、自治条例和单行条例、地方政府规章的立法主体的立法行为正当性来自何处呢? 毋庸置疑,《中华人民共和国立法法》是地方立法的"立法依据"。因为《中华人民共和国立法法》第2条已经明确规定"地方性法规、自治条例和单行条例的制定、修改和废止,适用本法","地方政府规章的制定、修改和废止,依照本法的有关规定执行"。相对于地方立法基于"地方立法权"运作来说,"地方立法权"的概念无疑赋予了地方立法主体一定的立法自由裁量权,也就是说,基于"地方立法权"而进行的地方立法具有自主性立法的特征,而缺少"地方立法权"保障的地方立法,只能按照"立法依据"来立法,地方立法主体没有独立的立法自由裁量权和自主性处分立法行为的能力。

---

① 我国现行宪法第58条规定:"全国人民代表大会和全国人民代表大会常务委员会行使国家立法权。"

　　不过,在地方立法实践中,"地方立法权"的概念在学理和政策上一直被"误用"。我国的地方立法一直是在相对于中央立法的立法框架内运行的。首先,在政策层面,党的十八届三中全会审议通过的《中共中央关于全面深化改革若干重大问题的决定》就明确提出了"逐步增加有地方立法权的较大的市数量"的政策要求。很显然,上述规定中的"逐步增加有地方立法权的较大的市数量"的表述体现了两层含义:一是已经存在着"有地方立法权的较大的市";二是"逐步增加"进一步肯定了"有地方立法权的较大的市"的政策依据。不过,该《决定》中的"有地方立法权的较大的市"的概念并没有反映到 2015 年 3 月 15 日十二届全国人大四次会议修订的《中华人民共和国立法法》的文本中,故"地方立法权"只是一个政策性概念。从学理上来看,据 CNKI 数据统计,"地方立法权"主题词条下共有 23060 条数据,"地方立法权"篇名词条下共有 557 条数据[①],"地方立法权"俨然是探讨地方立法问题的常用术语,这说明学界基本认可"地方立法权"的概念并用这个概念来表述地方立法的正当性。在法理探讨中,"地方立法权"概念与"国家立法权"相对应,存在着"地方立法权"与"国家立法权"之间的"法律关系"。例如,最新的研究地方立法权的文献李少文著的《地方立法权扩张的合宪性与宪法发展》就明确地论证了 2015 年 3 月 15 日十二届全国人大第四次会议修订的《中华人民共和国立法法》对"地方立法权"内涵的拓展和扩张。李文指出:"《立法法》修改扩张地方立法权引起了合宪性争议。宪法对地方立法权的规定十分模糊,并存在很多空白,给国家立法机关留下了较大空间。《立法法》修改是立法者阐明宪法的不确定性、填补宪法空白的表现,形成一种由立法者发展宪法的模式。在规范意义上,地方立法权扩张在民主基础上扩大了地方自治。在功能意义上,它契合八二宪法鼓励实验的精神,有利于推动国家治理体系现代化。地方立法权扩张的正当性和合理性是其发展宪法的理性依据。这个例证表明宪法通过民主机制发挥效力的路径。它构成了我们运行中的宪法。"[②]

　　尽管法理和政策上都给了"地方立法权"概念以一定的正当性空间,但从我国现行宪法所确立的国家体制和中央与地方关系来看,"地方立法权"概念的正当性很显然无法得到宪法的支持。因为"地方立法权"概念要在法理上成立,必须以中央与地方之间具有明确的"分权"事项为前提。我国现行宪法第 3 条第四款是这样表述中央与地方关系的:"中央和地方的国家机构职权的划分,遵循在中央的统一领导下,充分发挥地

---

① 截至 2016 年 10 月 10 日。
② 李少文:《地方立法权扩张的合宪性与宪法发展(论文摘要)》,《法学论坛》2016 年第 2 期。

方的主动性、积极性的原则。"毋庸置疑,根据上述规定,地方没有宪法上独立的事权事项,地方与中央之间的职权划分必须"遵循中央的统一领导",地方国家机构的职权是中央分配的,没有宪法上的自主性。中央可以根据需要,随时扩大或缩小地方国家机构的职权事项,这就形成了新中国成立以后长期存在的"收—放—收"的动态化的中央与地方职权划分关系。从法律属性上来看,地方国家机构的职权来自于中央国家机构的授权。其基本的性质是"授权",而"授权"的形式表现丰富。有通过中央一级的立法,例如全国人大及其常委会制定的法律、有法律效力的决定,国务院制定的行政法规来规定地方立法的范围,也有中央国家机构向地方国家机构就具体事项进行专项或特别授权的,等等。基于"授权"的地方立法与作为授权者的中央立法之间的关系是上下级的"服从关系",不存在立法权上的平等和制衡关系。这一点,在《中华人民共和国香港特别行政区基本法》《中华人民共和国澳门特别行政区基本法》中得到了充分体现。例如,《中华人民共和国香港特别行政区基本法》第 2 条明确规定:"全国人民代表大会授权香港特别行政区依照本法的规定实行高度自治,享有行政管理权、立法权、独立的司法权和终审权。"上述条款表明,尽管香港特别行政区的立法机关享有高度自治意义上的"地方立法权",但这种"地方立法权"的性质是"全国人民代表大会授权香港特别行政区依照本法的规定"享有的,在本质上不属于"分权"的范畴,是一种立法授权行为。故香港特别行政区立法机关只能依据全国人大"授权"立法,而不能自主性立法。当然,这种"授权"立法是明确和公开的,基本授权事项都包含在《中华人民共和国香港特别行政区基本法》的范围内。香港、澳门特别行政区的立法机关依据基本法享有高度自治意义上的立法权,其性质尚且属于全国人大"授权",宪法所规定的一般地方立法机关的立法行为的正当性更是直接来源于中央立法机关的"授权",包括民族区域自治地方的立法机关制定自治条例和单行条例,其地方立法的性质都属于"授权立法"的范畴。

明确了我国宪法上所规定的地方立法的正当性来源,对于地方立法机关来说,不论是制定何种意义上的地方立法,首要的问题都是法律法规上的授权依据或者中央立法机关的特别授权。也就是说,地方立法不能自主进行,更不能创造规范。所谓的在改革开放中形成的"超前立法""良性违宪",都与宪法所确立的立法原则格格不入。最起码地说,它们均不符合运用法治思维和法治方式来从事地方立法工作的法治原则的要求。

二、地方立法权利能力与行为能力的立法能力属性二分法，对于整合地方立法的立法依据具有非常重要的建构功能

在分权意义上的"地方立法权"缺少制度层面的合法性的前提下，如何从法理上一般性地概括地方立法的正当性基础呢？在此，可以基于地方立法的"授权"形成授权范围内的立法权利能力，尽管这种立法权利能力是从属性的，不具有独立的立法权意义，但它对于表述地方立法行为的正当性具有非常明显的建构作用。

立法能力是近两年来才开始为学术界关注的立法学理论和实践问题。尤其是，将地方人大立法能力作为专题研究对象，在目前的学术文献中寥寥无几。据中国知网大数据显示，在 2015 年前，没有以"立法能力"作为篇名的论文或文章。只有一篇探讨"立法"与"能力"之间存在一定相关性的文章。据该文介绍，2005 年 2 月 23 日，西安市人大常委会副主任在市十三届人大五次会议的二次全体会议作了西安市人大常委会工作报告。报告中，他提出 2005 年要继续加强地方立法工作，不断提高人大依法履职能力①。上述文献中，"立法"与"能力"之间的联系是间接的，实际论证的主题是通过"立法"来提升人大的履职"能力"，而没有侧重讨论地方人大本身的立法"能力"。明确以"立法能力"作为篇名主题的文献，只能追溯到 2015 年 4 月 28 日《西江日报》上刊登的"提高地方立法能力，推进法治社会建设"②一文。上述文献首次涉及了地方立法能力，当然也涵盖了"地方人大立法能力"。此外，还有若干篇文献，主要是报纸上所转载的地方人大工作报告，涉及了地方人大立法能力问题，例如苏励、王玉亮的"增强立法能力，提升立法质量，为良法善治提供制度基础"③，张会永的"提升立法能力，为改革发展护航"④，宋镕培的"行使地方立法权，立法能力最重要"⑤等。具有一定学术理论探讨性的文章有黄建丰、吴成江的"提升立法能力，锻造有含金量良法——佛山市地方立法工作准备的思考"⑥，任声的"我省对第一批开始制定地方性法规的市开展评估

---

① 师炜：《继续加强地方立法工作不断提高依法履职能力》，《西安日报》2005 年 2 月 24 日。
② 袁绫、吴文颂、岑龙基：《提高地方立法能力，推进法治社会建设》，《西江日报》2015 年 4 月 28 日。
③ 《河北日报》2015 年 3 月 11 日。
④ 《湛江日报》2015 年 3 月 1 日。
⑤ 《四川法制报》2015 年 12 月 1 日。
⑥ 《人民之声》2015 年第 6 期。

工作,肖志恒:要在提高立法能力立法质量上下功夫"①等。真正从学术角度来探讨"立法能力"问题的学术论文,目前能够看到的第一篇文献是王辉发表在《中共太原市委党校学报》上的学术论文"国家治理现代化中的立法能力现代化初探",在该文中,作者全面和系统地论述了提升立法能力的重要性。突出地方人大立法能力建设的文献只有 2016 年 3 月 14 日《宁夏日报》记者李志廷、马晓芳、徐佳敏、李徽报道的"马三刚代表:加强地方人大立法能力建设"②。在此之前,还有《宁夏日报》2016 年 3 月 3 日的一篇报道"自治区人大常委会调研评估立法能力建设"③。

由此可见,地方立法能力仍然是一个整合性概念,在法理上并没有与"地方立法权"、地方立法的立法依据等概念有机地结合起来。如果能够从法律行为的一般原理出发,对地方立法的正当性作出地方立法权利能力与行为能力的能力属性二分法的区分,将会摆脱目前地方立法的法律依据模糊和不规范的法律困境,以正当性来界定地方立法权利能力,通过最大限度地利用作为地方立法的各种"授权"依据,使得地方立法的正当性通过"地方立法权利能力"的概念规范化地表达出来,从而避免使用分权意义上的"地方立法权"概念,保证地方立法机关更好地认清地方立法的法律性质,定好位、用好权,最大限度地调动地方立法机关的积极性和主动性,把法治原则全面引进地方立法工作中,使得法治思维和法治方式成为指导地方立法工作的重要抓手。

权利能力制度来源于高度发达的罗马法。在罗马法中,生物意义上的人称为"homo",具有主体资格的人称为"caput",只有当"homo"具有"caput"身份时,才是法律意义上的"人"(persona)。这种人在法律上的地位称为"personalita"(人格)。④ 在罗马法中,虽然说人与人之间并不平等,但该法律制度在人类历史上首创了"法律上的人",使生物意义上的人与法律上的人区分开来,为以后权利能力的研究和立法奠定了基础。在近现代法律制度上,权利能力问题主要在民事法律制度中得到了具体体现。《德国民法典》将权利能力与自然人的身份紧密结合在一起,其在第 1 条中就规定:"人的权利能力自出生完成时就开始。""权利能力"在《德国民法典》中成为人人平等原则的具体法律体现。"权利能力"在民事法律制度中逐渐拓展到法律上拟制的"人",即法人也可以根据法律上赋予的"权利能力"来从事相关的民事活动。"民事权利能力"成

---

① 《人民之声》2015 年第 5 期。
② 《宁夏日报》2016 年 3 月 14 日。
③ 姜璐:《自治区人大常委会调研评估立法能力建设》,《宁夏日报》2016 年 3 月 3 日。
④ 宗宁:《论法人的权利能力》,西南政法大学硕士学位论文。参见网址:http://www.doc88.com/p-2641098149426.html,访问日期 2016 年 10 月 10 日。

为民事活动主体所具备的法律上的"资格"。

"权利能力"的行为可能性原理虽然在公法上运用得很少,但其对国家机构行使权力的正当性控制也是很有效的。对于立法机关来说,立法权利能力的概念首先能够为立法机关的立法行为确定一个明确的可能性界限。为此,在深入开展我国地方立法的法理研究时,完全可以引进民事权利能力的理论,通过构建"立法权利能力"的概念,来解决在缺少分权意义上的"地方立法权"概念的前提下地方立法的一般正当性问题。

运用立法权利能力的法理来分析我国当下地方人大的能力建设,首先需要加以研究的重点问题就是立法机关的立法权利能力应当包括立法权中哪些层面的内涵。从权利能力主体的一般法律特征来看,立法权利能力可以分为两个层次:一是立法机关的立法资格,也就是说是否可以作为合法的立法主体资格存在;二是在立法权限划分中获得的立法事权内涵到底有多大。

关于立法机关的立法资格,涉及不同的立法体制。在实行三权分立的体制下,立法权的享有机关是非常明确的,除了宪法规定的立法机关之外,其他机关不得直接行使立法权。当然,通过立法机关自身的授权获得的立法权除外。例如,1949 年《联邦德国基本法》第 20 条第三款规定:"立法权应受宪法之限制,行政权与司法权应受立法权与法律之限制。"很显然,根据上述规定,在联邦德国,只有宪法规定的立法机关才享有立法权,在宪法上没有立法权的国家机关不属于立法机关。不过,不享有立法权并不意味着就不具有立法权利能力,如果通过有立法权的立法机关授权,也可以获得授权范围内的有限的立法权利能力。故当立法权利能力概念从立法权概念中分离出来之后,实际上可以发现,不一定只有立法机关才可以立法,不属于立法机关的其他性质的国家机关,也可以具有一定的立法权利能力。因此,在法理上,不适宜把只要是可以立法的国家机关都视为立法机关。同样在 1949 年《联邦德国基本法》的框架下,国际组织根据该基本法的规定,也可以获得一定的立法权利能力。《联邦德国基本法》第 24 条第一款规定:"联邦得以立法将主权转让于国际组织。"很显然,上述规定也包括了将立法权的部分事项转让给国际组织,从而使得相关的国际组织获得一种立法权利能力,但这并不意味着获得部分主权转让的国际组织本身就具有了立法机关的性质。

将基于立法权的立法和根据立法权利能力的立法在实践中区分开来,对于加强地方立法能力建设来说,是很有帮助的。既然我国现行宪法并没有明确肯定"地方立法权"的概念,那么,地方国家机关,不论是地方人大,还是地方人民政府,就不是基于地方立法权来立法,而是根据宪法和法律赋予的立法权利能力来立法。要提升地方立法能力,首先考虑的不是如何在宪法和法律中确定地方立法权的地位问题,而是应当强调如何强化地方立法权利能力。由于立法权利能力受到宪法和法律授权以及享有立法权的立法机关全国人大及其常委会的特别授权的制约,故加强地方立法权利能力建设更多的是要从如何扩大地方立法的授权出发,通过授权来扩大地方立法权利能力,使得地方立法更好地适应立法需求。当然,从立法体制上来说,解决地方立法自主性的问题,最终还要从宪法上肯定"地方立法权"的概念入手。如果地方立法始终没有"地方立法权"的宪法依据,那么,地方立法将始终处于一种被动状态,缺少立法上的主动性,特别是无法真正有效地获得独立的立法事权。从国外的立法实践可以得出这样的结论,只有基于立法权的立法才具有立法上的主动性。例如,1949 年《联邦德国基本法》第 105 条就在税收立法上明确地区分了联邦立法权和州立法权。该条规定:(1)联邦对关税及财政专卖有专属之立法权。(2)赋税收入之全部或一部如划归联邦或遇有本基本法第 72 条第(二)项规定之情形时,联邦对其余之赋税有共同立法权;对地方性之消费税与交易税,如其不属联邦法律所定税收之同一种类时,各州有立法权。很显然,根据上述规定,在联邦德国,联邦与州都有独立的立法权,也就是说,州也存在基于立法权而立法的专门立法机关。当然,没有立法权的其他性质的联邦和州机关,也可以基于立法权利能力立法,但这种立法与联邦和州立法机关基于立法权的立法不可混为一谈。《联邦德国基本法》第 129 条针对法规的立法地位就规定了授权的限制,该条规定:法规(Rechtsvorschriften)如继续以联邦法律施行,其定有发布命令(Rechtsverordnungen)或一般性行政规程及采取行政行为之授权者,此项授权应移归目前主管该事项之机关。如有疑义,联邦政府应以联邦参议院之同意决定之;此项决定应予公布。法规如继续以各邦法律施行,其定有此项授权者,应由各邦法律所定主管机关行使之。上述规定,如授权修改或补充法规或授权发布法规代替法律者,其授权应失效。由此可见,从法理上来看,不是基于立法权的立法必须具有制度上的授权源头,可以根据授权获得立法权利能力。这种区分立法权与立法权利能力的立法制度确实一方面有利于充分保障立法机关的立法权威,另一方面又可以调动立法机关之外的其他国家机关基于授权获得立法权利能力进行必要立法的积极性和主动性。

三、地方立法的正当性需要完备的立法监督制度加以保障

根据我国现行宪法和立法法的规定,包括地方性法规、自治条例、单行条例和地方政府规章在内的地方立法,在正当性上都存在很大的瑕疵。也就是说,我国现有的立法体制不支持分权意义上的"地方立法",只认同授权意义下的地方立法。但由于我国

现行的授权立法机制不健全,授权主体、范围、程序、效力等都不是很规范,特别是享有国家立法权的全国人大及其常委会本身的立法行为能力有限,致使在立法实践中,无法为众多的地方立法需求提供必要的授权依据。所以,在地方立法实践中,如果一味地要求地方立法机关事事都要有授权依据,不论是法律法规的一般授权,抑或是全国人大及其常委会的特别授权,都是不太现实的。授权依据对地方立法的正当性的约束效力不够,效率不高。在此背景下,必须在分权意义上的"地方立法权"与授权意义下的"地方立法权利能力"之间努力寻找一个制度上的平衡点。这个平衡点可以通过完善对地方立法的立法监督制度建设来实现。

我国现行宪法、立法法和监督法都对地方立法的立法监督作出了一定层次的规定。其中,"不相抵触原则"和"备案审查制度"是保证地方立法正当性的最重要的立法监督机制。

"不相抵触原则"实际上在授权机关无力给予地方立法机关充分的授权依据和不具有较高的立法监督能力的前提下,赋予了地方立法机关自我监督的"义务"。现行宪法第5条第三款规定:"一切法律、行政法规和地方性法规都不得同宪法相抵触。"这里的"不得同宪法相抵触"主要还是约束地方立法机关的,也就是说,地方立法机关制定地方性法规和地方政府规章,应当自己审查相关的地方性法规和地方政府规章是否具有宪法上的授权依据以及是否与宪法、立法法的授权原则相冲突。当然,我国现行立法法第99条、第100条还涉及了对违宪违法的行政法规、地方性法规、自治条例和单行条例的审查制度,这种制度既可以在受审查的对象产生法律效力之前进行,也可以在受审查对象生效之后进行。例如,2015年新修订的《中华人民共和国立法法》第72条第二、三款规定:设区的市的人民代表大会及其常务委员会根据本市的具体情况和实际需要,在不同宪法、法律、行政法规和本省、自治区的地方性法规相抵触的前提下,可以对城乡建设与管理、环境保护、历史文化保护等方面的事项制定地方性法规,法律对设区的市制定地方性法规的事项另有规定的,从其规定。设区的市的地方性法规须报省、自治区的人民代表大会常务委员会批准后施行。省、自治区的人民代表大会常务委员会对报请批准的地方性法规,应当对其合法性进行审查,同宪法、法律、行政法规和本省、自治区的地方性法规不抵触的,应当在四个月内予以批准。省、自治区的人民代表大会常务委员会在对报请批准的设区的市的地方性法规进行审查时,发现其同本省、自治区的人民政府的规章相抵触的,应当作出处理决定。从上述规定来看,设区的市制定地方性法规,在正式生效之前是需要进行"不相抵触"方面的合宪性和合法性审查的,这种合宪性和合法性审查机制,如果结合《立法法》第 99 条和第 100 条的规定,在立法监督的制度层面,最终应当通过全国人大常委会行使地方性法规的违宪违法审查权来解决。只不过在立法监督的实践中,全国人大常委会还没有依据《立法法》的相关规定作出过一例正式的地方性法规的违宪违法审查,这就需要全国人大常委会进一步发挥自身的主动性和积极性来保证地方立法的正当性。

关于"备案审查"立法监督制度,现行立法法第五章的主题就是"适用与备案审查"。"备案审查"包含了"只备不审""既备又审""直接审查"三种情形。其中《立法法》第 98 条规定了各类备案情形:行政法规、地方性法规、自治条例和单行条例、规章应当在公布后的三十日内依照下列规定报有关机关备案:

(一)行政法规报全国人民代表大会常务委员会备案;

(二)省、自治区、直辖市的人民代表大会及其常务委员会制定的地方性法规,报全国人民代表大会常务委员会和国务院备案;设区的市、自治州的人民代表大会及其常务委员会制定的地方性法规,由省、自治区的人民代表大会常务委员会报全国人民代表大会常务委员会和国务院备案;

(三)自治州、自治县的人民代表大会制定的自治条例和单行条例,由省、自治区、直辖市的人民代表大会常务委员会报全国人民代表大会常务委员会和国务院备案;自治条例、单行条例报送备案时,应当说明对法律、行政法规、地方性法规作出变通的情况;

(四)部门规章和地方政府规章报国务院备案;地方政府规章应当同时报本级人民代表大会常务委员会备案;设区的市、自治州的人民政府制定的规章应当同时报省、自治区的人民代表大会常务委员会和人民政府备案;

(五)根据授权制定的法规应当报授权决定规定的机关备案;经济特区法规报送备案时,应当说明对法律、行政法规、地方性法规作出变通的情况。

《立法法》第 98 条规定的上述五种情形的立法备案有四项涉及了地方立法的备案,包括对地方性法规、自治条例、单行条例、地方政府规章以及特别授权地方立法的备案。这些备案方面的规定与立法法第 99 条、第 100 条关于地方性法规受违宪违法审查的规定等立法监督制度结合在一起,共同构成了对地方立法的正当性的有效控制机制。

总之,我国当下的地方立法是完全可以纳入规范化的法治原则框架下来加以完善的。在宪法所确立的中央与地方关系基本原则不变的情况下,完全可以不依赖于分权意义上的"地方立法权"概念来推动地方立法工作。即,可以在加强授权立法的前提下,通过进一步明确地方立法的立法依据和引进地方立法权利能力的概念,来不断地提升地方立法机关立法工作的主动性和能动性,努力推进地方立法工作迈上一个新的台阶。

立法专论

论设区的市的地方性法规之立法前评估

◎李春燕

摘　要:立法前评估是提高设区的市的地方性法规的立法质量的重要方法。为保证评估的实效性,应当在立法计划阶段,由设区的市的人民代表大会或其常务委员会组织实施立法前评估。在评估时,主要评估该立法项目的必要性、可行性、合法性、协调性、民主性、科学性、规范性与可执行性,并对该立法项目的成本与效益、实施后的影响进行分析。在评估方法上,应当综合采用法学评估方法、社会学评估方法和经济学评估方法。

关键词:设区的市的地方性法规;立法前评估;评估时间;评估机构;评估指标

一、问题缘起:提高设区的市的地方性法规的立法质量

2011 年《全国人民代表大会常务委员会工作报告》指出:"中国特色社会主义法律体系已经形成,国家经济建设、政治建设、文化建设、社会建设以及生态文明建设的各个方面实现有法可依。"学界认为,在中国特色社会主义法律体系形成之后,中国的法治建设需要从追求立法数量和速度的"前立法时代",全面转向攻克立法难题、开拓立法深度、提高立法质量的"后立法时代"。[①] 2015 年 3 月 15 日,第十二届全国人民代表大会第三次会议审议通过《关于修改〈中华人民共和国立法法〉的决定》。本次修改以

李春燕,浙江财经大学法学院副教授。

① 蒋苏淮:《中国特色社会主义法律体系建成后"立法中心主义"的转向》,《河北法学》2012 年第 4 期。

"提高立法质量为重点"①,举措之一是确立了法律的立法前评估制度。② 不过,笔者更关注的是设区的市的地方性法规的立法前评估制度。

中国特色社会主义法律体系在形成之时,即到 2010 年年底,中国已制定现行有效法律 236 件、行政法规 690 多件、地方性法规 8600 多件。③ 其中,地方性法规的数量之多,令人瞠目。与此同时,中国拥有地方性法规制定权的设区的市仅有 49 个(包括 27 个省、自治区的人民政府所在地的市,4 个经济特区所在地的市和 18 个经国务院批准的较大的市)。如今,新修正的《立法法》赋予其他 235 个设区的市的人民代表大会及其常务委员会地方性法规制定权。同时,除设区的市的人民代表大会及其常务委员会外,自治州的人民代表大会及其常务委员会可以行使设区的市制定地方性法规的职权,广东省东莞市、中山市,甘肃省嘉峪关市和海南省三沙市,也将比照设区的市被授予地方立法权。

诚然,其他设区的市的人民代表大会及其常务委员会开始制定地方性法规的具体步骤和时间,尚有待于各省、自治区人民代表大会常务委员会批准。④ 但在实践中,各省、自治区人民代表大会常务委员会的批准步伐都迈得很大。据统计,截至 2016 年 7 月底,在新赋予地方立法权的 273 个设区的市、自治州、不设区的地级市中,各省、自治区已经确定可以开始制定地方性法规的有 263 个,占 96.3%;已经行使地方立法权的设区的市,陆续开展地方性法规制定工作,已有 123 个市、自治州人大及其常委会审议通过并经省、自治区人大常委会批准的地方性法规 147 件,其中,立法条例 115 件,其

---

① 李建国:《关于〈中华人民共和国立法法修正案(草案)〉的说明——2015 年 3 月 8 日在第十二届全国人民代表大会第三次会议上》,《中华人民共和国全国人民代表大会常务委员会公报》2015 年第 2 期。

② 《全国人民代表大会关于修改〈中华人民共和国立法法〉的决定》规定:"十三、增加一条,作为第三十九条:'拟提请常务委员会会议审议通过的法律案,在法律委员会提出审议结果报告前,常务委员会工作机构可以对法律草案中主要制度规范的可行性、法律出台时机、法律实施的社会效果和可能出现的问题等进行评估。评估情况由法律委员会在审议结果报告中予以说明。'"参见《全国人民代表大会关于修改〈中华人民共和国立法法〉的决定》,《中华人民共和国全国人民代表大会常务委员会公报》2015 年第 2 期。

③ 吴邦国:《全国人民代表大会常务委员会工作报告——2011 年 3 月 10 日在第十一届全国人民代表大会第四次会议上》,《中国人大》2011 年第 6 期。

④ 《立法法》第 72 条第四款规定:"除省、自治区的人民政府所在地的市,经济特区所在地的市和国务院已经批准的较大的市以外,其他设区的市开始制定地方性法规的具体步骤和时间,由省、自治区的人民代表大会常务委员会综合考虑本省、自治区所辖的设区的市的人口数量、地域面积、经济社会发展情况以及立法需求、立法能力等因素确定,并报全国人民代表大会及其常务委员会和国务院备案。"

他地方性法规 32 件。① 可以预见,未来,中国社会主义法律体系的主体部分仍将是地方性法规。在这种情况下,提高地方性法规的立法质量之于提高中国整体的立法质量就具有了举足轻重的意义。与此同时,与省、自治区人民代表大会及其常务委员会相比,设区的市(特别是新增地方立法权的设区的市)的人民代表大会及其常务委员会立法经验不足,如何提高其立法质量更加值得关注。

确实,《立法法》没有明确规定设区的市的地方性法规应当进行立法前评估。不过,《立法法》第 77 条要求,地方性法规案的"提出、审议和表决程序,根据中华人民共和国地方各级人民代表大会和地方各级人民政府组织法,参照本法第二章第二节、第三节、第五节的规定,由本级人民代表大会规定"。前述确立法律的立法前评估制度的《立法法》第 39 条正位于《立法法》第二章第三节。因此,设区的市的人民代表大会在规定地方性法规的制定程序时,可以明确规定立法前评估制度。或者说,建立设区的市的地方性法规的立法前评估制度具有《立法法》依据。

另外,在《立法法》修正前,中国地方性法规立法前评估的理论、立法与实践都有所发展。理论方面,学界对立法前评估的内涵、评估标准、评估方法、评估指标体系等进行了探讨;立法方面,如,《陕西省地方法评估工作规定》(2012 年 11 月 21 日陕西省第十一届人民代表大会常务委员会第 107 次主任会议通过)和《广东省人民代表大会及其常务委员会立法评估工作规定(试行)》(2013 年 7 月 17 日广东省第十二届人民代表大会及其常务委员会第九次主任会议通过)明确规定了地方性法规的立法前评估制度;实践方面,2012 年 4 月,山东省人民代表大会常务委员会把《山东省专利保护条例(修订)》和《山东省辐射污染防治条例》等立法项目委托给第三方山东省社会科学院和山东大学进行立法前评估②。毋庸置疑,前述理论、立法与实践对建立健全设区的市的地方性法规的立法前评估制度具有重要意义。不过,修正后的《立法法》对设区的市的地方性法规有一些特别规定,这就对立法前评估提出了新的要求。下文将根据《立法法》,并借鉴已有的地方性法规立法前评估经验,对设区的市的地方性法规的立法前评估制度的构建发表浅见。

---

① 参见李建国:《努力将地方立法工作提高到一个新水平——在第二十二次全国地方立法研讨会上的讲话(摘要)》,中国人大网:http://www.npc.gov.cn/npc/xinwen/2016-09/14/content_1997476.htm,访问日期 2016 年 9 月 20 日。

② 李占江:《我省首次对法规进行立法前评估》,《大众日报》2012 年 4 月 25 日。

二、对设区的市的地方性法规实施立法前评估的时间

一般而言，设区的市的地方性法规的出台过程分为三个阶段：一是立法准备阶段，包括立法规划（一般为五年期）与年度立法计划。二是正式立法阶段，包括地方性法规的提出、审议和表决程序。三是批准阶段，即将设区的市的地方性法规报请省、自治区人民代表大会常务委员会批准。

那么，立法前评估应当在前述哪个阶段进行？《陕西省地方立法评估工作规定》第2条第二款规定："立法前评估是指对立法选题就其必要性、可行性和成本效益进行调查、论证和评价的活动。"《广东省人民代表大会及其常务委员会立法评估工作规定》第2条规定："本规定所称立法评估包括法规案付表决前评估（以下简称表决前评估）和立法后评估。表决前评估是指地方性法规案提请省人民代表大会常务委员会表决前，对法规案出台的时机、立法可能产生的社会影响等进行预测和研判的活动。"可见，两者规定并不一致：前者发生于立法准备阶段，后者则具有广阔的解释空间——可以是正式立法阶段，也可以是立法准备阶段。笔者认为，从提高立法质量和立法效率角度出发，设区的市的地方性法规的立法前评估宜在立法准备阶段进行。这是因为，第一，未经立法前评估的项目，若直接进入正式立法程序，就可能无法通过审议，或者侥幸蒙混过关，最终因立法质量低而无法实现预期立法目的。无论何种结局，都是对立法资源的浪费。第二，进入正式立法阶段的立法项目都已经形成立法草案，此时进行评估，评估机构往往过多地关注"细节"，关注草案本身的立法质量，而忽略了立法的必要性等基础性问题。

另外，有的设区的市的人民代表大会及其常务委员会根据具体情况，对列入年度立法计划的项目再进行划分，如《徐州市人民代表大会常务委员会2015年立法计划》[徐州市第十五届人民代表大会及其常务委员会公告（第20号）]由"立法制定项目""立法预备项目"和"调研项目"构成，各项目之下仅列出地方性法规的名称；《宁波市人民代表大会常务委员会2015年立法计划》（2015年1月16日宁波市十四届人民代表大会常务委员会第二十一次会议通过）由"制定项目""继续审议"项目和"论证或调研项目"构成，其中"继续审议"项目仅列出地方性法规的名称，其他两类项目除列出地方性法规的名称外，"制定项目"还列出了"起草单位"与"联系工委"，"论证或调研项目"还列出了"牵头工委"和"参加单位"；《杭州市人民代表大会常务委员会2015年立法工作计划》（杭州市第十二届人民代表大会常务委员会第二十四次会议通过）由"继续审议

立法项目""正式立法项目""预备立法项目"和"调研立法项目"构成,各项目之下仅列出地方性法规的名称。那么,立法前评估应针对哪些项目进行? 对此,笔者认为应注意两点:一是遵循节约成本原则。立法前评估需要支付一定成本,因此除非有特殊情况,否则无须对地方性法规重复进行立法前评估。二是立法前评估的内容非常丰富,可以一次进行,也可以多次进行,但各次评估的侧重点是不同的。如,对"(论证或)调研(立法)项目"进行立法前评估时,主要是评估立法的必要性和立法时机是否成熟;对"立法制定项目"和"立法预备项目"进行立法前评估时,主要是评估已经起草完毕的地方性法规草案的立法质量及其实施的影响。

三、对设区的市的地方性法规实施立法前评估的主体

立法前评估,由设区的市的人民代表大会各专门委员会或常务委员会各工作委员会组织进行。具体的实施主体,可以是设区的市的人民代表大会各专门委员会或常务委员会各工作委员会,也可以是它们委托的第三方机构。① 第三方机构的介入价值在于其中立性与专业性。

在确定由第三方机构来实施评估时,有两个问题值得关注:一是第三方机构应当具备实施立法前评估的能力,如是否具有熟悉相关立法事项的人员,是否具有熟悉立法技术的人员,是否有进行调研与分析的时间、设备,等等。至于该机构是否以营利为目的,则无关紧要。二是当地方性法规草案由行政机关起草时,委托第三方机构来实施评估的委托方不宜是该行政机关。实践中,有的设区的市的人民代表大会常务委员会直接通知起草地方性法规的行政机关,要求其组织完成立法前评估。于是,该行政机关便直接指定第三方机构或通过招标投标程序确定第三方机构实施评估。此时,设区的市的人民代表大会或其常务委员会若承担立法前评估费用,尚可接受该行政机关确定的第三方机构;若由该行政机关来承担立法前评估费用,那么该行政机关确定的第三方机构的中立性就值得怀疑。

---

① 《中共中央关于全面推进依法治国若干重大问题的决定》将引入第三方评估作为"完善立法体制"的方法之一进行规定,即:"明确立法权力边界,体制机制和工作程序上有效防止部门利益和地方保护主义法律化。对部门间争议较大的重要立法事项,由决策机关引入第三方评估,充分听取各方意见,协调决定,不能久拖不决。"参见《中国纪检监察》2014 年第 21 期。

四、对设区的市的地方性法规实施立法前评估的指标

立法前评估的指标直接关系到立法前评估的质量，因此备受关注。

有学者主张，"立法前重点评估立法的必要性、合法性、协调性和可操作性，但关键是评估该法所要设计和安排的重要制度的约束条件，有的是经济约束，有的是制度约束……"①也有学者主张，地方性法规立法前评价的基本指标包括四项：一是立法的必要性与可行性；二是拟制定的地方性法规与国家法律体系的一致性和与上位法的不抵触性，即合法性；三是拟制定的地方性法规对经济、社会、文化、就业、环境的影响，即影响性；四是对拟制定的地方性法规实施后产生的经济效益、社会效益、生态效益的预测和分析，以及对其立法成本、宣教成本、执法成本、守法成本的预测和分析，即效益与成本分析。②

笔者认为，前述学理概括非常精辟。但具体到设区的市的地方性法规的立法前评估的指标，除关注常规性的评价指标外，还应当关注《立法法》的规定。《立法法》的规定可分为一般规定和特别规定，前者适用于所有法律文件的立法前评估，后者适用于全部地方性法规或者设区的市的地方性法规的立法前评估。

（一）《立法法》的特别规定

1. 立法的必要性

根据《立法法》第 72 条第二款的规定，设区的市的地方性法规的制定，必须"根据本市……实际需要"进行。这是立法前评估的立法必要性指标的法律依据。

立法的必要性指标，旨在回答为什么要制定地方性法规。换言之，拟通过制定地方性法规解决什么问题，该问题是否是客观存在，并且无法通过现有立法予以解决。当下，地方性法规应属于"问题导向"的立法，是否准确地捕捉问题和清晰地呈现问题，是评估时需要考虑的因素。

2. 立法的可行性

根据《立法法》第 72 条第二款的规定，设区的市的地方性法规的制定，必须"根据本市的具体情况……"进行。同时，《立法法》第 6 条规定："立法应当从实际出发，适应经济社会发展和全面深化改革的要求……"这是立法前评估的立法可行性指标的法律依据。

---

① 席涛：《立法评估：评估什么和如何评估——以中国立法评估为例（上）》，《政法论坛》2012 年第 5 期。
② 参见俞荣根：《地方立法前质量评价指标体系研究》，《法治研究》2013 年第 5 期。

立法的可行性评估主要回答两个问题:一是特定事项是否适合由法律规范进行调整。法律规范仅仅是调整社会关系的方式之一,而且未必是最好的方式,某些事项或许更适合通过市场机制、道德规范、行业规范或宗教规范进行调整。同时,法律万能主义的危害不亚于法律虚无主义。因此,评估机构需要在判断特定事项的性质的基础上,进一步判断该事项是否适合通过立法来解决。如,《行政许可法》第 13 条规定:"本法第 12 条所列事项,通过下列方式能够予以规范的,可以不设行政许可:(一)公民、法人或者其他组织能够自主决定的;(二)市场竞争机制能够有效调节的;(三)行业组织或者中介机构能够自律管理的;(四)行政机关采用事后监督等其他行政管理方式能够解决的。"这意味着,当拟制定的地方性法规试图通过设定行政许可来解决相关问题时,评估机构必须对该解决方案的可行性作出评价。二是拟制定的地方性法规符合本市的具体情况。在判断本市的"具体情况"时,需要"充分考虑本地经济社会、地理环境、自然条件、风土人情、民族习惯等情况",并判断拟制定的地方性法规是否以"本地发展水平的差别化、多样化、特殊性"为切入点,"因地制宜,创造性地解决地方事务中的问题"。[①]

3. 立法的合法性

立法的合法性指标内容丰富,可分解为以下几个方面。

(1)拟制定地方性法规的设区的市的人民代表大会或其常务委员会是否已经具备了行使立法权的条件。

前文已述,《立法法》虽然授予设区的市的人民代表大会及其常务委员会制定地方性法规的权力,但后者开始制定地方性法规的时间和步骤有待省、自治区人民代表大会常务委员会批准。评估机构通过查阅省、自治区人民代表大会常务委员会的文件,可以完成对这一指标的评估。

(2)拟制定的地方性法规是否超出了设区的市的人民代表大会及其常务委员会的立法权限。

根据《立法法》第 72 条的规定,除非法律另有规定,否则设区的市的人民代表大会及其常务委员会的立法权限仅限于"城乡建设与管理、环境保护、历史文化保护等方面的事项"。因此,首先,评估机构应当查阅单行法律,了解是否有单行法律对设区的市的人民代表大会及其常务委员会的立法权限有特别规定;其次,当对前述问题回答"否"时,评估机构应判断拟制定的地方性法规所调整的是否属于"城乡建设与管理、环

---

① 李高协:《再议地方立法的不抵触、有特色、可操作原则》,《人大研究》2015 年第 9 期。

境保护、历史文化保护等方面的事项"。

"城乡建设与管理""环境保护"和"历史文化保护"都是具有高度概括性的概念。《第十二届全国人民代表大会法律委员会关于〈中华人民共和国立法法修正案〉(草案)审议结果的报告》(2015年3月12日第十二届全国人民代表大会第三次会议主席团第二次会议通过)指出,"从城乡建设与管理看,就包括城乡规划、基础设施建设、市政管理等;从环境保护看,按照环境保护法的规定,范围包括大气、水、海洋、土地、矿藏、森林、草原、湿地、野生生物、自然遗迹、人文遗迹等"。该报告没有提及"历史文化保护"的内涵和外延。同时,对"城乡建设与管理",各地理解存在较大差异。不过,时任全国人大常委会法制工作委员会主任李适时同志指出,中央和国务院出台的《关于深入推进城市执法体制改革改进城市管理工作的指导意见》和《关于进一步加强城市规划建设管理工作的若干意见》"对城市管理的范围作了明确界定",国务院出台的《关于推进中央与地方财政事权和支出责任划分改革的指导意见》对认识地方立法的权限也具有重要意义。① 因此,在评估时,评估机构应当关注前述文件,谨慎判断。毕竟,超越立法权限是最严重的违法行为。

(3)拟制定的地方性法规是否同宪法、法律、行政法规相抵触。

《立法法》第72条要求地方性法规不能同宪法、法律、行政法规相抵触。这是维护法制统一的需要,也是地方立法必须坚守的底线。

对于相抵触的标准,《立法法》没有明确规定,《最高人民法院关于审理行政案件适用法律规范问题的座谈会纪要》(法〔2004〕第96号)中列举的"下位法违反上位法"的10种情形可资参考:第一,下位法限制或者剥夺上位法规定的权利,或者违反上位法立法目的扩大上位法规定的权利范围;第二,下位法扩大行政主体或其职权范围;第三,下位法延长上位法规定的履行法定职责期限;第四,下位法以参照、准用等方式扩大或者限缩上位法规定的义务或者义务主体的范围、性质或者条件;第五,下位法增设或者限缩违反上位法规定的适用条件;第六,下位法扩大或者限缩上位法规定的给予行政处罚的行为、种类和幅度的范围;第七,下位法改变上位法已规定的违法行为的性质;第八,下位法超出上位法规定的强制措施的适用范围、种类和方式,以及增设或者限缩其适用条件;第九,法规、规章或者其他规范文件设定不符合行政许可法规定的行政许可,或者增设违反上位法的行政许可条件;第十,其他相抵触的情形。

---

① 参见李适时:《在第二十二次全国地方立法研讨会上的小结》,中国人大网:http://www.npc.gov.cn/npc/lfzt/rlyw/2016-09/18/content_1997525.htm,访问日期2016年9月20日。

另外,在判断拟制定的地方性法规是否同宪法、法律、行政法规相抵触时,被调整的事项的性质——授益和损益——也是应当考虑的因素。对授益事项,国家法一般都是设定固定标准或者最低标准。关于固定标准,"各地方可以对其改变,但一般只能是提高标准,如果是低于固定标准,则……构成抵触;关于最低标准,各地方权力机关根据经济发展状况,作出等于最低标准或者超过最低标准的给付、奖励等规定,此时,并不构成与上位法的抵触;如果地方性法规设定的给付、奖励等标准低于国家最低标准,或者作出了额外的义务规定,则构成与国家法的抵触"。对于损益事项,国家法可能设定有全国最高标准、全国最低标准或全国一致的标准,"如果是全国一致标准,因为涉及对公民权益的损害,所以,地方权力机关改变了该标准,即构成抵触;如果是全国最高标准,则地方性法规如果设定了高于全国最高标准的标准,显然与上位法构成抵触;如果是全国最低标准,则地方性法规若设定了高于全国最低标准的标准,则不构成对法律、行政法规的抵触"。[①]

在判断拟制定的设区的市的地方性法规是否同宪法、法律、行政法规相抵触时,最关键的工作是全面搜集与之相关的宪法条款、法律和行政法规。在这一过程中,评估机构可以向拟制定地方性法规的起草单位寻求帮助,但又不能完全依赖它。

4.立法的非重复性

《立法法》第 73 条第四款规定:"制定地方性法规,对上位法已经明确规定的内容,一般不作重复性规定。"这是立法前评估的非重复性指标的法律依据。

重复立法是当前地方立法的一大通病,它不仅增加了立法成本,浪费了立法资源,而且"导致地方特色或行政管理职能无法发挥,无法体现针对性、适应性及灵活性,不能因地制宜,解决实践中所发生的具体问题,无异于是对上位法所认可的人权保障制度、强制性约束机制、权力制约机制以及社会发展方案的架空,使得上位法的立法目的大打折扣"。[②] 因此,在对拟制定的设区的市的人民代表大会及其常务委员会的地方性法规进行立法前评估时,应当评估其是否构成重复立法。

立法的非重复性评估一般可与立法的合法性评估同步进行。这是因为,在进行立法的合法性评估,特别是对立法项目是否符合"不抵触原则"进行评估时,需要将立法项目与其上位法进行逐条比较。而在这一过程中,就会发现立法项目是否存在完全、部分或少量复制或变相复制上位法的情形。

---

① 孙波:《地方立法"不抵触"原则探析——兼论日本"法律先占"理论》,《政治与法律》2013 年第 6 期。
② 吕新华:《论重复立法之克服》,《湖北警官学院学报》2014 年第 7 期。

立法的非重复性评估的难点在于,《立法法》并未绝对禁止重复立法。对于"一般"之例外的内容,尚需全国人民代表大会常务委员会作出法律解释。

(二)《立法法》的一般规定

1. 立法的协调性

立法的协调性主要是解决同位法之间的冲突问题。诚然,同位法之间的冲突,可以通过《立法法》确立的后法优于先法、特别法优于一般法的法律适用规则予以解决,但这毕竟会增加法律实施的成本。因此,在立法过程中,就应当关注同位法之间的协调性问题。

《立法法》没有明确规定设区的市的地方性法规之间的协调性问题,但《立法法》第4条确立的"维护社会主义法制的统一和尊严"原则对立法之间的不协调持否定态度。而且,《立法法》第43条规定:"对多部法律中涉及同类事项的个别条款进行修改,一并提出法律案的,经委员长会议决定,可以合并表决,也可以分别表决。"这一关于法律的协调性规定可以参照适用于设区的市的地方性法规。

在对设区的市的地方性法规的协调性进行立法前评估时,主要是考察已有的同位法是否涉及同类立法事项,以及对同类立法事项的规定是否与拟制定的设区的市的地方性法规不一致;如果存在不一致,则应当进一步考察拟制定的设区的市的地方性法规的起草机关是否注意到了这种不一致,是否对这种不一致给出了合理说明,是否提出了处理这种不一致的可行方法。

2. 立法的民主性

《立法法》第5条规定:"立法应当体现人民的意志,发扬社会主义民主,坚持立法公开,保障人民通过多种途径参与立法活动。"这就确立了立法前评估的民主性指标。

在对拟制定的设区的市的地方性法规的民主性进行评估时,主要是观察该立法项目是否是通过民主程序列入立法规划、立法计划的,如是否是通过征求社会公众意见的方式确立的,以及已起草完毕的地方性法规草案在起草过程中,是否给予了人民群众参与立法活动的机会,如是否是委托第三方起草的。[①]

---

① 《中共中央关于全面推进依法治国若干重大问题的决定》将"完善立法项目征集和论证制度"和"探索委托第三方起草法律法规草案"作为"深入推进科学立法、民主立法"的重要方法。参见《中国纪检监察》2014年第21期。

3.立法的科学性

《立法法》第 6 条第一款规定:"立法应当从实际出发,适应经济社会发展和全面深化改革的要求,科学合理地规定公民、法人和其他组织的权利与义务、国家机关的权力与责任。"这是立法前评估的科学性指标的法律依据。

在对拟制定的设区的市的地方性法规的科学性进行评估时,主要应观察两个方面:一是该立法项目是否适应中国经济社会发展和全面深化改革的要求;二是该立法项目是否科学合理地规定了公民、法人和其他组织的权利与义务、国家机关的权力与责任。对第一个方面的观察有别于"立法的必要性"评估,因为"立法的必要性"评估侧重于该立法项目是否符合"本市"的需要,最终表现形式是立法的本地特色;而这里关注的是该立法项目是否适应国家的整体发展方向和发展趋势。对第二个方面的观察需要深入到地方性法规草案的内部,并重点考察如下事项:是否只规定公民、法人和其他组织的义务,而未规定他们的权利;是否只规定国家机关的权力,而未规定他们的责任;在规定了公民、法人和其他组织的权利和义务时,权利与义务的配置是否适当;在规定国家机关的权力和责任时,责任与权力的配置是否适当,责任条款是否具备规范权力行使的能量。

4.立法的规范性与可执行性

《立法法》第 6 条第二款规定:"法律规范应当明确、具体,具有针对性和可执行性。"这是立法前评估的规范性与可执行性指标的法律依据。

在对拟制定的设区的市的地方性法规的规范性与可执行性进行评估时,主要应观察三个方面:一是该立法项目的名称是否规范;二是该地方性法规草案的结构是否规范;三是该地方性法规草案中的法律规范是否明确、具体,能否使调整对象形成确定的行为预期。

(三)立法前评估的共同指标:立法的成本效益分析与立法的影响性评估

立法的成本效益分析与立法的影响性评估是立法前评估的共同指标,本文不作赘述。

在此需要补充说明的是,在立法的成本效益分析方面,《海南省人民政府办公厅关于开展立法成本效益分析工作的实施意见》(琼府办〔2007〕130 号)非常具有借鉴意义。它把立法成本分为立法过程成本、执法成本和社会成本三项,把立法效益分为立法实施所产生的符合立法目的的有益的社会效益和经济效益。①

五、对设区的市的地方性法规实施立法前评估的方法

对设区的市的地方性法规实施立法前评估的方法与所有立法前评估的方法相同，区别仅在于实施过程中需要考虑特定的设区的市的具体情况。在此作简要说明如下。

1. 法学评估方法

拟制定的设区的市的地方性法规属于《立法法》中"法"的范畴。因此，在评估时，应当将法学评估方法作为首要的评估方法。

法学评估方法主要包括两个方面：一是价值评价方法，即对拟制定的设区的市的地方性法规所体现的法律价值追求、对不同法律价值的排序是否符合法学界公认的"价值法则"。二是立法技术评估方法，即对拟制定的设区的市的地方性法规草案的立法技术进行评估，包括形式结构、实质结构以及语言表达技术的评估。对此，全国人民代表大会常务委员会法制委员会制作的《立法技术规范(试行)(一)》(法工委发〔2009〕62号)可以作为评估标准。

法学评估方法属于静态评估，通过查阅和解读相关文献即可完成。

2. 社会学评估方法

社会学评估方法旨在完整呈现拟制定的设区的市的地方性法规出台的社会背景、国家机关及社会公众对其制度设计的期待与认可情况。

社会学评估方法主要包括三种方法：一是访谈调查法。在访谈对象上，应注意广泛性与代表性，力争囊括所有与拟制定的地方性法规相关的组织与人员，包括起草机关、实施机关和被调整对象。在访谈方式上，可以采用集中访谈与单一访谈相结合的方式。二是实地调查法。拟制定的设区的市的地方性法规所要解决的应当是客观存

---

① 经济效益包括13个项目，即(1)拟设定的制度、措施促进经济发展、方便交易的情况；(2)立法可能引起的经济指标上升的情况；(3)立法可能增加税费收入的情况；(4)立法可能增加企业利润的情况；(5)立法可能增加就业岗位、促进就业的情况；(6)立法可能增加就业者收入的情况；(7)立法可能节约交易成本的情况；(8)获取市场信息的收益情况；(9)节约行政成本(包括执行和监督支出)的情况；(10)降低救济(复议、仲裁、诉讼等)费用支出的情况；(11)立法增加违法成本(包括制假售假、投机取巧、坑蒙拐骗、尔虞我诈等)的情况；(12)立法对优化经济环境、保护生态环境和增加经济活动结果的可预见性方面的情况；(13)其他。社会效益分析包括6个项目，即(1)立法可能对促进社会公平与正义的情况；(2)立法可能对促进社会秩序尤其是法治秩序的进步情况；(3)立法可能对人们普遍遵守法律的影响情况；(4)立法可能对促进社会道德水平的提高，良好社会风尚形成的影响情况；(5)立法可能对社会科技教育文化进步的影响情况；(6)其他。

在的问题。实地调查是判断该问题是否存在的最佳途径,可以避免信息传递过程中关键信息的流失和变异。为确保实地调查获取的信息的真实性与全面性,应科学确定实地调查的地点。三是问卷调查法。在制作调查问卷时,应考虑调查对象的差异性,如针对拟制定的设区的市的地方性法规的执行机关与社会公众,分别设计调查问卷。在调查问卷的类型上,可以采用封闭式问卷与开放式问卷相结合的方式,以便最大可能地获知被调查者对拟制定的设区的市的地方性法规的基本评价和完善意见、建议。同时,调查问卷的发放应当具有广泛性。

与法学评估方法不同,社会学评估方法是一种动态评估方法,需要耗费更多的人力、物力和财力。

3.经济学评估方法

经济学评估方法是定量分析的方法,主要包括对比效益—成本分析法、成本—效果分析法、风险分析法和成本评价法。这些评估方法各具优势,但也各有不足。在个案中,应当根据评估对象的特点确定具体的评估方法。

总之,在我国,立法前评估尚处于探索阶段,而对设区的市的地方性法规实施立法前评估的任务非常迫切。笔者在此不揣浅陋,旨在抛砖引玉,共同为提高中国的立法质量作出努力。

论我国人大立法辩论制度的建构

摘 要：人大立法权处于我国立法体系中的最顶层，也是人民代表大会最为重要的权力之一。但其在实际政治生活中所发挥的效用，远未企及应有的宪定地位。立法辩论制度的建构，一方面旨在从内部提升人大运行的效率和人大代表的素质，另一方面也试图借此从外部增强人大的话语权。立法辩论制度同时也是现代议会民主与正当性的要求。我国的政治制度、文化传统使人大立法辩论制度的确立面临一些障碍，但现有机制中也不乏有利的因素，甚至已经产生实践的萌芽。本文力求在我国的政治框架内，搭建起涵盖适用范围、运行规则、保障措施等一系列内容的人大立法辩论制度。

关键词：人大；立法权；立法辩论；立法民主；制度建构

一、引 言

近代意义上的代议制是间接民主的代表，它是在社会事务日益复杂化、专业化的基础上产生的。无论是人民代表大会这种新型的代议机关，还是西方典型的议会代议机关，立法权始终是其所承担的众多职责中最为核心的一个。

然而，随着社会分工的专业化、利益关系的复杂化，法律要调整的对象愈发多样化和精细化。代议制民主国家在立法过程中面临着日益加剧且不断清晰的悖论：政权体制的民主目的与立法的职业化难以兼得。"现代立法极具技术性"①，鉴于国家的基础

---

①［英］詹宁斯：《英国议会》，蓬勃译，商务印书馆1959年版，第489页。

法律已经基本定型,近几十年来立法的显著特征就是朝着专业化、技术化的方向发展。虽然在名义上代议机关成员是人民授权的立法主体,通常也是宪法确认的有权立法者,但事实上,无论是我国人大机关还是国外议会,法律起草者①多是专门领域的人才。在有的国家,立法机关对法律案的审议、表决仅仅具有象征性的作用,既无法对其实体内容产生影响,又很难决定它们最终是否能成为法律。议会投票只是为了履行法定的程序,使法律具备程序合法性。

于是困境便形成了:在理论上,代议制立法机关成员参与立法甚至享有表决决定权,但在实践中,最终的立法成果却极大地受到专业团体的影响。在一定程度上,这种专业团体的影响和作用其实是必需的——毕竟立法是一项具有很强的技术性的活动;然而,过多的专业性导致了权力的集中,这与立法代议机关本应具有和推崇的民主性背道而驰。一方面,这样的局面不甚理想;另一方面,这种矛盾非经长久的法治进步过程难以调和。目前,只能尽量在整个立法过程中,通过技术性的安排来不断增加其中的民主因素和科学性,这在法律起草阶段表现为立法听证、全民讨论、各种协商座谈会等,在审议阶段表现为立法辩论制度,在表决阶段则表现为全民公决。

本文之所以力求探寻在我国人大立法过程中建立辩论制度的可能性,就是因为辩论制度是立法审议阶段缓和这种悖论的一个有效的中介。立法辩论的形式与本质、信息来源、交锋的过程、对结果的影响等,都使得立法的民主性大大增强。在立法审议阶段建立辩论制度,以辩论促进对群众意见的听取和吸收,也是对人大代表履行职权的一种督促。并且,相较于西方专职化的议会议员,我国代议制下的人大代表有着天然的优势——他们依旧在各自的岗位上、在群众中从事工作。对此,我国著名法学政治家钱端升曾有一段精辟的表述:"正是通过本职工作,他们(指人大代表)才能密切联系人民群众,才能了解他们的要求和意见……如果代表在四年的任职期间放弃了他们的本职工作,那么他们很快就会失去代表性而变成职业政客。另一方面,与普通老百姓保持密切联系的代表也给每一次会议带来了新颖的观点和严肃认真的意见,这在职业政客中是很难产生的。"②

---

① 立法起草是立法程序至为重要的一个组成部分,往往决定着整个法律案的走向和成败。"起草法案犹如设计工程,起草者就是工程设计师。"参见罗成典:《立法技术论》,文笙书局1987年版,第13页。

② 孙哲:《全国人大制度研究》,法律出版社2004年版,第85页。

二、人大立法辩论制度的涵义

(一)人大立法辩论制度的含义

辩论制度作为"正当法律程序"的一项基本制度,在建立之初只适用于司法审判。到 16 世纪,西方议会开始以"法官精神"来制定法律,"公平、公正"地协调各方的利益,司法辩论制度遂渐被移植到立法制度方面,并作为一项立法程序固定下来,在西方议会国家得到广泛运用。[①] 立法辩论即指享有立法权的主体,在审议法律案的过程中,依据一定的规则和程序进行论证与辩驳的活动,"不包括民众讨论、舆论宣传、议会小组讨论等形式"。[②] 法律案的形成和通过是议院内外各种活动相互继承和交错的结果,法律案的院外活动不是立法辩论所关注的对象。只有当法律案进入议院内活动阶段,立法辩论机制才开始启动。辩论不仅是立法必经的一项程序,也是一种立法技术。

在我国现行的立法体制下,应当认为存在多层次、多主体的立法权。在这个体系中,以国家根本法的形式所确认的国家立法权处于顶层和中心的位置,这决定了应当首先在人大立法中建立辩论制度,以保障立法质量。因此,人大立法辩论是指我国全国人大及其常委会、享有立法权的各级人大及其常委会,在审议法律案的过程中,依据一定的规则和程序进行论证与辩驳的活动。

(二)人大立法辩论的特征

1.辩论主体的特定性

作为立法过程中采取的一种技术性手段,辩论可以为各层次的不同主体所利用,但作为一项我国旨在确立的立法制度,辩论主体仅限于全国人大及其常委会、地方各级人大及其常委会。

这种主体的特定性主要是由立法辩论在我国的初期性决定的。立法辩论在我国立法体制中虽偶有实践,但都是自发性的争辩,并无固定的规则可循,也没有形成立法惯例。而人大作为我国最重要的立法主体,最为迫切地需要借助辩论制度来增强其立法的能力和提高民主程度。

2.辩论内容的争议性

顾名思义,辩论就是争辩、论辩。立法辩论的内容应当是具有争议性的条文、宗

---

① 参见吴斌:《建立地方立法辩论制度刍议》,《人大研究》1997 年第 5 期。
② 周永坤:《法理学》,法律出版社 2004 年版,第 445 页。

旨、原则等。这一特征要求在进行每一场辩论前,明确引起争议的对象,其通常可能涉及法律案的某一方面,如原则、宗旨、条文等。具体而言,明确辩论内容的路径包括:起草阶段各参与主体的提议,人大代表的提议与反馈,公众的意见和建议等。

3. 辩论方式的对抗性

辩论方式的对抗性,是指参与辩论的各利益方,对同一对象存在不同的立场和主张。尽管社会主义立法机关的辩论各方并不是像西方那样的立场根本冲突的各政党,辩论的最终目的也不是打败对方,但不可否认的一点是,辩论的本质决定了各方的利益和需求是此消彼长的。

4. 辩论程序的规范性

人大立法辩论作为一项制度存在的基本标志,就是通过法律、法规将其确定下来,使它的召集、运行具有规范性和稳定性。每一次辩论的进行,都应当遵循固定的程序和规则。这便是立法辩论作为一项制度存在的重要意义,它消灭了程序中的随意性、偶然性、自发性。

(三)人大立法辩论的外延

我国立法实践工作一贯强调走群众路线,搞民主立法。近些年来,随着公民权利意识的不断提升,立法更加注重提倡广泛参与,立法的民主形式除了常见的座谈会、听证会,还包括讨论会、协商、公布草案征求全民意见等。它们各具特色,如座谈会旨在依托专家学者的专业性、纯粹性来更加科学理性地分析利弊;听证会力图给予各利益相关方以发声发言的机会,寻求平衡;协商侧重立法机关与政府官员、社会团体、利益团体等就立法展开平等的商谈;而征求意见则更强调通过将立法草案公开,广泛听取和吸收普通民众的意见。① 与之相对应,立法民主形式的参与主体大致可分为:各利益相关团体、政府机关、专家学者、人大及其常委会代表以及社会全体公民。在一部法律的起草制定过程中,各种方式可以同时并用,有时并没有严格的分界。如2007年通过的《物权法》,就经历了上百次座谈会、论证会和七次审议。②

无论是座谈会、讨论会、公众讨论,抑或是召开听证,其涉及主体的范围有大有小,甚至在信息时代的今天,全民都可以参与到对法律案的评议之中。但这些形式都是以立法者为主导所进行的调查论证,他们对结果拥有绝对的决定权——即便这种权力在一定程度上必须基于反馈得到的意见和建议,但是否采纳的决断终究是由立法者做出

---

① 参见王明生:《当代中国政治参与研究》,南京大学出版社2012年版,第127页。

② 王周户主编:《公众参与的理论与实践》,法律出版社2011年版,第3页。

的。同时,从利益博弈的角度来看,立法辩论与上文所述的立法民主形式还是有所不同的。与立法辩论相比,立法座谈等民主形式还是倾向于在根本利益一致的预设下进行,在某些情况下甚至会演变为立法者对整个社会的说教。立法辩论则不然,它是立法者内部的交流,体现了在地位平等的前提下享有平等话语权主体间的沟通和争论。也只有通过这种平等、深入的信息沟通,才有可能在相互理解的基础上达成共识。

三、人大立法辩论制度建构的意义

(一)人大立法辩论符合现代民主宪政理念

1.符合民主理念

任何一部有效力的法律都在两个层次上体现了民主:首先,立法机关是人民行使选举权的结果,"全体人民或一大部分人民通过由他们定期选出的代表行使最后的控制权"[①];其次,这些代表在行使控制权来决定法律案通过与否时遵循了多数决原则。民主是一个动态的过程,美国政治学家亨廷顿认为,"民主化"是指"一组国家由非民主向民主政权的过渡"。[②] 虽然民主的概念难以准确界定[③],但它普遍地被解读成多数人参与和统治的过程。

在我国人民主权的政治结构下,立法民主原则是普遍推崇的立法基本原则之一。立法辩论制度在人大的确立,对促进我国立法民主无疑具有极其重大的意义。从立法参与主体来看,辩论制度要求人大代表广泛听取、收集公众的意见和需求。从立法内容上看,审议阶段的辩论制度能够切实地影响到法律案。从立法制定程序来看,辩论制度可使立法程序更加完善、完整。从立法结果的执行力来看,汲取了民意而制定的法律被公众接受的程度较高。经过充分辩论的法律也理应更为科学,更有可能是一部"良法",其执行力自然更高。辩论中,不同意见的交锋有助于辨明真相,以便理性地作出表决和决定。

2.符合程序正义理念

"民主的真正价值不是取决于多数人的偏好,而是取决于多数人的理性。在众口

---

① ［英］J. S. 密尔:《代议制政府》,汪瑄译,商务印书馆 1982 年版,第 68 页。
② ［美］亨廷顿:《第三波——20 世纪后期民主化浪潮》,刘军宁译,上海三联书店 1998 年版,第 12 页。
③ 美国学者萨托利在引述奥维尔对民主概念的评论时,肯定了这样一种观点:"民主一类词语不仅没有公认的定义,甚至建立这种定义的努力也会遭到各方的抵抗。"［美］乔·萨托利:《民主新论》,冯克利等译,东方出版社 1993 年版,第 4 页。转引自李林:《走向宪政的立法》,法律出版社 2003 年版,第 48 页。

难调的状况下,程序可以实现和保障理性。"①辩论制度意味着所有决定必须是在经过充分而且自由的论证、协商之后才能作出。政治决策或法律不是某一个团体秘密作出或制定的,只有各利益代表方遵循一定的程序,公开讨论后作出的决定才具有正义性,此即所谓的由程序正义而导致的结果正义。

立法过程的程序正义首先表现在,立法活动必须依据法定的流程进行。随着法治社会对民主公正的要求越来越高,同时也是对立法权归属于人民的回归,程序正义要求公众尽可能参与立法程序。程序参与的有效性实际上取决于两个方面的因素:一是立法参与的广泛程度,这是参与立法的社会公众的数量问题;二是立法参与的有效程序,这是立法参与的质量问题。立法参与程序的意义,不仅在于公众能够有机会充分表达自己的观点和意见,更重要的是应通过一定的机制,使立法者对公众的意见和建议予以充分地、实质地考虑,立法者所作出的决定应该是基于公众的意见和建议。②座谈会、论证会、公布法律草案征求意见等形式,保证了程序参与的广泛性,而立法辩论则大大增强了其有效性。

(二)人大立法辩论促使代表充分行使权利,提升自我素质

辩论制度的建立与开展,并不要求代表们拥有娴熟的立法技能,其实际上也并无必要,因为人大代表的优势就在于他们是社会各方群体的代表,可以以所在利益群体的立场审视法律案的合理性、合法性。但是,这并不意味着代表们完全不需要掌握一定的法律常识,以及对法律的运作、影响有一个起码的了解。此外,代议制下的议政主体应当具备一定的政治智慧和演说表达能力,懂得如何将其意见表达出来。

在我国,人大代表更多地将其代表职务视为一种政治荣誉,而不是履行代议职责、监督政府的手段,有时是作为一种退休后从事的"第二职业",有时是作为"党和国家对自己的信任"③的表现。代表们对自身职责的认识不足,立法机关的代议职能自然也发挥得不够到位,亟待提高。这并不是一个可以一蹴而就的过程,但辩论制度的建立,无疑可以起到正面的敦促作用,促进代表身份意识和责任意识的增强。

(三)人大立法辩论有助于提高审议质量,体现立法科学性

随着立法数量呈现井喷式的增长,我国已经初步实现了有法可依的状态。与此同时,在看似法律越来越周全的状况下,各种立法也存在着一些共通的问题,如重复立

---

① 季卫东:《法治秩序的构建》,中国政法大学出版社 1999 年版,第 51 页。
② 参见汪全胜:《制度设计与立法公正》,山东人民出版社 2005 年版,第 261—262 页。
③ 赵宝煦:《民主政治与地方立法》,《中国法制报》1986 年 10 月 9 日。

法、可操作性差、立法存在冲突等,导致耗费大量资源制定的法律的可行性十分堪忧。法律必须被遵循,这本是法治原则的应有之义。古希腊思想家亚里士多德曾说,"邦国虽有良法,要是人民不能全都遵循,仍然不能实现法治""法律所以能见成效,全靠民众的服从"。① 如果所立之法律不能体现群众的利益和需求,在执行过程中受到各种各样的抵制或规避几乎是可以预见的。将辩论机制引入人大的立法之中,让人民的需求借由人大代表来发声,无疑有助于民众自觉遵守法律,使法律的价值在最大程度上得到实现。

立法辩论有助于减少各种会议上歌功颂德的现象,迸发来自不同视角的意见和建议,使得议案更加合理。辩论的过程可以去伪存真,促使提案者们重新慎重考虑那些或许立意甚好、或许野心勃勃的法律案是否站得住脚或为时过早。辩论的激烈程度本身甚至也能说明一些问题。事实上,立法机关为了提高法律案的通过率,已经采取以下做法,即如果引起的争论过于激烈,那么暂不付诸表决,而是通过进一步的研究和修改后,再进入下一步的程序。

(四)人大立法辩论有利于平衡利益,促进社会和谐

立法本身就是利益调和的一个平台,相对于其他的调控手段,立法成本较大,最终的成果影响也更深远。立法始终是一种有限的资源。但是,对立法资源的争夺和对彼此的牵制,很容易演化成不同利益之争,使法律蜕化成某些既得利益团体巩固秩序的手段。机关部门、利益团体成为配置立法利益的主体,而宪定的立法主体——人大代表,在其中能发挥作用的空间则少之又少。

从提案上来说,体制外的知识分子和政策倡导者的力量还不够强大,那些基础稳定的组织和领导干部,还是能够成功地将他们自己所认可的立法建议纳入立法议程之中。至于法律起草,则历来是专门起草机关的作用领域,更无一般代表插足之余地。可以说,在大会上对法律案的审议,是人大代表唯一有机会为自己所代表的群体发声献言之机。但是,"举举手、鼓鼓掌、握握手"的开会模式,显然是无法实现这样的目标的。

面对这样的困境,在审议阶段引入辩论制度这一举措,为人大代表在立法利益整合方面发挥作用提供了一个绝佳的平台。辩论是这样一个过程:它通过利益对抗、中和、选择等方式协调不同利益,防止偏听偏信,力达兼听则明。针锋相对的辩论过程,使各方有机会了解并且必须慎重对待其他群体的立场和需求。辩论不是目的,通过观

① [古希腊]亚里士多德:《政治学》,吴寿彭译,商务印书馆1965年版,第199页。

点的表达说服对方,消除分歧、促进各自的反思与共识才是最终目标。

四、建构人大立法辩论制度的障碍

在目前我国的政治环境中,人大立法辩论制度的建构既面临着许多障碍,也不失有利的契机。其中,障碍主要体现在以下四个方面。

(一)政治体制遏制人大立法辩论制度的建立

尽管具有宪法上的至高性,但在实际的政治生活中,人大的优越性并没有得到充分体现,在一定程度上,它的各项权力甚至被架空,在履行职能时发挥作用的空间十分狭窄。我国政治体制对人大的最大要求在于其组成人员的"广泛代表性"和形式的正当性,这样才能使各项政策、法律、工作报告通过法定的流程获得合法性。

人大的无力常常与它的选举制度、代表素质、会期制度等联系起来,它的运行效率、决策能力既不会被需要,也不会被重视。这种境况导致了旧的制度难以改革,新的规则难以确立,形成了一个恶性循环的过程。在此背景下,立法机关唯有致力于通过自身制度与规则的建立,来力争实现宪法赋予它的使命,这就注定了诸如立法辩论等制度的构建必定要经历一个漫长的挣扎过程。

(二)人大立法辩论缺乏明确的法律依据

人大议事程序中辩论机制难以建立,这首先归因于法律层面规则的缺失,人大议事规则中仅有关于会议发言的相关规定。在人大立法实践中,辩论虽偶尔有之,但主要是自发性的、偶然性的,随意性很大,辩论还不是一项独立的、法定的规范议事程序。

现行的法律中虽然没有关于辩论的任何字眼或规定,但在我国立法过程中其实是有其存在的踪迹的。《立法法》草案稿曾经规定在联组会议或全体会议上,对法律草案的主要问题可以进行"讨论和辩论",但最终却只是在成稿中规定常委会在审议法律案时,根据需要可以召开联组会议或全体会议对法律草案中的主要问题进行讨论。这意味着当时对立法辩论的引进和建立已经有所考虑,但是,由于还没有完全成熟的条件和思想上的共识,最终只能予以放弃。这也致使立法辩论因无法律依据可循而成为松散的实践探索。因此,要全面发挥人大立法辩论应有的作用,必须制定一整套相关规则,使之成为制度与惯例。

(三)传统文化阻碍辩论的形成

中国传统历来以"和"作为精神文化的核心,缺乏论辩的传统,更反对针锋相对、相互批评指正的做法。即便是在今日中国,这种根深蒂固的观念在政治领域也有其长远的影响力。

传统文化对立法辩论制度的建构树立起的第二块屏障即是"官本位"思想,我国现行的垂直任命制的管理体制是强化"官本位"的制度性根源。人大代表官僚化过分严重,以十二届全国人大代表为例,在党政领导干部代表比上一届降低了 6.93 个百分点的情况下,人数依旧高达 1042 名,占代表总数的 34.88%。从会议的具体进程来看,情况也不容乐观。如在小组会议中,在会议继续的铃声响过之后,普通代表总是很快就回到了自己的座位上,而高级官员总是要等到最后一分钟才进场,并且仍然是按照官阶的高低列队而进。[①] 又如,虽然座位的安排并没有明文的规定,但是都默认前排(常常是沙发)是留给领导人的。这样的政治氛围中,很难形成互相争辩、辩论的气氛。

(四)人大代表政治素养无法满足辩论的条件

作为论辩的主体,代表们的政治素养、法律素养是辩论能否顺利开展、有效进行的最为关键的因素。国外议员的当选往往都要经历多番激烈的竞争,遵循优胜劣汰的原则才能产生,因此政治素养普遍较高,辩论也得以有效展开。

在我国,现行的制度架构导致了代表素质的参差不齐,代表的选择更多地取决于政治需求和安排,而非代表个人的政治素养。以名额分配模式为典型,为了保证人大代表的广泛性,我国要求妇女、少数民族、工人、农民、知识分子、解放军以及民主党派成员必须根据既定的标准占一定的比例。在某些情况下,为达到相应的指标而选出的代表,从人大功能上来说是难以理解的。如十二届全国人大中,解放军代表高达 268 名,而各省市代表数量最多的山东省也仅有 175 名。又如七届全国人大中,内蒙古的四位妇女代表在当选之前,对全国人大几乎一无所知,不仅不懂人大会议程序,而且对在代表小组上当着众人发言颇不自在。"模范农民代表"申纪兰连续担任了 12 届全国人大代表,也是全国唯一从第一届连任到第十二届的全国人大代表。但由于是文盲,她甚至无法阅读文件资料,她最自豪的事情就是 55 年来从没投过反对票。

诚然,这样极端的情况是极少数,而且也在不断地减少,但这至少反映出了两个问题:直观地来看,人大代表缺乏与其代表身份相对应的议政素质和相关技能。这是人大代表作为一个整体所暴露出来的问题,代表们的总体议政能力较弱,短期内难以有质的改善。从侧面来看,在代表们议政能力有诸多问题的情况下,国家各种活动还能毫不受影响地、有条不紊地开展起来,近几十年来法律还能层出不穷,这说明了代表们的议政水平的高低所能起到的影响甚微,这个代议机关在实际政治生活中的地位也远

---

① 金盛基:《人民大会堂见闻录》,第 807、829 页。转引自第 31 页脚注②孙哲书,第 90 页。

不如宪法中所宣示的那样高。这是一种畸形的状态,亟待改变。再好的立法制度,没有素质良好的代表去践行,也难以发挥其应有的作用。在理想的状态下,辩论制度可以从内促进代表政治素质的培养,从外凭借对法律案的实质影响力提升人民代表大会的地位。

五、建构人大立法辩论制度的现实基础

(一)我国现有的法律法规为立法辩论预留了制度空间

第一,预备会议为立法辩论创造了有利的先决条件。《全国人大议事规则》第8条第1款规定:"全国人民代表大会会议举行前,召开预备会议,选举主席团和秘书长,通过会议议程和关于会议其他准备事项的决定。"预备会议能够使代表在正式会议开始前,熟悉会议的议程并确保在会议期间充分参与。与此同时,代表提前了解程序和组织问题,有助于保证开会期间更有效地利用有限的会议时间。

第二,法律案的提前分发为立法辩论的质量提供了一定的保障。《立法法》第17条规定:"常务委员会决定提请全国人民代表大会会议审议的法律案,应当在会议举行的一个月前将法律草案发给代表。"《全国人大议事规则》第6条规定:"全国人民代表大会常务委员会在全国人民代表大会会议举行的一个月前,将开会日期和建议会议讨论的主要事项通知代表,并将准备提请会议审议的法律草案发给代表。"法律案的提前分发有助于杜绝这样的情况出现:对法律案或决议案中的内容还没有完全了解,就要相当草率地投票表决。

第三,审议法律案的流程为立法辩论的开展打下了良好的基础。根据《立法法》第16条的规定,全国人民代表大会审议法律案的过程大致要经历以下几个步骤:首先由提案人在大会全体会议上对法律案作出说明,然后由各代表团进行审议。由于代表们提前一个月获得法律案,已经对所要审议的对象有了初步的、直观的了解,而由提案人作出的说明,能够使代表们进一步了解法案的目的、背景、作用、基本精神等相关内容,为即将开展的审议和辩论打下良好的基础。该条进一步规定:各代表团审议法律案时,提案人应当派人听取意见,回答询问;各代表团审议法律案时,根据代表团的要求,有关机关、组织应当派人介绍情况。如此一来,论辩过程中可能出现的技术性难题、对部分条款的误解等问题就可以及时得到解决和纠正。对代表们来说,这有利于论辩的有效进行,不至于在偏差的方向浪费极其有限的时间;对提案人而言,立法意图和考量的阐述也有助于提高法案的通过率。此外,第19条还要求相关的专门委员会提出审

议意见并印发会议,这从专业的层面为论辩的进行提供了帮助。法律案往往涉及某一专门领域,即便代表们有相对充足的时间去研读法案,也很难在短期内深入细致地了解,并提出有力的结论进行论辩。而各专门委员会在该领域丰富的经验、调查积累,可以让代表们所困惑的难点在短期内得到一定程度的答疑。

全国人大常委会对法律案的审议程序其实已经适当借鉴了国外议会的成功经验,2000 年《立法法》的通过,使法律案的"三审制"基本确立。此后的立法实践也如此,大多要经过三次审议才交付表决。加之相较于一般的人大代表,常委会的组成人员在政治技能上更为成熟,更加具备议政能力,辩论制度在常委会的建立应该更为顺畅。根据《立法法》第 29 条的规定以及立法实践,列入常务委员会会议议程的法律案,通常要经三次常务委员会会议审议后再交付表决。第一次是在全体会议上听取提案人的说明,由分组会议进行初步审议;第二次是在全体会议上听取法律委员会关于法律草案修改情况和主要问题的汇报后,由分组会议进一步审议;第三次是在全体会议上听取法律委员会关于法律草案审议结果的报告,由分组会议对法律草案修改稿进行审议。

这些良好制定并执行的规则对新制度——不仅仅是辩论制度,还包括将来一切有利于立法机关结构稳健的制度的建立有极大的辅助作用。立法机关必须通过规则的构建自立自强,塑造自身的威信与影响力。已有的程序和规则增加了辩论制度的可行性,而辩论制度的确立反过来也使得人大制度更为成熟。

(二)人大代表的结构变化为立法辩论创造了组织保障

自 1979 年《选举法》颁布以来,在历经 1982 年、1986 年、1995 年、2004 年、2010 年五次修订后,全国人大在组织上已经有所改进,选举与代表制度在民主化方面取得了可喜的进展。如原有的等额选举被差额选举所取代,实行城乡按相同人口比例选举人大代表等,强化了选举的民主基础,也对改善代表的整体组织构成起到了一定的作用。过去,模范工人农民、党政干部以及解放军代表在人大代表总额中所占比例高达 65%～70%[①],如今已有越来越多的银行家、工程师、外交家、法律工作者、商人、经济学家等被选入人大,人大代表的构成发生了重大的改变。

总的来说,我国正朝建立一个结构更加合理、程序更加公正的选举制度迈出了坚实的步伐。应当看到,人大代表的结构正在逐渐改善,代表素质已有所提高,投票表决的自主性也在不断增强,这对人大立法辩论制度的建构都是有利的契机。代表中的许多人切实地发出了自己的声音,既包括对政府官员的批评,对不称职候选人的抵制,也

---

① 参见蔡定剑:《中国人大制度》,社会科学文献出版社 1992 年版,第 188 页。

涉及对重大的社会、经济及政治问题表达负责任且富有主见的看法，从而在重大政策的制定过程中起到举足轻重的作用。

这种代表组织和政治气氛上的改善，是社会经济不断变革发展、社会环境愈发开通、政治体制持续完善、民众对社会主义民主等观念的强烈追求等条件所合力带来的。人大代表们在议政态度及能力等方面表现出来的重大进步令人期待和激动。这是一股积极的力量，推动着人大制度的发展与强大，使人大会议变得更加富有实效，也为辩论制度确立了必不可少的先机。

(三)公民法律意识的提升为立法辩论提供了社会支持

为了提高全民的法律意识，全国人大及其常委会早在20世纪80年代就已经发起了第一个五年普法计划(1986—1990)，目前已持续到第六个五年普法计划。这套关于基本法律知识的系统普法教育进行到今天，其主要意义其实已经不在于公民对具体法律条款掌握了多少，而是久而久之在全社会形成的一种知法、守法、敬法的意识与氛围。法律的权威被认知，人们逐渐意识到法律是对抗侵权、保护自身合法利益、维护社会稳定的重要手段。在中国的传统中，诉讼曾为百姓所不齿，而如今，人们已越来越多地利用法律作为解决纷争的手段。

但仅仅如此的话，公众仍然只是法律的被动接受者，人们逐渐开始不满足于单向接受法律，他们更期待自己的诉求能在拟定法律时即被作为一种考量因素，切实地对法律产生影响。事实上，我国公民已经在一些法律的制定过程中扮演了一定的角色。法律草案在全社会公布，征求意见，其中不乏一些与民众切身利益息息相关的内容引起了广泛回应。这种公开的意见征询方式，使代表们更为直接地了解到群众的需求和利益所在，构成了论辩时最为有力的论据。于是，这种适用和遵循既有法律的能力，随着公众法律能力的增强，逐渐延伸到了法律的制定、审议等过程中。如此一来，全国人大就有望演变成为公众表达意见的一种渠道。在我国政治环境中，公民法治和民主意识的觉醒，是辩论制度得以生存发展的重要契机，他们对法律草案的积极回应，为代表践行审议法律的职能提供了巨大的现实源泉。

六、人大立法辩论制度的构建

立法辩论是一项在国外已有长久历史、发展成熟完善的制度，我国在进行立法辩论制度的构建时，是可以加以借鉴和学习的。立法辩论是一项立法技术，它并不专属于某一种政治制度。尽管我国文化传统中没有西方意义上的辩论，但立法辩论的陌生只是制度性的,而不是政治性的。为了使立法辩论制度能在人民代表大会及其常委会的土壤中顺利生根、成长,必须在遵循议会辩论基本精神与规则的基础上,创造出有社会主义代议制机构特色的立法辩论制度。

(一)人大立法辩论的适用范围

1.适用的会议范围

西方立法辩论制度通常在整个议会范围内展开,辩论不仅被用于讨论立法议案,亦被用于监督权、财政权等各事项。但在我国的代议制组织形式下,在全体会议上引入辩论制度的可行性不大。相较于国外 500 人左右的议会规模[①],全国人大代表基数庞大,近二十年来都稳定在 2980 名左右。[②]

反观全国人大的分组议事形式,除了包括以选举单位为基础形成的代表团,即来自同一省份的代表不仅在各自的会议厅内举行会议,而且在全体会议期间,他们通常也坐在一起,代表团还进一步被分成更小的次级团体——代表小组,这种安排一般被认为有利于代表充分讨论重大问题。[③] 同时,《全国人大议事规则》第 12 条规定:"代表团审议议案和有关报告,由代表团全体会议、代表小组会议审议。"从规模上看,这些分组形式人数合理,十分适合辩论的展开。

规模大小固然是是否适合展开辩论必须加以考虑的,但并不是唯一的考量条件,在制定法律上发挥的作用才是衡量有无引进辩论制度之必要性、紧急性的更为重要的条件。由于全国人大会期、规模、召开频率等条件的限制[④],全国人大常委会在事实上承担了重要的、甚至是主要的立法工作。[⑤] 五届至九届全国人大和常委会立法数量(通过法律和有关法律问题的决定)分别为:21 件和 39 件、16 件和 47 件、25 件和 62 件、22 件和 96 件、4 件和 109 件。并且,在全国人大常委会的立法实践中,已经发生过很多次类似于辩论的讨论,可以说它们为正式建立辩论制度打下了基础。

---

① 英国下院是民主的代议机关,议员由选举产生,全国共有 659 个选区,选出 650 名议员。美国众议院议员总数经法律定额为 435 名,参议院员额为 100 名。德国联邦议院法定成员为 598 人。

② 自 1983 年第六届全国人民代表大会起至 2013 年第十二届全国人民代表大会止,历届代表人数分别为 2978 人、2970 人、2978 人、2979 人、2984 人、2987 人、2987 人。

③ 参见吴南涛:《全国人大:以集体智慧来管理中国》,《北京评论》1990 年 4 月,第 18 页以下。

④ 对此,彭真同志在宪法修改草案报告中作了说明:"我国地大人多,全国人大代表的人数不宜太少,但是人数多了,又不便于进行经常的工作。全国人大常委会是人大的常设机关,它的组成是人大的常务代表,人数少,可以经常开会,进行繁重的立法工作 和其他经常工作。所以,适当扩大常委会的职权是加强人民代表大会制度的有效方法。"参见《中华人民共和国法律汇编(1979—1984 年)》,人民出版社 1985 年版,第 628 页。

⑤ 蔡定剑、王晨光主编:《人民代表大会二十年发展与改革》,中国检察出版社 2001 年版,第 62 页。

综上所述,可以首先考虑引入立法辩论制度的人大会议范围包括:全国人民代表大会代表团会议、代表小组会议、人大常委会各会议、地方人大及其常委会会议。至于专门委员会和法律委员会,由于它们的组成人员都是相对固定的,彼此间较为熟悉,而且他们都是相关领域的专门从业者,有较高的职业素养,能够轻松、理智地表达意见,商讨立法事项,因此,无需再设置专门的规则来引导其对法律案进行审议,而且实行立法辩论的国家一般也不会在委员会中引入辩论制度。

2.适用的法律案范围

在理想的状况下,所有的法律案都应当经过立法者的辩论再付表决,这也正是西方代议制议会机关在立法实践中所遵循的惯例。但出于会期、人数、议案数量等各方面的考虑,尤其是辩论制度在我国还处在起步和适应阶段,对所有议案的审议都采用辩论机制是不可能的,可以考虑根据一定的标准有选择性地进行论辩。

综合考虑之下,应在审议具有如下特征的法律案时优先启动辩论机制:(1)与广大群众最基本利益有密切联系、影响到公民宪定权利与义务的;(2)有重大争议,在全社会引起广泛舆论反响的;(3)有权主体认为需要进行辩论的其他法律案。在具体技术操作层面,一来可以成立一些专门的官方小组进行调研,采集民意,了解民之所需所困;二来可以通过委托民间机构、学术团体等从事长期的研究和分析,提出有建设性的思路和视角;三来可以借助新时期大众媒介提供的平台,如微博等来接收反馈。这样,一方面增加了人大透明度,有利于改善人大形象,达到政治宣传的效果;另一方面,可以及时吸收群众的反馈,清楚哪些法律应当优先制定或改善,了解制定时主要的矛盾焦点在哪里,等等。

(二)人大立法辩论的步骤

1.确定辩论议题

确定辩论议题的作用有二:一是为了明确争论的对象,确保代表们充分利用有限的时间,紧紧围绕辩题进行发言,有明确的方向;二是为代表们陈述立场提示方向。结合全国人大现行的审议程序,对于列入论辩范围的法律案,通常在大会全体会议听取提案人的报告后进行辩论。同时,考虑到会议时间的极其有限性,也为了提高会议效率,对同一法律案通常只举行一次辩论,这也符合"一事不再议"的基本议事原则。而全国人大常委会的审议程序较为完善,会议时间更为充裕,可以考虑对同一个法律案进行多次辩论。

需要注意的是,辩论的进行应当有层次,随着每一次全体会议上提案人、法律委员会的说明和报告而逐渐深入,并针对不同的焦点进行。比照英国议会审议法案时的

"三读制",三次审议各有侧重和目标。一读是由提案人介绍法律案的基本情况;二读则集中于法律案的宗旨、原则和基本条款;三读通常只允许作文字上的修改,不能再提出修正案。除非有六名以上议员提出要求,否则不经辩论直接进行表决。①

2.选定辩论主持人

主持人在辩论中占据着十分重要的位置,虽然他并不能决定实体性的内容,但却影响着每一场辩论的质量和走向。主持辩论是程序性的,主持人只需要依据议事规则赋予他的权力,保证议事顺利进行。与此同时,立法辩论终究带有一定的政治性,必须朝着正确的方向前进。此外,少数利益群体的利益也要兼顾,这种带有政治色彩的公众性利益满足起来是极为困难的。

由此可见,辩论主持人责任重大,因此,这一职务在国外通常由议会的主席担任。但在我国立法机关中情形有所不同,如上所述,立法辩论较为适合在各代表团会议、小组会议上进行,全国人大主席团无法主持各项辩论,这就需要在辩论正式开始前投票选定主持人。一个合格的主持人必须具备如下条件:有良好的引导掌控能力、具有一定的威信、行事客观公正不偏不倚及其他相关要求。

需要特别强调的是,主持人一旦被选定,应当放弃自己的立场,政治上完全中立,以保证辩论顺畅进行为唯一目的。为了保持会议的稳定性和连贯性、节省时间,在同一会期内的不同场辩论中,主持人可以保持不变。

3.辩论前的意见集中

不同于西方议会中往往以党派划分辩论的相对方,我国代议机构成员并不以党派确立立场。作为人民群众的代表机关,人大代表来自社会的各个阶层和领域,力求体现多元的利益需要。再加上代表们自身素养、文化不一,很可能会形成十分多样化的意见、角度,导致较难达成共识。

基于这样的背景,人大有必要设立专门的辅助工作小组,在辩论举行前将代表们的意见和倾向进行简单的归纳集中。意见相同或相近的,在辩论时自然归为一组,理由虽有不同但立场、方向大体一致的,也可以归为同一组。过多的组别会增加辩论秩序混乱的可能性,也不利于交互展开质疑和论证。因此,可以以基本立场来确定辩论时的组别划分,对法律案不同的考量角度,则在辩论过程中由首席报告人加以说明,并在其后的交叉辩论中由发言人具体陈述。

必须明确的是,意见集中并不意味着代表们必须做出倾向于某一立场的选择。应

---

① 曹文振等:《比较宪政制度》,中国海洋大学出版社 2005 年版,第 136 页以下。

避免出现强制要求代表赞同或否认某种观点的现象,恰恰相反,少数人的声音和要求更应当被倾听和尊重。

4. 辩论双方首席代表发言

在主持人宣布辩论开始后,支持法律案的一方首先发言,对法律案的主要争点作简要介绍,说明原委,提纲挈领地进行辩护。然后由反对方首席代表发言,反方首席代表应针对各项争点一一回应,并提出相应的修改主张。如果是基于不同的理由提出反对的,首席代表应将其简要罗列。

确定辩论双方首席代表的主要目的是为了直击论点,确保辩论的有效开展。具体操作上,可以考虑选择一至二人作为辩论主力,负责开场陈述,发表主要观点。在对方质问而另一方无人回应的时候,首席代表要负责作出对答。

5. 双方成员交叉辩论

依照正方一人、反方一人的次序,主持人通过点名允许辩论双方的其他成员发言,双方可互相质疑、说服,展开辩论。发言必须得到主持人的同意方可进行,发言时应首先表明针对的是法律案中具体哪一项争点,然后再发表自己赞成或反对的看法。

同一时间内只能有一位代表发言,不能抢话,也不能拖延时间。前一位代表发言完毕后,另一方要求发言的代表应当举手示意,在主持人点名后起立发言。

6. 双方代表总结

在每一场辩论接近尾声的时候,主持人应及时提醒双方进行总结,总结依旧由首席代表发言。在总结时视辩论的实际进行情况,首席代表既可以系统总结本方的主要论证,也可以对对方的主张择要做出答复。

双方首席代表总结完毕后,由主持人宣布该场辩论结束。

7. 公布辩论内容

立法公开作为一项原则,在西方国家的相关思想和实践中由来已久。在当今世界法律制度下,立法公开早已成为各国立法发展的普遍潮流。

会议议事内容,包括立法辩论等的公布,可以在两个层面上进行,首先是代议机关内部范围的公开。这个层面的公开主要是因为,我国立法机关的分组议事形式决定了各地区代表之间缺乏沟通。正因为如此,《全国人民代表大会议事规则》第18条第二款规定:"全国人民代表大会会议期间,代表在各种会议上的发言,整理简报印发会议,并可以根据本人要求,将发言记录或者摘要印发会议。"

第二个层面的公布是对外的公布。鉴于人大代表的基本性质,他们应充当群众利益的传达者,而作为这一过程的反馈,辩论的过程、结果自然应向公众公开。这样一种立法信息收集、反馈机制经过长期的稳定发展，可以形成良性循环，它既有助于信息的进一步收集，也增强了公众对法律案的关注和信心。就我国立法公开的现状而言，在法律案起草阶段，公开征求意见已基本形成了一种制度；在法律公开阶段，文本的公布也成为常规，并且，其公开路径也呈现多元化。但是，在法律审议这一至为关键的阶段，公开意识和实践仍十分欠缺，需要重点加强。

立法审议和辩论过程的公开，从路径上来看主要分为两种形式：一是公众直接通过立法机关获取辩论的内容。除了以传统的官方报纸、汇编、公报等作为信息定期公开的载体，还可以借助于官方网站。在条件成熟的时候，还可以考虑以更为直观的方式让公众了解立法辩论的全过程，即对之进行直播或转播。这种方式在国外早已十分寻常。根据统计，有 70 个国家使用电台对议会审议法案进行实况转播，有 58 个国家使用电视转播议会辩论的情况。① 二是通过媒体报道。立法辩论意见繁多而复杂，逐步增强对代表们审议法律案情况的主题报道，并对有代表性的辩论发言进行评议和解读，可以帮助民众从大量专业的信息中迅速有效地提取目标信息。

立法辩论过程的公开无疑可以增强立法的民主性、公正性和权威性，但是并不意味着辩论记录在任何情况下都应该无条件的公开，当立法辩论相关信息涉及国防、外交、国家秘密、商业秘密和个人隐私时，应当禁止公开。

（三）人大立法辩论应遵循的规则

1. 辩题集中

被纳入辩论议程的法律案存在争议、值得讨论的方面往往有很多，但并不是所有问题都有辩论的价值。为了确保辩论的有效进行，必须在每场辩论前集中辩题，并由主持人确保代表在辩论时围绕给定的对象。否则，在不同语境下、针对不同问题的发言将变得毫无意义，既无法实现解决矛盾的目的，对于查看辩论记录的一般公众而言，也会难以理解议程的进行。

在立法辩论实际进行中，对辩题的讨论应大致遵循从宏观到微观的顺序。如对法律案的宗旨、原则和某些具体条款都有争议的，应首先安排针对大方向发言，然后再逐条讨论、修正。

2. 立场分明

如果说在立法过程中，专家学者必须是理性、中立的，他们参与的主要目的是从技

---

① *Inter-Parliamentary Union*：*Parliaments of The World*．Gower Publishing Company Limited，1986：807-808.

术上提出专业的论证与建议,那么在审议法律案中,参与立法辩论的人大代表必须有明确的倾向,对于每一个条款,立法者基于其所代表的群体的利益,要么反对,要么赞同,并应当有充足、公开的理由。辩论中不提倡模棱两可,因为这是逃避代表责任的投机取巧的表现,而且也不利于最终形成明确的决定。

此外,随着辩论的进行,提案人、专门委员会等会作出一些说明,提供相关意见,对此代表们应适当加以考量,再结合自身的立场进一步作出发言。毕竟,社会主义立法辩论的目的不是互相攻击、打败对方,而是在沟通的基础上达成共识,促进立法质量的提升,使之更符合最广大群众的利益和需求。

3. 有针对性

基于立法辩论质量的考虑,代表们在辩论开始前必须尽可能熟悉法律案,明确其中有利于或不利于其所代表群体的部分,充分准备好相关的材料、论据,但在辩论中应该严禁照着讲稿发言。辩论的目的就在于其互动性,可以让争点在互相质疑和说明中得以明晰,找出问题的症结,辩出解决的思路,而照念讲稿则完全失去了举办辩论的意义,远离了辩论的真谛。代表们自说自话,不进行沟通,就无法达成理解和利益的调和。因此,辩论发言必须针对有矛盾和冲突的部分,有目标性地发言。

应当注意的是,由于辩论发言是针锋相对的,因此可能会出现需要谈及对方代表的情形,此时应避免对人身的直接冲撞与侵犯。此处可以参考国外的辩论规则,要求在称呼对方时加上"尊敬的某某代表"一词。这样做的意义不仅仅是出于形式上的尊重,而且在情绪激动时,也有助于压制冲动情绪和减少过激的言论。

4. 限定时间与次数

尽管辩论是西方代议制机关议事的重要方式,往往需要耗费巨大的时间,但即便如此,也不存在完全不受时间限制的一场辩论。具体而言,时间的控制体现在两个方面:首先,就纳入辩论议程的法律案整体而言,辩论时间的长短应当根据其重要程度进行相应的调整,不可一概而论。其次,代表每次发言的时间也应有严格的限定。一般来说,一场辩论中同一位代表发言至多不超过两次,时间的长短也同样可以根据会议的议程进行调节。若代表发言超出规定时间,主持人就应当及时制止,绝不能因官职高低、利益深浅等原因而擅自进行弹性处理。

如果说辩论制度下的各抒己见、鼓励代表发言是立法民主原则的体现,那么,为了防止滥用发言机会,确保有更多的声音被听取,严格限定发言的时间和次数,则可以看作立法集中的要求。

当全部辩论发言时间用完时,主持人宣布辩论结束,法律案的审议进入下一个流程。

5.服从辩论主持人

在西方议会中,辩论主持人存在的意义在于:"身为平民的人们,难免开会时会越轨,必须有人来制止其犯规行为,故而,平民院议长主持大会时负有维持秩序之重任。"[①]就我国而言,一般来说,人大代表或者是官员,或者是各行各业的佼佼者,他们往往习惯了以领导身份自居,这在辩论中尤其应当警惕和避免。辩论的唯一主导者是主持人,参与者的发言时间、顺序先后、内容切合辩题与否等,都必须服从主持人的安排和决定。坚决杜绝以官位压制主持人、以不合理的行为左右辩论进程的现象。

辩论主持人主要承担以下几项职责:首先是负责维持秩序。代议机关成员通常都有较高的素质,但辩论的性质决定了参与各方在立场上针锋相对,加之人员众多,时间有限,可能会出现逾越、混乱的现象。此时主持人应予以严厉警告,要求代表恢复理性和秩序。其次是主持人需要决定点名由谁发言,应保证双方交替发言的机会均等,尽量使各种意见都能得到充分阐述。最后,在辩论遇到某些特殊情形时,如紧急辩论动议、代表是否违反规则,主持人有作出裁决的权利,会议各方应予以绝对尊重,人大代表在辩论进行时应体现出绝对服从。

6.记录辩论过程

每一场辩论的全过程都应当被记录下来,以便查阅和监督。辩论的记录还有一个重要作用,即如果辩论时间过于紧张以至于某一代表群体的意见完全未得到发表,经参与辩论的全体人员过半数同意,可以允许在辩论记录中补充其观点,补充的观点与在辩论中的发言具有同等的参考意义。

(四)人大立法辩论的保障

1.人大代表言论免责

《宪法》第75条和《全国人大议事规则》第49条都规定:"全国人民代表大会代表在全国人民代表大会各种会议上的发言和表决,不受法律追究。"这是为了保证人大代表可以自由、独立、不受任何干扰地履行职权。基于同样的精神,这种免责权也应当延伸到立法辩论中,甚至应当在辩论时尤其注重保障。因为在意见交锋中更容易出现各种冲撞和冲突,为了保证代表们在辩论时可以畅所欲言,使辩论真正发挥其应有的作用,应当对人大代表在辩论中的发言不受法律追究予以保障。

但任何权利都不是绝对的,都有其界限。在辩论中,当主持人认为代表的发言伤

---

① 蔡定剑、杜钢建主编:《国外议会及其立法程序》,中国检察出版社2002年版,第27页。

害到国家尊严与安全,侵犯他人人身权益或涉及国家秘密、商业秘密时,应当点名加以制止,要求其收回失言。如果发言人不听劝阻,主持人可以禁止其发言。当代表严重违反发言规则或辩论纪律时,主持人有禁止其继续参与辩论的权利。

2.贯彻地位平等、讨论自由原则

不同于西方国家全职化的议会模式,我国代议制立法机关的成员,在日常生活中都有其他的本职工作,这就导致了人大代表在有形或无形中存在着高低不等级的问题,这在目前的代表选举模式下是不可避免的。而辩论强调的是在相同平台上的对抗与制衡,倘若以级别高低来决定观点的正确与否,那么,辩论也没有存在的必要了。因此,立法辩论规则要求一旦主持人宣布辩论开始,代表们应自觉坚持以平等的身份进行自由讨论和争辩,以所代表群众的利益为唯一的据点,力求实现社会资源的平衡及立法的科学化。

3.时间保障

在过去的 30 多年间,我国人大机关创造了一个立法奇迹,法律的数量呈现高速增长趋势,但与之形成鲜明反差的是,我国人大代表用于审议法律案的时间和精力极其有限。如果说过去快速形成一些法律是无奈之举,那么,如今已然渡过最为艰难的经济与社会转型期,社会主义法律体系已基本形成,我们绝不应该再以数量论成绩。应当给予代表们更多的时间与条件,让立法者真正关心法律,检验每一个条款的合理性与必要性,努力寻求法律体系的和谐统一,增强法律的贯彻力。

当然,立法机关的审议质量不仅仅是时间充足与否的问题,更为重要的是立法机关在整个政治体系中的话语权。然而,这种话语权分量的提升,也是要转而仰仗立法机关自身的革新与努力的。从某种角度来说,会期的长短、频率和立法机关的任务、地位、重要性有一定的关系。因此,必须适当延长会期,这是辩论制度能够开展的首要前提,也是人大会议能充分、审慎、科学地讨论问题的重要保证。

4.法律与技术保障

建立人大立法辩论最直接的障碍是法律在相关方面的缺失,辩论制度及具体规则的确立,必须依靠法律的明文规定,这是建构立法辩论制度的基础。

为了保障立法辩论的顺利进行,还必须为辩论主体提供必要的法律技术支持。虽然我国代议机关的成员短期内还无法做到像西方国家那样议员多具有法律背景,但通过与人大外部的专业团体建立并保持良好的互动,完全有望形成中国式的立法模式。在这些专业政策团体中,尤为瞩目的是与立法事务相关的团体的惊人发展。长期以来,全国人大法律委员会、法制工作委员会和许多专门委员会都与学术机构、法律专家之间保持着比一般政府机关要更为密切的联系。人大应积极主动地为代表们和这些团体提供沟通、咨询的桥梁。在立法辩论的准备阶段和进行过程中，代表们可以随时就法律上或其他专业上的困惑向有关团体成员寻求解答。这些外部团体不可忽视的另一个作用是，它们不仅可以起到技术上的顾问咨询作用，还可以在立法的各个环节起到审查监督作用。

通过与政策团体、国内外知名大学或研究机构的合作，逐渐形成一些相关的辅助性服务机制，依靠各领域专家的帮助来提升代表们的立法辩论技巧。这种有益的尝试不仅仅局限于立法辩论能力的培养，在取得成效良好的实验基础上，还可考虑用这种方式来全面提高代表们的参政议政能力。例如，如何高效地利用短暂的与会时间、如何与选民们更好地沟通、如何树立良好的代表形象等。

5. 辩论中代表权利的救济

法国谚语有云：有权利必有救济。在审议法律案时可采用辩论以强化人大代表的立法权能，而当这种权能受到侵害时，必须保证有一定的机制予以适当的救济。这种救济主要在以下三个层次被需要。一是辩论过程中，为了确保辩论的顺利进行，充分利用有限的时间，在辩论时必须绝对服从主持人。但这并不意味着主持人的一切活动都是正确的，在辩论结束后，代表们有反映问题、提出改进意见的机会，也可以在认为自己受到不公正对待时提起申诉。二是关于辩论的记录。如果代表认为刊发的辩论整理稿中未体现自己所代表一方的利益，则有权向专门的负责小组反映并要求补充到辩论记录中。三是关于最终的法律案。倘若代表认为自己的辩论意见未被采纳的理由明显不合理，其有权提出申诉，要求进一步解释。

七、结　语

我们必须看到，随着全国人大及其常委会地位的提高，其作为立法机关的确已经对一部分法律案产生了实质性的影响：有时表现为内容的修改，有时表现为利用程序达到时间上的阻滞，甚至在个别极端的例子中，表现为拒绝通过法律案。[①] 考虑到党政机关在我国政治生活中一贯强势的传统力量，这种进展是值得欣喜的。它虽然艰难而缓慢，但总未至于停滞不前抑或是倒退。全国人大与国务院之间在立法范畴内逐渐形成了相互制约之势。同时，我们也应当正视，立法机关的作用还大有提升的空间，而

---

① 1983年3月全国人大常委会第一次会议拒绝通过《海上交通安全法》，这在中国立法史上具有重要意义。

程序与制度的不断完善,是保证一个机构在现代社会的挑战下能够良好运转并保持生命力的"支架"。因此,全国人大分别于 1987 年和 1989 年通过了两套议事规则,即《全国人大常委会议事规则》和《全国人大议事规则》,较为详细地规定了这两个机构的工作程序要求。值得肯定的是,通过这些规则,全国人大已经在很大程度上提高了表达和实现自身利益的能力。如今 20 余载过去,这两套规则也因诸多缺陷与不完善而被人诟病,辩论制度毫无疑问就是其中备受关注的一个问题。立法辩论是一种检验的手段,它通过争辩来衡量某个法律案是否经得起推敲、条件是否依然成熟、时机是否恰当。辩论带来对抗,对抗依靠思考和力量,其对法律案进行实实在在的检验,有根据、有调查、有底气地或通过或否决它们,让立法机关真正做到筛选良法。

纵然,辩论制度只是现代代议机构诸多议事机制中的一个,但它如何构建、规划绝对不容小觑,必须以最大的细致严谨对待。因为成熟的政治技术、良好架构的规则,有助于减少改革的阻力,降低改革成本。正是每一个规则的叠加与合理配置,才能支撑起整个代议机构的独立自主活动,使之不依附在某一政党或某一领导人之上。相反,不论是个人还是政党,都应该在这个架构里按照既定的规则发挥作用。这种比喻并不是要抹杀主观能动性,但只有各自谨遵规则,才能使现代民主的最大产物——代议机构健康长久地运行。将正确的想法变成稳定的规则,能够使立法机关在前行的过程中确保自身的运转质量,前文所述的一些规则的演进路径,也正是遵循了这种规律。严格的程序在调节权利与权力的过程中能够发挥稳定的作用。

构建立法辩论的意义不仅仅在于建立一个制度,更重要的是迈出了改变我国代议制立法机关传统运作模式,着力提升其立法话语权的一步。在立法程序中加入一道公正、公开的辩论流程,在改善法律案质量的同时,也彰显了立法机关自身民主化程度的提高。作为立法的其中一道程序,辩论制度毫无疑问地体现了所有理应具备的功能:(1)确保立法机关之稳定性、秩序性及可预测性;(2)使立法决策符合正当性和合法化的民主原则;(3)区分立法权责,避免纷争;(4)减少立法过程中的冲突;(5)维护多数决的原则,保护少数人的权利。

从更长远的角度来看,作为一项能够提升所有决策及法律案正当性、科学性的技术,辩论制度不应当仅仅运用在代议机关的立法职能中。事实上,在西方国家,议会将辩论作为一种议事方式,被广泛地用于监督政府、讨论时事等各项职能中。当然,辩论制度在我国目前的政治生活中还是相当陌生的,且其运行起来的时间成本、人员成本、物力成本也较高,暂时还无法推广开来。但这并不妨碍我们期望它在长远的将来,成为人大机关主流的议政方式。也正因为它的普适性和积极意义,在构建人大立法辩论制度时,必须谨慎确保其运行的规范化。唯有发挥出立法辩论有效而正面的作用,才有望在人大会议中全面推行辩论制度,提高人大的议事能力,进而提升其影响力。

地方立法统一审议的交涉性研究

摘　要：地方立法统一审议中的交涉是指在法制委对法规草案进行统一审议的过程中，法制委成员和其他列席人员之间，在其他专门委员会审议意见、前次常委会审议意见以及其他意见的基础上，为实现法制统一和抑制不当利益的目标，通过平等协商、辩驳和妥协等方式达成共识的活动。在价值上，交涉对立法程序而言不仅具有自身价值，而且具有工具价值。在功能上，交涉有助于立法质量的提高。在法律和部分地方性法规中，可见关于保障统一审议交涉的规定，涉及列席人员、重要意见的不采纳说明、分歧处理办法等内容。通过对地方立法统一审议报告和说明的文本分析可见，交涉在一定程度上存在制度保障不足、交涉程度有限的问题。为此，有必要转变立法程序观念、明确交涉原则，从公开和扩宽交涉主体范围来营造交涉外部制度。从完善列席和意见整理、实行一事一议、植入辩论机制、规范汇报制度以及分歧处理办法，来实现对交涉的内部制度强化。

关键词：地方立法；统一审议；交涉；强化

一、引　言

(一)问题的提出

2000 年的《立法法》确立了统一审议制度，该制度在整个立法程序当中起着"承上启下"的作用，对整个立法质量的高低有非常重要的影响。对这个我国"原创性的"和"年轻的"立法程序制度，学界也发出了各种声音，不仅包括各院校的学者，还包括从事

徐子涵，上海交通大学法学硕士，现供职于江苏省南京市钟山公证处。

立法实务工作的人员及法学/法律专业的研究生。[①] 内容则从该制度的"存废之争"发展到对制度的"坚持和完善",并日渐获得多方面的关注。[②] 目前,专门针对此程序制度进行研究的博士论文只有一篇,即徐向华教授的博士论文,且尚无有关的专著。

徐向华教授在其博士论文研究中发现了统一审议事实上存在交涉的功能。笔者阅读后颇受启发。经过对统一审议制度的初步研究后,笔者在程序制度的设计和运行效果上认可徐向华教授的观点。因而,本文选择地方立法统一审议中的交涉性进行研究。

2000年5月22日,全国人大常委会办公厅专门发布了《关于贯彻实施〈中华人民共和国立法法〉第六十八条有关规定的意见》,对如何将《立法法》中确立的统一审议制度引入地方性法规的制定程序中提出了具体要求,明确了负责地方性法规统一审议的机构,即法制委员会(简称法制委)。

随着人们对立法民主越来越重视,统一审议中汇聚的利益诉求越来越多元,且并非仅来自于人大系统内部或者政府部门,多元利益诉求具有一定的竞争性。但在传统的"以和为贵"的议事文化影响下,统一审议的各项制度设计未能很好地保障交涉得到充分、深入地展开。那么,对统一审议的交涉性这一事实上存在的功能,如何通过合理的制度构建来予以激励和保障?利益诉求如何真正实现"上传下达"?不同主体之间如何展开有序、高效的交涉?在交涉过程中产生分歧、难以达成共识时如何应对?立法理论和实务界尚未对此给出具体回应。

(二)研究对象

本文的研究对象是省级人大常委立法统一审议中的交涉性。其中,本文所涉及的核心概念"地方立法",仅指省、自治区、直辖市人大及其常委会的立法。[③] 其原因包括:首先,因为《立法法》仅仅在第六十八条第二款中对地方性法规参照全国人大及其常委会法律委员会立法统一审议的规定提出了要求。其次,由于省级地方立法统一审议程序的设置因被要求"参照"而有一定的自主设计的空间,这就为研究这一问题提供

---

① "原创性的"和"年轻的"表述来源于徐向华:《我国地方立法统一审议制度及其运作研究》,上海大学博士学位论文,未刊稿。

② "1998年李鹏委员长在第九届全国人大常委会第三次会议上针对法律委员会和其他专门委员会之间关系的系统论述在一定程度上缓和了有关统一审议制度存废的争论。"转引自徐向华:《我国地方立法统一审议制度及其运作研究》,上海大学博士学位论文,未刊稿。

③ 地方立法是我国立法活动中重要的组成部分。它包括有立法权的省、自治区、直辖市人大及其常委会的立法、较大的市的人大及其常委会的立法、经济特区的授权立法、特别行政区的立法以及省、自治区、直辖市人民政府和较大的市的人民政府立法。

了广泛的可能,而较大的市的立法则在很多方面与省级地方立法的立法程序存在相似之处。

(三)研究方法

本文的分析主要采用了文本分析的方法。对 31 个省、自治区、直辖市的人大及其常委会(以下简称省级人大)制定的立法条例中的相关内容进行解读,选取了 2001—2013 年以上海市和湖北省为代表的两个省(直辖市)的省级人大法制委统一审议后形成的审议结果报告、修改结果报告或者修改情况说明(以下简称统一审议报告和说明),对其中体现的与交涉有关的要素进行统计分析,梳理出现有的保障交涉的制度框架及交涉结果状况。

资料的来源主要分为两部分:首先,31 个省份的立法条例中的规则梳理在全国人大法律数据库中分别运用"立法条例""制定地方性法规条例""制定和批准地方性法规程序规定"等关键词进行搜索,共搜索到 31 部地方立法条例。① 其次,湖北省和上海市以及其他省份的统一审议报告和说明从相关省份人大及其常委会官方网站上公布的资料中获取。

研究统一审议报告和说明在时间上选择从 2001 年开始并且将上海市和湖北省作为样本进行分析是因为:第一,《立法法》于 2000 年 7 月 1 日生效施行,所以笔者将2001 年作为对地方立法统一审议报告和说明研究的时间起点;第二,研究样本选择上海市和湖北省主要是因为笔者所能找到的各省份统一审议报告和说明中只有这两个省(直辖市)公布得最系统、连贯和全面,其他省份则是有选择性地对部分予以公布。此外,尽管在分析上主要来源于上海市和湖北省,但是对于可获取的其他省份的部分报告和说明也进行了阅读,所选取的两个省份基本上可以涵盖要说明的问题。当然,对于其他省份报告和说明中发现的具有特殊性的情况,也会在分析中予以展示。

二、交涉含义及其意义

(一)交涉含义

所谓交涉,是指与他方相互之间通过协商、讨论等方式解决特定问题的行为方法。

---

① 各地规定的名称不一样,有的用"制定地方性法规条例"命名,如《北京市制定地方性法规条例》,有的用"立法条例"命名,如《河北省地方立法条例》,有的用"制定和批准地方性法规程序规定"命名,如《辽宁省制定和批准地方性法规程序规定》,还有的用"立法程序的规定"命名,如《吉林省人民代表大会及其常务委员会立法程序的规定》。本文中为了表述方便,统一用地方立法条例指代。

第一,交涉主体平等。基于平等尊重才能进行自由对话,才能相互抗衡,而不是由处于强势的主体将其意志强加给对方或者垄断所有的利益。

第二,交涉以利益冲突为前提。有限利益让不同社会主体之间相互对抗,包括维护或者巩固既得利益以及扩大可得利益。这种竞争发展到一定的程度就会产生冲突,利益冲突是交涉产生的原动力。

第三,交涉以信息公开为条件。交涉的存在让所有参与主体都必须公开其掌握的相关信息,因为"保密乃至垄断信息,便不可能形成广泛和充分的交涉"。[①]

第四,交涉以达成共识为目的。交涉是深化对共同利益理解的过程,协商和妥协作为交涉的方式,其目的是为了达成共识。辩论作为交涉的方式之一,目的同样是希望通过对理由的阐述来说服对方,达成让彼此都感到相对满意的结果,尽管辩论的交锋性和对抗性较强。

(二)交涉在立法程序中的价值

交涉在立法程序中的价值包含两个方面。

1. 交涉的自身价值

交涉本身即构成立法程序的独立价值之一。美国法学家萨默斯首次提出了判断作为程序独立价值的三条标准:"1.是否能够通过程序的特征得以实现;2.是否能在程序运作过程中而非结果中实现;3.是否能使程序的某一特征更易为人们接受。"[②]

交涉符合上述标准。首先,交涉可以通过立法程序的特征得以实现。参与及合意是立法程序的特征。立法程序的参与性使得与所立之法相关的利益主体或者其所持的意见能够被吸收进来,不同意见主张之间的博弈自然就会产生;立法程序的合意则使得利益博弈最终必须达成一定的共识。其次,交涉能在立法程序运作过程中实现。多元利益博弈的过程中,当事人提出证据和理由进行辩论,以期说服对方并深化对共同利益的理解。所以,并不是由最终产生什么结果来决定是否实现交涉,而是在立法程序的过程中交涉就已经得到实现。最后,交涉能使立法程序的正当性、公正性的特征更易为人们所接受。因为参与和利益的充分表达,交涉可以让最终结果是共同认可的和自愿接受的,而并非强加的。无论最终立法结果的好坏,它都更容易被认为是正当的和公正的。即"法律可能是不好的,但我所参与的确定法律的过程使我有义务承

---

① 孙潮、徐向华:《论我国立法程序的完善》,《中国法学》2003 年第 5 期。
② 参见陈瑞华:《通过法律实现程序正义——萨默斯程序价值理论评析》,《北大法律评论》1998 年第 1 卷第 1 辑,第 181—204 页。

认它们的合法性并服从它们"。①

2.交涉的工具价值

交涉在具有自身价值的同时也具有工具价值,服务于实体法,即尽可能促进结果得到公正的实现。

交涉能够最大化地实现结果公正。立法程序中的交涉让不同主体可以平等参与,让每一个利益的代表都能在这种平等商谈的对话中维护对利益最大化的寻求,保证陈述权和知情权,并在理性的基础上达成理性的结果。所以,通过交涉所带来的内外部共同作用,必然能帮助结果公正得到最大化的实现。

综上所述,交涉在立法程序中不仅具有自身价值,同时也具有工具价值,有助于实现好的结果。所以,立法程序中应当有交涉,而统一审议作为立法程序之一,也理应有交涉这一环节。

(三)交涉在地方立法统一审议中的作用

《立法法》设定的"统一审议"制度的最重要的功能就是,期望通过该制度实现维护法制统一和抑制不当利益,从而提高立法的质量。② 对此,我国官方的权威解释也予以了明确。例如,全国人大法工委编写的《中华人民共和国立法法释义》中强调,统一审议制度"使制定的法律与宪法保持一致,与有关法律相衔接,以保持法制的统一"。③ 国务院法制办编写的《中华人民共和国立法法释义》中也指出:"为了……防止和克服地方立法中的部门利益倾向……有必要在地方立法程序中规定由专门的工作机构统一审议的制度。"④所以,交涉作为统一审议制度中的重要机制,必然会对这两项功能的实现起到促进作用。

1.交涉对维护法制统一的作用

交涉在维护法制统一方面的具体作用主要体现在以下三个方面。⑤

第一,保证符合上位法。各省级地方人大常委会所立之法被称为"地方性法规",其在效力等级上低于宪法和法律,所以,地方性法规的内容必须符合宪法和法律。在

---

① [美]科恩:《论民主》,聂崇信、朱秀贤译,商务印书馆1994年版,第233页。

② "抑制不当利益"和"维护法制统一"这两项统一审议的法定功能的表述源于徐向华:《地方立法统一审议的法定功能》,《法学》2007年第11期。

③ 张春生主编:《中华人民共和国立法法释义》,法律出版社2000年版,第144页。

④ 曹康泰主编:《中华人民共和国立法法释义》,中国法制出版社2000年版,第167页。

⑤ 维护法制统一所体现的三个方面以及后文中抑制不当利益所体现的两个方面的内容,参见徐向华《我国地方立法统一审议制度及其运作研究》中的第四章"功能评估",上海大学博士学位论文。

统一审议中,交涉围绕符合上位法规定的指引和与其他专门委员会之前的"专业审"不同的"法律审"的要求,淘汰与上位法不相符的意见。

第二,保证同位法之间的相互协调。法制统一不仅要做到与上位法不相冲突,还要求与同位法之间相互协调。在统一审议"法律审"基础上进行的交涉中,法制统一得到更多考虑,能更多地发现并过滤与同位法不相协调的内容。

第三,保持与现行政策的相互衔接。在统一审议中,参与主体的多元使得所考虑的方面更多。为深化共识,用政策的灵活性来弥补法规稳定性自然会在不断交涉中得到必要的关注,进而增强交涉结果的"生命力"。

2.交涉对抑制不当利益的作用

第一,有助于立法内容中权责的明确。通过交锋和博弈,事实上扩大了选择和论证的空间,将可能出现的不理性和错误予以摒除,利益诉求中的正能量自然得以凸显。不当利益就会在这一过程中被尽可能地过滤掉。

第二,有助于提高立法内容的操作性。"加大内外部环境的信息交换,尽量缩短有限的法律与无限的事实之间的距离。"①据此,不断提升所立之法在现实中的操作性。

三、地方立法统一审议的交涉性之现状分析

(一)法律和地方性法规规定的内容分析

这部分主要针对"列席"规定以及分歧处理规定情况进行分析。影响交涉的因素很多,例如统一审议的组织结构、工作机构、法案最后表决结果等。② 由于本文仅从法律法规的规定和地方立法统一审议的报告、说明内容的角度对交涉性予以梳理和研究,所以这些方面的内容本文并不涉及。

1.法律和地方性法规中关于统一审议时列席的规定

列席是指在统一审议时法制委邀请其他专门委员会的代表以及政府部门代表、专家、相关主体代表等非法制委员会的人员参加统一审议并允许发表己方意见或者仅参与而不允许发表意见的一种参与方式。

在法律层面,列席规定具有任意性。《立法法》规定可以列席并发表意见。其第六

---

① 孔喻:《论省级人大法制委员会的统一审议制度》,华东政法大学硕士学位论文,2002年,第15页。

② "组织结构"和"法案最后表决结果"的影响因素参见徐向华:《我国地方立法统一审议制度及其运作研究》,上海大学博士学位论文,未刊稿。

十八条规定:"地方性法规案、自治条例和单行条例案的提出、审议和表决程序,根据中华人民共和国地方各级人民代表大会和地方各级人民政府组织法,参照本法第二章第二节、第三节、第五节的规定。""地方性法规草案由负责统一审议的机构提出审议结果的报告和草案修改稿。"由于地方人大在不与上位法相抵触的前提下,可以根据本地区的实际情况制定和颁布地方性法规,即拥有地方立法权,所以该规定为地方人大统一审议提供了原则性依据和参照性指引。

在地方性法规层面,第一,绝大多数省份允许代表列席的同时可以发表意见。在31个省级地方立法条例中,只有辽宁和陕西两个省在其立法条例中没有有关"列席"统一审议程序的相关规定,占到总数的6.5%,其余的29个省都有相关规定。进一步分析发现,同样是有关其他专门委员会列席的规定,态度却又不同。在29个有列席规定的省份中,只有贵州等4个省份是用"应当""必须"的词来表达统一审议中邀请人员列席的强制性,其余的25个省份则是全部用"可以"的词来表达统一审议中列席的任意性(见表1)。

表1　省级人大常委会统一审议中列席规定的性质

规则例证		省份数(个)	比例(%)	对应省份
强制性	《河北省地方立法条例》第32条第2款规定:法制委员会审议法规案时,应当邀请有关工作机构的人员列席,发表意见。《贵州省地方立法条例》第32条规定:法制委员会审议法规案时,应当邀请有关专门委员会的人员列席会议,发表意见;对有关专门委员会的重要审议意见没有采纳的,应当予以反馈。	4	13.8	贵州、河南、上海、河北
任意性	《吉林省人民代表大会及其常务委员会立法程序的规定》第23条规定:法制委员会审议法规案时,可以邀请有关的专门委员会的成员列席会议,发表意见。	29	100	北京、天津、山西、内蒙古、吉林、黑龙江、江苏、浙江、安徽、福建、江西、山东、湖北、湖南、广东、海南、四川、重庆、云南、西藏、甘肃、青海、宁夏、新疆、广西

第二,两个省份未对列席人员发表意见做出规定。从各省份地方立法条例规则内容看,对列席人员是否可以发表意见并未都给予明确的规定,上海和黑龙江两个省份就只规定列席而没有"发表意见"表述。①

第三,邀请列席人员范围基本限于人大系统内部。在有列席规定的 29 个省份中,规定可以或者应当邀请的列席人员为其他专门委员会成员的占 93.1%;邀请工作机构负责人或者成员的占 34.5%;邀请人大代表的占 6.9%;邀请专家学者的占 10.3%。其中,仅邀请其他专门委员会成员的占 62.1%;仅邀请工作机构负责人或者成员的占 6.9%;仅邀请其他专门委员会成员和工作机构负责人或者成员的占 20.7%;这四种类别的人员均可以邀请列席的只占 3.4%(见表2)。

表 2 省级人大常委会统一审议中列席人员的类别

列席人员	数量(个)	对应省份
其他专委会成员	18	吉林、黑龙江、浙江、上海、江西、山东、湖北、湖南、贵州、广东、广西、四川、重庆、云南、西藏、甘肃、青海、宁夏
工作机构成员或者负责人	2	河北、内蒙古
其他专委会成员、工作机构负责人	6	北京、江苏、安徽、福建、新疆、河南
其他专委会成员、人大代表、专家学者	1	天津
其他专委会成员、工作机构负责人、专家学者	1	海南
其他专委会成员、工作机构负责人、人大代表、专家学者	1	山西

2.法律和地方性法规中关于统一审议时意见分歧的处理规定

在法律层面,由委员长会议处理统一审议中产生的分歧。《立法法》第三十三条规定:"专门委员会之间对法律草案的重要问题意见不一致时,应当向委员长会议报告。"这项规定为各专门委员会之间意见出现分歧无法通过交涉达成一致时给出了处理办法。各地可以参照此内容制定处理分歧的办法。

在地方性法规层面,第一,有超过 20% 的省份未对分歧处理办法做出规定。同样,在对 31 个省级地方立法条例统计分析后得出,有 7 个省份(陕西、广东、福建、上

---

① 《上海市制定地方性法规条例》第二十四条第二款规定:"法制委员会审议地方性法规案时,应当邀请有关的专门委员会的成员列席会议。"《黑龙江省人民代表大会及其常务委员会立法条例》第五十四条规定:"法制委员会统一审议法规案时,可以邀请有关的专门委员会成员列席会议,认真研究有关的专门委员会的意见。"

海、黑龙江、山西、北京)没有意见不一致时如何处理的规定(见图1)。其中,黑龙江的地方立法条例中仅有各专门委员会内部意见不一致时,采用少数服从多数的方式处理,没有各专门委员会之间意见不一致的处理办法。

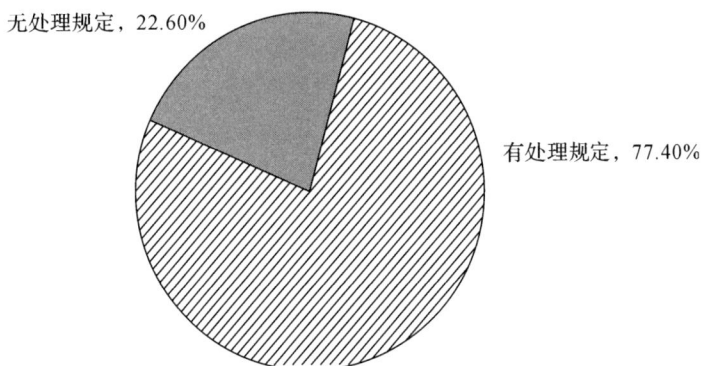

图 1　省级人大常委会统一审议中有无意见不一致处理规定情况

　　第二,80%以上省份的分歧处理方式为直接向主任会议报告。在对有意见分歧处理方式规定的 24 个省份进一步分析后发现,各地的具体处理方式"同中存异"。天津、内蒙古等占 83.3%的省份采用出现分歧后,直接向主任会议报告的方式;其余的 4 个省份则分别采取由法制委向主任会议报告,先由法制委进行协调、协调不成再向主任会议报告以及先由秘书长协调、协调不成再向主任会议报告的三种处理方式(见表 3)。

表 3　各专门委员会意见不一致处理方式的规定情况

处理方式	规则例证	数量(个)	对应省份
法制委向主任会议报告	《甘肃省人民代表大会及其常务委员会立法程序规则》第 31 条规定:专门委员会之间对法规案中的重要问题意见不一致时,法制委员会应当向主任会议报告,由主任会议作出决定。	2	甘肃、重庆
法制委协调后再向主任会议报告	《安徽省人民代表大会及其常务委员会立法条例》第 31 条第 2 款规定:专门委员会或者工作委员会对法规草案的重要问题意见不一致的,法制委员会应当进行协调,经协调后仍不一致的,应当向主任会议报告,由主任会议作出处理决定。	1	安徽

续表

处理方式	规则例证	数量(个)	对应省份
秘书长协调后再向主任会议报告	《吉林省人民代表大会及其常务委员会立法程序的规定》第25条规定:专门委员会之间对法规草案的重要问题意见不一致时,由秘书长协调并向主任会议报告。	1	吉林
直接向主任会议报告	《浙江省地方性法规立法条例》第38条第4款规定:法制委员会与有关的专门委员会之间对地方性法规草案的重要意见不一致的,应当向主任会议报告。	20	天津、内蒙古、江苏、浙江、江西、山东、湖北、湖南、海南、四川、云南、西藏、青海、宁夏、新疆、广西、辽宁、贵州、河南、河北

综上,统一审议规则存在以下问题。

第一,保障交涉的规定任意性较强。在规则现状中,有两个省份没有列席的规定不一定就意味着没有交涉,只是无法从规则中了解保障交涉的情况。但在现有的统一审议规则梳理中,不难看出交涉的空间较小、保障交涉的基础平台"搭建"与否的任意性较强,而且在有规定的 29 个省份中,有占到 80.6% 比例的 25 个省份采用任意性的规定。这样势必会对统一审议中交涉功能的发挥造成影响,无法给予交涉以"持续性的激励"。[①]

第二,列席人员的规定难以满足交涉的需要。列席人员的来源较为单一,仅是对《立法法》中相关的表述直接进行复制,没有在可能的范围内予以优化。此外,河北和内蒙古两个省份只要求工作机构的成员或者负责人列席,而工作机构主要是起辅助专门委员会工作的作用。以法制工作委员会为例,其职能包括:"一是受主任会议委托或者协助其他专门委员会起草、修改法规案;二是配合法制委做好统一审议工作;三是承担常委会法制综合工作。"[②]可见,作为协助者,它的列席理所应当,但仅有它列席就会严重限制交涉的应有空间。这样的封闭式的统一审议,交涉必然难以充分,也难以排除权力被滥用和"暗箱操作"的可能性及抑制其他主体参与交涉的积极性。

第三,交涉后分歧处理方式存在不科学性。例如,甘肃和重庆规定由法制委向主

---

① 参见徐向华:《我国地方立法统一审议制度及其运作研究》,上海大学博士学位论文,未刊稿中关于"统一审议交涉的持续激励性"的表述。

② 王宗炎:《关于地方人大立法审议机制的若干问题》,《上海人大》2002 年第 10 期。

任会议报告,安徽规定法制委协调并向主任会议报告,吉林规定由秘书长协调并向主任会议报告。"第一种情况不利于充分反映情况、解决问题。第二种情况在具有第一种情况相同问题的同时,还会有造成各个专门委员会之间地位不平等之嫌,给法制委人为地带来负面影响。最后一种情况规定中的秘书长往往难以协调,最终都要向主任会议报告并由其解决。"①没有规定意见不一致时处理方式的 7 个省份的问题就更加不言而喻了。此外,尽管主任会议有处理常委会的重要日常工作的责任,但其范围理应限定在事务性和程序性的工作上,不应当包括对法规内容的决定权。

(二)地方立法统一审议交涉性的运行状况

在这一节中,笔者将从地方立法统一审议后法制委提出的审议结果报告、修改结果报告或者修改情况说明反映的地方立法统一审议中的交涉性情况进行分析。

1. 地方立法统一审议中"列席"与意见收集情况分析

从 2001 年到 2013 年间上海和湖北的常务委员会会议公报上,笔者共收集到法制委在统一审议后作出的针对地方立法的各种报告、说明等 405 份。其中,上海有 166 份(包括审议结果报告 85 份、修改结果报告 81 份),湖北有 239 份(包括审议结果报告 108 份、修改说明 115 份、审议意见 16 份)。

第一,强制要求列席的上海在列席和意见收集情况的比例上虽然高于任意性要求列席的湖北,但未列席的情况似乎仍只占 10% 左右。上海作为强制性规定类别的省份,在 166 份报告内容中注明列席情况的共有 149 份;在正式统一审议前,除了常委会会议中常委会组成人员的意见和其他专门委员会的审议意见外,法制委以听证会、座谈会、公开征求意见、调研等各种方式广泛收集的外界意见和建议的有 99 份;既有列席情况介绍又有收集意见的共有 97 份。湖北是任意性规定类别的省份,从其报告和说明中得出的三类数据分别是:有列席情况介绍的 122 份;有会前收集意见的 102 份;既有列席情况介绍又有收集意见的 60 份。可见,第一、三类数据中,强制性规定的省份上海明显高于任意性规定的省份湖北(见图 2)。第二类数据,上海的列席比例虽然很高,但应该注意的是,仍有 18 份报告中没有涉及任何列席情况。

第二,意见收集方式基本覆盖可以采用的形式。法制委在统一审议开始前收集的为统一审议交涉之用的各方意见包括:统一审议前常委会审议中提出的意见、其他专门委员会的审议意见和法制委通过听证会、座谈会、调研、公开征集中的一种或多种方

---

① 崔立文:《制定地方性法规程序比较评析》,载周旺生主编:《立法研究》(第 4 卷),法律出版社 2003 年版,第 317 页。

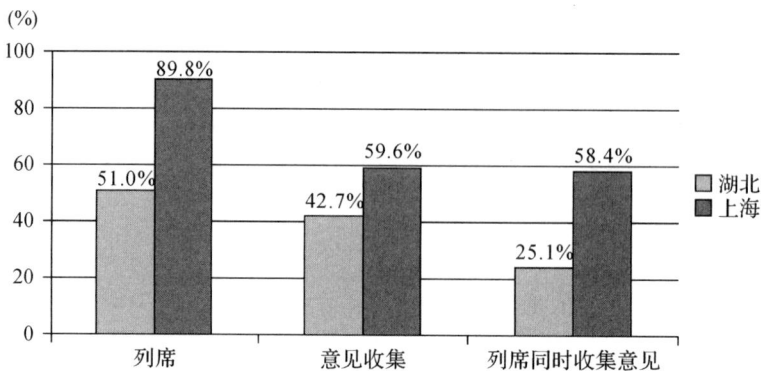

图2　上海、湖北两地统一审议列席、意见收集与既有列席又有意见收集的情况比较

式、途径向政府部门、专家学者、基层、市民处收集的意见。

此外,报告和说明中对列席人员情况表述模糊,主要有"某委员会负责人""某委员会负责同志""某委员会有的同志"和"某委员会成员"。而"列席"的形式主要有以下几类:

第一类,某其他专门委员会单独列席。如"市人大财经委员会的负责同志列席了会议"。①

第二类,两个或两个以上的其他专门委员会列席。如"市人大教科文卫委员会、财经委员会等有关专门委员会的负责同志列席了会议"。②

第三类,政府部门和某个其他专门委员会列席。如"省人大城环委、省政府法制办负责人列席了会议"。③

第四类,只有某政府部门列席。如"政府法制办有关负责人列席了会议"。④

2.地方立法统一审议中意见反映和处理情况分析

我们先来看看意见反映情况现状。

第一,基本无列席人员意见表达情况。上海是只要求邀请人员列席,并没有"发表意见"表述的两个省份之一。但在上海的统一审议报告和说明中发现,只有一篇报告

---

① 参见《关于〈上海市安全生产条例(修订草案)〉审议结果的报告》,《上海市人民代表大会常务委员会公报》2011年第7期。

② 参见《关于上海市实施〈中华人民共和国食品安全法〉规定(草案)审议结果的报告》,《上海市人民代表大会常务委员会公报》2011年第6期。

③ 参见《关于〈湖北省建筑节能条例(草案)〉审议结果的报告》,《湖北省人民代表大会常务委员会公报》2009年第3期。

④ 参见《关于〈湖北省电力设施建设与保护条例(草案)〉审议结果的报告》,《湖北省人民代表大会常务委员会公报》2011年第7期。

内容中直接用"有的列席会议的同志提出"①的表述来反映列席人员在列席统一审议过程中发表的意见。这说明上海在统一审议实际运行过程中,列席人员是有发言权的。同时,湖北也只有一篇报告在列席情况介绍中使用"列席并发表意见"的表述,但综观这篇报告的全部内容,对意见来源的表述却只有两种,即"有的委员提出"和"教科文卫委员会和有的委员提出"。② 其中,"教科文卫委员会"不可能是指代列席人员,而"有的委员"③这一十分模糊的表述可以指法制委的委员、其他专门委员会的委员或者常委会的委员。同时,在对提出的意见采纳还是不采纳的表述中,也没有丝毫显示列席人员发表意见的"痕迹"。所以,对列席人员在统一审议中是否发表意见、发表何种意见,统一审议报告和说明中基本没有展示。

第二,意见来源主体多以"有的委员"表示。上海和湖北两个省份的统一审议报告和说明中仅用"有的委员""有的常委会组成人员"和"有的代表"(以下简称有的委员)作为意见主体反映的分别有 71 份和 111 份,占各自省份统一审议报告和说明总量的 42.8% 和 46.4%,比例达到近一半。其中,有列席人员的比例都超过 50%,都存在一定的意见收集,也都在不同程度上存在既有列席又有意见收集的情况(见表4)。

表 4 上海、湖北单一意见提出主体的统一审议报告和说明中
列席、意见收集与既有列席又有意见收集的情况

省份	意见提出主体仅有"有的委员"的统一审议报告和说明	其　中		
		列席	意见收集	列席同时收集意见
	数量(占比)	数量(占比)	数量(占比)	数量(占比)
上海	71 份(42.8%)	60 份(84.5%)	20 份(28.2%)	19 份(26.8%)
湖北	111 份(46.4%)	60 份(54.1%)	8 份(7.2%)	1 份(0.9%)

接着,我们来看看意见处理的理由阐释情况。

在分析、统计上海和湖北两个省份的报告和说明后,得出两个省份对意见采纳的

---

① 参见《关于〈上海市中小学校学生伤害事故处理条例(草案)(修改稿)〉修改情况的报告》,《上海市人民代表大会常务委员会公报》总第 139 期。

② 参见《关于〈湖北省实验动物管理条例(草案)〉审议结果的报告》,《湖北省人民代表大会常务委员会公报》2005 年第 5 期。

③ 常务委员会的委员作为意见提出者通常有两种表述,分别为"常委会组成人员"和"委员们",所以,常务委员会委员是可以包括在"有的委员"中的。

理由阐释在全部统一审议的报告、说明中占比的平均值分别是 58.9% 和 27.3%。① 具体体现在:采纳原因的解释和分歧点、争议点的展示。

第一,采纳意见原因的解释呈现不稳定的状态。有时,会对为什么采纳给出详细的解释。例如,《关于〈上海市信访条例(修订草案)〉审议结果的报告》中针对"信访代理工作"的内容,就不仅予以采纳而且对采纳原因给出解释。② 有时,则不解释原因,而仅仅是先表示对意见的采纳,然后给出修改结论。例如,《关于上海市实施〈中华人民共和国突发事件应对法〉办法〉(草案)审议结果的报告》中针对"危险源、危险区域的管理"的内容和《关于〈湖北省科学技术普及条例(草案二审稿)〉修改情况的说明》中"一"到"四"的内容。③

第二,意见之间的分歧和争议点未予以充分展示。交涉本就是一项相互交锋、相互说服、相互妥协的活动,过程中涉及各种利益的选择。充分展示分歧和争议是反映交涉结果的前提,也是立法决策的重要参考之一。不同的利益越是清晰地"摆在台面"上,交涉越是能够彻底和充分地进行。分歧和争议点在报告和说明中的展示主要包括两个方面:一是是否对审议前提出的不同意见和审议时提出的不同观点、看法予以反映;一是是否对不采纳意见的决定和拒绝理由予以反映。

首先,不同意见的"曝光度"最高不超过 20%。在统一审议时汇聚的各方意见中,对重要的不同意见在报告、说明中予以说明的要求在《立法法》中用的是"应当"④的表述,即对必须、不允许选择的予以说明,各省份的立法条例中也都是如此规定的。上海和湖北两个省份存在不同意见的统一审议报告和说明的数量分别为 34 份、124 份,仅占各自省份统一审议报告和说明总数的 20.5% 和 10.9%。其中,不同意见的"曝光"有三种:第一种是审议前收集的意见中对同一内容出现分歧;第二种是在统一审议交涉过程中产生对同一内容的分歧意见;第三种是审议前收集的意见已经存在分歧,统

---

① 通过将报告或者说明中对采纳的意见予以理由阐释的数量除以整篇报告或者说明中列出的意见总数得出该篇报告或者说明的理由阐释比例,然后分别计算两个省份理由阐释的平均值。

② 参见《关于〈上海市信访条例(修订草案)〉审议结果的报告》,《上海市人民代表大会常务委员会公报》2012 年第 8 期。

③ 参见《关于上海市实施〈中华人民共和国突发事件应对法〉办法(草案)审议结果的报告》;《上海市人民代表大会常务委员会公报》2012 年第 8 期,《关于〈湖北省科学技术普及条例(草案二审稿)〉修改情况的说明》,《湖北省人民代表大会常务委员会公报》2006 年第 5 期。

④ 参见《立法法》第 18 条和第 31 条。

一审议交涉过程中增加了分歧的意见。第二种和第三种在收集的报告当中均只有1份①,其余都是第一种。此外,在第一种有不同意见的报告和说明中还存在只反映存在不同的意见,然后将达成一致的结果表述出来的情况,到底有哪些不同意见并未提及。这使得常委会审议时无法选择、参考、判断统一审议交涉后的决定是否合理,或者不同意见中有无合理或者可取之处,导致其处于被动和信息不对称的状态(见图3)。

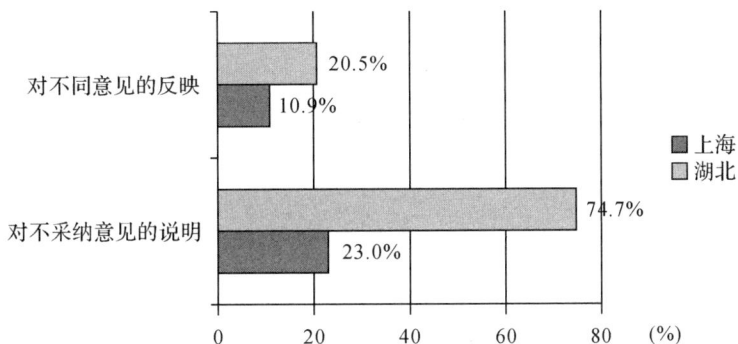

图3　上海、湖北统一审议报告和说明中不同意见的反映和不采纳意见的说明情况比较

其次,不采纳意见说明率较低。上海和湖北两个省份存在不采纳意见说明的统一审议报告和说明的数量分别为26份、55份,占到各自省份统一审议报告、说明总数的74.7%和23%。其中,上海和湖北两个省份存在对不采纳意见说明的统一审议报告、说明中,不采纳的意见总条数分别是235条和64条,平均每篇报告或者说明中有1.9条和1.2条。此外,在报告中列举出来的不采纳意见几乎都是来自常委会审议的意见,"有的委员"的意见和少量其他专门委员会的意见。而且,对之前广泛收集的意见是都吸收了、都拒绝了还是和反映出来的意见全部都重叠了,并未予以交代。

3.意见处理结果的呈现方式

(1)采纳意见。例如,《关于〈上海市推进国际贸易中心建设条例(草案)〉审议结果的报告》。针对"贸易纠纷解决"的内容,"经研究,法制委员会认为,意见合理予以采纳"②,并修改了相关条文内容。

---

① 参见《关于〈湖北省城市市容和环境卫生管理条例(草案)〉审议结果的报告》,《湖北省人民代表大会常务委员会公报》2006年第4期;《关于〈湖北省劳动和社会保障监察条例(草案二审稿)〉修改情况的说明》,《湖北省人民代表大会常务委员会公报》2004年第6期。

② 参见《关于〈上海市推进国际贸易中心建设条例(草案)〉审议结果的报告》,《上海市人民代表大会常务委员会公报》2012年第7期。

(2)综合意见。例如,《关于〈湖北省旅游条例(修订草案)〉审议结果的报告》。针对"公务活动可以委托旅行社"的这一规定内容存在三种意见:"一是比较保守的观点,认为应当慎重;二是委托前需要'经过批准'的规定不便实际操作,应予删除;三是认可原来的规定,认为公务活动市场化,不仅降低成本还有利于旅游业发展,同时其他地区已有类似做法的先例。最后的结果是:有关的公务活动可以委托旅行社提供交通、住宿、餐饮或者会务服务,但具体办法由省人民政府规定。"①

(3)细化意见。例如,《关于〈广东省见义勇为人员奖励和保障条例(草案)〉审议结果的报告》。针对"对牺牲和丧失劳动能力的见义勇为人员提高奖励额度"的条文内容,法制委和法律工作委员会以及相关主体之间经过反复、多次交涉,形成了分类对待,采用不同额度的奖励金方法。② 虽然未将划分的依据写在报告中以供常委会会议判断方案的合理性这一点稍显遗憾,但细化的可操作的不同额度的规定确是不同主体在统一审议中交涉的结果。

(4)完善意见。例如,《关于〈吉林省公路条例(草案二次审议稿)〉审议结果的报告》。针对"公路建设质量问题"的部分:"有意见提出,要增加交通主管部门的监督责任,落实责任追究。通过交涉对'监督'和'责任'方面进行完善,提出'将公路质量纳入各级政府工作目标考核责任制,并向社会公示,接受公众监督的规定',形成既有一定程度的取舍又有一定程度的妥协,进而实现优化的处理方案。"③

(5)不采纳意见。一个、两个或者两个以上不相一致的意见在统一审议中提出,有赞成、有反对,各自提出自己的理据进行交涉后,一方或者多方可能就会被说服。这样,共有三种结果:部分意见被选择、意见被全部拒绝以及全部拒绝后重新提出新意见。

第一种,部分意见被选择。例如,《关于〈上海市未成年人保护条例(草案)〉审议结果的报告》。针对"倡导性内容"在审议时有不同意见:"一种认为其操作性不强;另一种认为其必不可少,经过交涉后,法制委选择了后者并予以说明。"④

---

① 参见《关于〈湖北省旅游条例(修订草案)〉审议结果的报告》,《湖北省人民代表大会常务委员会公报》2005年第3期。

② 参见《关于〈广东省见义勇为人员奖励和保障条例(草案)〉审议结果的报告》,《广东省人民代表大会常务委员会公报》2012年第7期。

③ 参见《关于〈吉林省公路条例(草案二次审议稿)〉审议结果的报告》,《吉林省人民代表大会常务委员会公报》2011年第29期。

④ 参见《关于〈上海市未成年人保护条例(草案)〉审议结果的报告》和《关于〈上海市未成年人保护条例(草案)〉审议结果的报告》,《上海市人民代表大会常务委员会公报》总第173期。

第二种,意见被全部拒绝。例如,《关于〈湖北省实施〈中华人民共和国中小企业促进法〉办法(草案二审稿)〉修改情况的说明》。针对"中小企业工作的执法主体"的内容:"有委员提出意见后,经过审议主体的交涉,基于现实的可行性问题、对法规稳定性的考虑和上位法的相关规定,该建议未被采纳且原内容不作修改。"①

第三种,全部拒绝后重新提出新意见。例如,《关于〈上海市人口与计划生育条例(草案)〉审议结果的报告》。针对"人口和计划生育部门的职责表述"的部分共产生两种不同意见:"一种意见认为应该表述为'主管本市行政区域内的人口与计划生育工作';另一种意见认为应该表述为'负责计划生育工作和与计划生育有关的人口工作',经过交涉,两种意见均被否决,而是重新提出新的表述,即'市人口和计划生育行政管理部门依照法定职责负责本市行政区域内的人口与计划生育工作'。"②

(6)意见不一致时的处理方式。平等主体间相互交涉后并不是每次都会达成一致,冲突和分歧本身就是交涉的结果之一。上海和湖北两个省份的统一审议报告和说明中,有涉及交涉后列明分歧意见、交代未能达成一致并采取相应解决方式予以处理的只有关于 3 部地方性法规草案(《上海市未成年人保护条例(草案)》《湖北省城市市容和环境卫生管理条例(草案)》《湖北省劳动和社会保障监察条例(草案)》)的 5 份报告和说明。3 部地方性法规草案的报告和说明也分别采取三种不同的处理方式,以达到三种不同的结果。

第一,留待下一次常委会会议决定。例如,《关于〈上海市未成年人保护条例(草案)〉审议结果的报告》。针对"减负"的问题:"来自常委会、座谈会和市民的意见共有三种,经过交涉,发现这三种意见各有合理之处,几种意见目前难以达成共识,故留待常委会下次会议讨论。"③但交涉并未结束,因第一次统一审议交涉未果未予以处理:"在第二次统一审议时再次在多方主体间进行交涉,因为有的方面在认识上比较接近,可以作为地方性法规的强制性规定,有的在认识上仍存在较大分歧,不适宜作强制性规定,采取了回避争议的处理方式,建议通过教育制度改革的要求逐步实践和

---

① 参见《关于湖北省实施〈中华人民共和国中小企业促进法〉办法(草案二审稿)修改情况的说明》,《湖北省人民代表大会常务委员会公报》2005 年第 6 期。

② 参见《关于〈上海市人口与计划生育条例(草案)〉审议结果的报告》,《上海市人民代表大会常务委员会公报》总第 166 期。

③ 参见《关于〈上海市未成年人保护条例(草案)〉审议结果的报告》,《上海市人民代表大会常务委员会公报》总第 173 期。

推进。"①

第二,提请单独表决。例如,《关于〈湖北省城市市容和环境卫生管理条例(草案)〉审议结果的报告》。对"占道经营中暂扣措施"的规定:"法制委中出现'保留'和'删除'两种对立的意见。经过交涉,未能达成共识,提请常委会继续审议,并建议必要时可以对此予以单独表决。"②经过常委会二审以后:"又增加了许多不同意见,统一审议经过多方交涉,仅对部分内容达成妥协,对设立'暂扣'的这一段文字规定始终交涉无果,故决定拟请常委会会议先单独予以表决。"③

第三,主任会议决定。例如,《关于〈湖北省劳动和社会保障监察条例(草案二审稿)〉修改情况的说明》。围绕"法规草案的名称"的部分:"常委会组成人员有两种不同意见,法制委也有自己的并与前两种不同的意见,经过交涉未能达成一致,于是采取报告主任会议并由其决定不作修改的处理方式和结果。"④

4.地方立法统一审议报告、说明对结果呈现方式的分析

各地方立法统一审议一般采取逐条审议的方式。对上海和湖北两个省份的统一审议报告和说明研究后发现,在逐条审议的要求下,分别有两种不同的报告方式:第一种是按照法规草案章节条文的基本顺序,对审议事项予以分类整理,按照一定的交涉内容报告(以下简称按交涉内容的报告);第二种是按照法规草案的条文顺序进行报告(以下简称按条文顺序的报告)。

第一,按交涉内容的报告方式在交涉程度影响因素的指标上高于按条文顺序的报告方式。上海地方立法统一审议的报告和说明较多采用按交涉内容的方式,比例占到50%以上。其中,对两种方式的报告进行比较后发现,存在不同意见的反映、不采纳意见的说明、采纳意见的说理以及报告、说明的平均字数这四个方面的比例上,按交涉内容的方式都超过,甚至远超过采取按条文顺序方式的统一审议报告和说明。湖北并不常采用按交涉内容的方式进行报告,其仅占到统一审议报告和说明总数的10%左右。但其中,存在不同意见的反映、不采纳意见的说明、采纳意见的说理以及报告、说明的

---

① 参见《关于〈上海市未成年人保护条例(草案)(修改稿)〉修改情况的报告》,《上海市人民代表大会常务委员会公报》总第173期。

② 参见《关于〈湖北省城市市容和环境卫生管理条例(草案)〉审议结果的报告》,《湖北省人民代表大会常务委员会公报》2006年第4期。

③ 参见《关于〈湖北省城市市容和环境卫生管理条例(草案二审稿)〉修改情况的说明》,《湖北省人民代表大会常务委员会公报》2006年第4期。

④ 参见《关于〈湖北省劳动和社会保障监察条例(草案二审稿)〉修改情况的说明》,《湖北省人民代表大会常务委员会公报》2004年第6期。

平均字数这四个方面的比例上,按交涉内容方式的统一审议报告和说明远远高于按条文顺序的方式。存在不同意见反映的统一审议报告和说明数量上,按交涉内容的方式是按条文顺序方式的 22 倍;而存在不采纳意见的说明、采纳意见的说理以及报告、说明的平均字数上,按交涉内容的方式在比例上约是按条文顺序方式的 2.1 倍、1.3 倍和 1.9 倍(见表 5、表 6)。

第二,较常采用按交涉内容的报告方式的上海在影响交涉程度因素的指标上大多高于较少采用按交涉内容的报告方式的湖北。上海较之湖北在统一审议的报告上多采取按交涉内容的方式,即围绕着一定的主题展开,并在比例上大致是湖北的 6 倍。在比较两个省份按交涉内容的报告和说明的其他影响交涉的因素后可以发现,上海的统一审议报告和说明中存在不同意见反映的比例略高于湖北;存在不采纳意见说明的比例上,上海是湖北的 1.7 倍;存在采纳意见说理的比例上,上海是湖北的 1.3 倍;在报告、说明的平均字数上,上海比湖北少了 455.4 个字。可见,除了平均字数上湖北略高于上海外,其余的三项指标都低于上海(见表 5、表 6)。

表 5　上海统一审议报告和说明报告方式比较

类别	数量(占比)	其 中①			字数(个)
		不同意见的反映	不采纳意见的说明	采纳意见的说理	
		数量(占比)	数量(占比)	数量(占比)	
按交涉内容	92 份(55.4%)	76 份(82.6%)	72 份(78.3%)	90 份(97.8%)	2851.9
按条文顺序	77 份(46.4%)	9 份(11.7%)	51 份(66.2%)	71 份(92.2%)	2202.0

注:不同意见的反映、不采纳说明以及采纳意见的说理是以统一审议报告和说明中是否存在为标准进行统计的,不涉及具体条数;下同。

表 6　湖北统一审议报告和说明报告方式比较

类别	数量(占比)	其 中			字数(个)
		不同意见的反映	不采纳意见的说明	采纳意见的说理	
		数量(占比)	数量(占比)	数量(占比)	
按交涉内容	22 份(9.2%)	18 份(81.2%)	10 份(45.5%)	17 份(77.3%)	3307.3
按条文顺序	217 份(90.8%)	8 份(3.7%)	45 份(20.7%)	127 份(58.5%)	1700.3

综上,通过对上海和湖北两个省份地方立法统一审议报告和说明情况的分析,可以得出以下认识。

在交涉前期准备阶段：

意见进入机会有所保留。仍有相当一部分法规草案在统一审议前可能缺少该步骤。没有足够的不同利益的交锋，仅仅在封闭的、单一来源的利益间进行的交涉是不会有任何活力的；缺少将合理利益诉求纳入程序的环节，缺少"筛选"和"优胜劣汰"，争议的焦点难以全面、清晰地进入程序交涉者的视野，从而难以保证最终被认可并予以保护的那部分利益比其他利益更具紧迫性。

参与交涉主体有限。在对列席与否可以选择的湖北省，统一审议报告和说明中反映的列席与未列席的情况大约是"一半对一半"。强制性要求列席的上海，有占总数10.2％的统一审议报告和说明中未注明列席。相比于通常与政府部门对口设置的其他专门委员会而言，即使法制委的地位相对超脱，但由于其缺少专业知识、"圈子狭小"相互在利益博弈中予以制衡的力度不够，故很难避免利益选择的盲目倾向化和不理性情况的出现，这就可能会使法规的专业性、科学性有所缺失，从而限制交涉主体的能力，造成交涉不充分。此外，列席主体通常是一个其他专门委员会，有时是两个其他专门委员会，极少数是一个专门委员会和政府部门，仅有一次是6个其他专门委员会。"法律要接近公平正义的理想状态，就必须有利益相关人不断地进行交涉，同时做到表达渠道畅通和力量的均衡性，才能保证过程的良性互动从而接近正义。"① 因此，法制委在统一审议中，常常面临法案"一旦进入立法程序，再要停止或者逆转就很困难"的无奈②，容易造成统一审议的报告和说明中无一例外地出现"建议常委会会议通过"的结果。

在交涉过程阶段：

意见反映不全面。部分存在会前意见收集的统一审议采取了座谈会、听证会、调研、公开征集等手段，被收集意见的主体除了政府部门和组织外，还有相关的企业、基层、大专院校、专家和市民。但"法案的公开征求意见并不等于意见能真正被吸收"。③ 例如，《关于湖北省实施〈中华人民共和国村民委员会组织法办法〉(修订草案)审议结果的报告》中，有对意见收集数量、来源主体和吸收情况的交代，但在后面具体意见的提出主体只有"有的委员"和"有的地方"，之前的村民等意见提出主体和内容、采纳与

---

① 杨涛：《立法博弈尚需建立多方平等博弈机制》，《中国经济时报》2006年6月22日第6版。

② 郭俊：《加强对地方性法规必要性的审查》，《人大研究》2007年第2期。

③ 杨涛：《立法博弈尚需建立多方平等博弈机制》，《中国经济时报》2006年6月22日第6版。

否的情况则"只字不提"。^①上海和湖北两个省份统一审议报告和说明中仅以"有的委员"作为意见主体唯一来源的比例都为50%左右。说明这是一个共性的问题,即在利益诉求多元的情况下并非所有意见都得到平等关注。而且,交涉过程中不同意见和反对意见到底达到何种程度,决策者难以都准确判断和衡量。其造成的后果就是"人们感觉不到自己的介入会产生什么实际的效果,最终就失去了利益表达的动力"。^② 这种"统一"的现象不是统一审议交涉性应有的表现,其在一定程度上反映了人为剥夺交涉应有的良性互动情况的可能性。

分歧点公开程度较低。每部法规草案在第一次统一审议报告中必然会大段地论及该法规草案的必要性。然而,统一审议中交涉的目的和重点之一也在于提出分歧、取舍、供选方案以及相应理由,以帮助常委会会议科学做出决策。主要包括:

(1)排除对同一问题提出的不同看法。在存在会前收集意见的报告和说明中,大部分都运用了多种方法向不同主体收集了大量意见。鉴于审议和最后汇报的需要,收集的意见必然要经过整理,但意见不可能都是一致的。从上海和湖北两个省份不同意见所占比例相近的情况,可以反映出社会不同利益主体对同一问题的认识基本上是相同的,很少存在差异性。这种情况很明显是不符合现实的。同时,不同的意见并不仅局限在意见收集阶段,也应该存在于统一审议交涉阶段,包括原本没有分歧、交涉后出现分歧以及原本就有分歧、交涉后仍存在或者还增加了分歧。但是经过分析发现,交涉中产生争议和分歧的两种情况分别只有一篇报告。这种人为排除交涉前和交涉中的异议的可能性,只会让"程序尽管在形式上使一项法案戴上权威的光环,实际上却不过是一套必经的流程罢了"。^③

(2)对不采纳意见的说明不全面。虽然在比例上上海和湖北差距较大,但具体到不采纳意见的平均条数则分别是1.9条和1.2条,基本接近。此外,对予以说明的不采纳意见几乎都来源于省级地方人大内部。可见,既然不采纳的意见很少且拒绝的意见几乎都是内部的意见,那么其他主体的意见很可能都被采纳了。但前文的分析却表明其他主体的意见大部分并没有反映出来。所以,交涉在一定程度上还是局限在内部,外界的意见并未受到同等的关注,交涉有一定的发挥,但程度不够。

① 参见《关于湖北省实施〈中华人民共和国村民委员会组织法〉办法(修订草案)审议结果的报告》,《湖北省人民代表大会常务委员会公报》2001年第4期。
② 胡子敬、朱霖:《期待立法中的利益博弈进一步升华》,《人大建设》2006年第10期。
③ 王爱声:《立法过程的法律控制——阅读〈立法法〉的一个视点》,载周旺生主编:《立法研究》(第6卷),北京大学出版社2007版,第99页。

采纳情况的说理具有随意性。只要有不采纳的意见一般都有解释原因,采纳意见则不然。既然采纳和不采纳都是作为交涉的成果,那么采纳意见也理应有说理的过程。但是,从前文分析中反映出在总体说理程度不够的同时,采纳意见说理具有随意性。例如,《关于〈上海市市民体育健身条例(修订草案)〉审议结果的报告》中对"市民体育健身活动"的部分:"有意见认为需要采取多种形式保障工作场所的职工的体育健身活动;有的意见认为应该采取对策改变中小学生不参加锻炼的情况。"①因为对于采取哪些形式和对策并没有提出具体的意见,采用什么形式和对策、为什么采取这些形式和对策、标准是什么都是有必要予以说明的,但实际上却没有任何解释。这样的结论让决策者很难做出决策,最后只可能是迫使常委会在无奈的情况下被动接受。

交涉对象缺乏聚焦性。各国议事不外乎具有议题集中、态度鲜明和时间限定的特点。其中议题集中是首要的,因为议题不集中必然会泛泛而谈、自说自话,过于分散无法形成交锋,态度鲜明谈不上,时间限制也是枉然,质量和效率就会双双失去,容易造成"随便说说"和"讳而不言"的现象。② 在地方立法统一审议报告和说明中,有按交涉内容的和按条文顺序两种汇报形式。按条文顺序的,例如《关于〈湖北省建筑节能条例(草案)〉审议结果的报告》的第一部分:"同时反映的有的意见是针对条例的名称,有的意见是针对条文章节的结构,根本就没有谈到一个问题上,交涉根本无法展开。"③按交涉内容的,例如《关于〈上海市未成年人保护条例(草案)〉审议结果的报告》和《关于〈湖北省城市市容和环境卫生管理条例(草案)〉审议结果的报告》中:"围绕特定议题分别针对倡导性内容和'暂扣'的含义提出对立意见,展开了有竞争、有相互博弈的交涉。"④可见,"一事一议"议事原则缺乏,泛泛而谈、话题分散,将使得交涉形同虚设,效率低下。

对交涉后的分歧采取回避的处理方式。在笔者所研究的统一审议报告和说明中,交涉后无法达成一致的共有 3 件法规草案,其中,湖北 2 件、上海 1 件。对于分歧的处理,湖北的立法条例中是有相关规定的,即各专门委员会之间的分歧"直接向主任会议

---

① 参见《关于〈上海市市民体育健身条例(修订草案)〉审议结果的报告》,《上海市人民代表大会常务委员会公报》2012 年第 3 期。

② 参见田有成:《地方立法审议过程中存在的问题及对策》,网址:http://www.tcylaw.com/yld/web/article/ShowArticle.asp? ArticleID=1013,访问日期 2013 年 9 月 6 日。

③ 参见《关于〈湖北省建筑节能条例(草案)〉审议结果的报告》,《湖北省人民代表大会常务委员会公报》2009 年第 3 期。

④ 参见《关于〈上海市未成年人保护条例(草案)〉审议结果的报告》、《关于〈湖北省城市市容和环境卫生管理条例(草案)〉审议结果的报告》,《湖北省人民代表大会常务委员会公报》2006 年第 4 期。

报告",而这两件法规草案中只有一件采取规定的处理方式,另一件则是建议提请单独表决。上海的立法条例中没有相关处理方式的规定。在面对此种情况时,往往是直接留待下次常委会会议讨论,最后采取不予规定、寄望制度改革的实践和推进。这种处理方式使得常委会会议难以运用决定权来解决分歧,很可能为将来法规的实施留下隐患。

因此,统一审议报告和说明反映出交涉存在诸多问题,交涉程度仍不足。主要是交涉主体未树立正确的立法程序观念,缺乏良好的交涉外部制度,持续性的激励制度和保障性的内部制度不完善,等等。

三、地方立法统一审议交涉性的强化

(一)转变立法程序观念

追求一致、排除分歧的立法程序观念,需要加以转变。法规草案一旦进入统一审议,利用各种手段形成统一的方案成为主要任务。这样既制约了交涉的正常和充分展开,也阻碍了统一审议功能的发挥。

应该树立尊重和接受分歧的观念。"作为民主法治运行主体的立法机关,其在立法过程中所依循的程序首先是承认和尊重利益的千差万别。"[①]统一审议不是在做立法决策,交涉的目的也不是要达到一致的答案,而是通过交涉把问题谈透、分析到位。其结果或者方案可能是一个,也可能是多个,甚至没有结论或者方案,而仅仅是将分歧和各自理由进行阐释,以供决策者取舍、权衡。所以,只有尊重且不惧怕争议,才能通过交涉让不当利益"无所遁形",真正做到"在善于坚持原则和善于妥协之间找到平衡点"。[②]

(二)明确统一审议交涉原则

一是平等参与原则。首先,只有参与才能保证机会均等,让不同利益群体在交涉提供的平台上平等地、公开地提出利益诉求,做到形式平等。其次,确保最后存在差别待遇是必要的、合理的,有助于最大程度实现实质平等。具体要做到:利益代表均有平等参与的机会、主体的程序权利平等、保证弱势利益有陈述的机会。这样的交涉将会有助于实现社会利益的最大化,提高公众对最后立法结果的信赖程度。

---

① 宋薇薇:《地方立法中利益协调问题研究》,《人大研究》2011年第3期。
② 谢天放、王宗炎、何雅、崔凯:《地方立法统一审议机制研究》,《政府法治研究》2007年第10期。

二是注重效率原则。交涉不仅要关注程度,还要关注在什么时机以什么方式获得结果。体现在信息渠道是否畅通、交涉结果反馈是否灵敏、交涉成本是否经济以及交涉是否有持续性等,具体要做到:

(1)交涉对象聚焦。围绕特定议题展开,不发表与议题无关的言论,强调内容的针对性,且在一个议题交涉尚未结束前不得开始下一个议题,做到集中精力投入交涉。

(2)避免重复交涉。同样的内容已经过交涉形成决定后,不得重复交涉。避免频频"翻案",督促主体珍惜交涉机会和时间,准备充足后审慎参与交涉,提高交涉效率和质量。

(3)多数决定。统一审议的交涉并不以必然获得某种结果为目标,但必然伴随一系列的决定,因此,如何做出决定成为提高效率的一个重要问题。尽管多数人决定有其固有的缺陷,但如果做到了尊重不同意见,即使是少数人的意见也有机会陈述理由,最后多数人的决定就可以被推定为可普遍接受的,并将其视为代表了社会的利益。

(4)规定分歧处理机制。这是效率的最后一道保障,即分歧意见持有者势力均等,形成不了多数人决定时可予以采用的方法。

(三)统一审议交涉外部制度

地方立法统一审议交涉性不甚理想,缺乏有利于交涉的外部制度环境也是原因之一。对此,应该从以下两个方面努力改进。

一是公开制度。"立法公开在静态意义上来说,是指立法草案文本、立法成果的公开;从动态意义上来看,又包括整个立法过程及其中间性成果(信息)的公开。"[1]这里所讲的公开是指动态意义上的公开。让立法权的运作过程都在阳光下进行,不仅能够防止恣意,还可以促进交涉程度的提高。因为,"有了公开就有了基本的敬畏"。[2] 所以,在公开上应该做到以下两点。

(1)统一审议的公开要形成常态化。要杜绝过于主观地决定部分公开、部分不公开情形的出现,做到公开为原则、不公开为例外。缩小非正式交涉的空间,阻止因交涉"悄无声息"地进行而使不当利益有机会渗入。

(2)统一审议公开形式要多元。目前,公开的形式主要有听证会、座谈会、论证会、公开征集意见等,主要停留在静态意义上的立法公开。在2009年,安徽省人大常委会主任会议通过了《新闻媒体记者旁听省人大法制委员会会议办法》。该《办法》规定,法

---

① 唐明良:《地方立法:公开、民主、科学》,《浙江人大》2009年第12期。
② 曹林:《期待立法博弈不仅是时候的揭秘和观赏》,《检察日报》2007年7月4日第6版。

制委审议与人民群众切身利益相关的法案时,可以有选择性地通知部分新闻媒体记者到会旁听,并向旁听记者提供必要材料。① 这是在公开形式上的一次有益尝试。通过法制委主导,合理筛选新闻媒体,正确引导、全面公开的方式形成良好的舆论环境,扩大公民有序参与的途径。这种形式值得进一步完善。此外,还可以增加允许合理范围内的其他社会公众旁听的措施。这都是贯彻落实"拓展人民有序参与立法途径"②的一种有效方法,交涉的充分提供了最大的外部环境推动。

二是扩大交涉主体。地方立法统一审议中交涉主体在有列席的情况下也仅仅局限在"熟人"的小圈子里,这是造成结果过于一致和缺少争议的可能原因之一。因此,首先要在广度上扩大参与的途径、方式和比例。目前,意见来源主体和参与方式较为广泛和多样,但参与比例方面则存在一定的不足。因此,有必要对所制定的法规草案相关主体参与的比例作出适当规定,保证交涉时利益代表力量的均衡性。其次,要在深度上扩大参与者对结果产生的实际效应。应当扩大多元利益主体的参与,即有必要允许会前提出意见的主体和法规草案有涉及的利益主体选派代表列席,可以没有发言权,但至少可以了解自己的意见是否被采纳、以何种程度被采纳、为什么没有被采纳,以此提高参与的深度。这也有助于创造理性的话语氛围,带动参与热情,交涉性也会被激活。

(四)完善地方立法统一审议交涉的内部制度

1.基本制度保障

要求由弱转强。在交涉开始之前,应当逐步使任意性的列席规定向强制性的列席规定转变。尽管强制性的列席规定会增加统一审议的程序设置和工作量,但是"政府若采取民主的形式,与之俱来的就是麻烦和不方便"。③

保证其他专门委员会的列席。在邀请的列席人员方面,应当包括其他专门委员会,否则对于其他专门委员会而言,自己因为是可以参与或不参与的角色,积极性也就会被削弱。与此同时,可适度扩大邀请列席的人员范围。

确立法定人数要求。法定人数的"目的在于保证立法机关立法活动的代表性以及

---

① 丁祖年、吴恩玉:《立法公开的规范化与实效化探讨》,《法治研究》2013 年第 3 期。
② 党的十八大报告《坚定不移沿着中国特色社会主义道路前进 为全面建成小康社会而奋斗——在中国共产党第十八次全国代表大会上的报告》,网址:http://www. xj. xinhuanet. com/2012-11/19/c_113722546_5. htm,访问时间 2013 年 8 月 26 日。
③ [美]麦迪逊:《辩论:美国制宪会议记录》(上),尹宣译,辽宁教育出版社 2003 年版,第 75 页。

立法的严肃性"。① 具体要求包括:参与者数量必须达到应当出席的人数的半数以上;法定列席人员的出席;法规草案所涉及的各方利益诉求代表的出席,同时控制各方利益势力的均衡。

实行一事一议。这是有效交涉在方法、方式上的保障。"完善的立法程序强调议事权利义务的平等,也讲究议事秩序的有序。如果允许议事者在同一时间内提出或者讨论不同的议题,必然会导致议事的低效、无效,乃至负效。"② 为实现一事一议,统一审议主体必须要做到以下几点。

(1)观点明确,内容具体。要排除"随便说说",排除拐弯抹角、隔靴搔痒地大谈感受而不触及实质问题。做到清楚明白地称述自己的观点,有理有据,摒除空话、套话。

(2)围绕议题,内容聚焦。事先经过意见整理等准备工作拟定初步议题,不偏离中心和主题,形成针对具体问题的有效互动。同时,可以根据具体情况在一个议题交涉结束后提出新的议题,经过一定人数的附议,由会议主持者安排列入会议。

(3)发言时间、顺序和限制。参与交涉的人员必须在会议主持者的安排下有序参与交涉。首先,在发言时间上要做出规定,既防止时间过长而偏离主题,也防止时间过短而不足以清楚阐述观点。其次,在发言顺序上要做出规定,围绕一个主题进行交涉时,后一个发言者应当是持不同意见的,如果没有则允许立场相同或者维护利益相同者针对之前意见进行补充、完善。最后,在礼仪上要做出规定。交锋性较强的互动势必使得交涉主体因投入过多而变得激动,增加称呼、用语上的规范,会让各方因必须保有基本礼仪而有一个回归理性的时间。

(4)有议有决。统一审议的交涉不需要做出决策,但是必须拿出供选方案或者处理意见并说明理由。因此,一个议题经过交涉后,一定要有对应的处理结果,可以是采纳、拒绝、交常委会决定或者提出其他处理建议,让统一审议程序因交涉而"活"起来。

2. 交涉前的意见整理

通过交涉前的意见整理控制交涉进度,突出交涉重点。在正式统一审议前,意见数量非常庞大,如果不在正式开始审议前进行科学、系统的整理,势必会让交涉毫无重点和章法。对此,需要:(1)筛选有效意见;(2)根据意见内容,结合条文的整体结构与顺序进行分类,概括主题;(3)归并相同意见、突出分歧并记录提出主体和数量。

大部分会议都有一个共同的问题,就是开始时参与者十分积极,踊跃发言,但是越

---

① 孙潮:《社会主义立法中的议事文化》,《上海人大》1998 年第 8 期。
② 孙潮、徐向华:《论我国立法程序的完善》,《中国法学》2003 年第 5 期。

到后面越不积极,而且也会因为时间不够而草草收尾。提前整理意见可以事先总结好焦点、判断争议及其重要性程度,以便统一审议交涉中在逐条审议的大方向下合理引导会议交涉进度和分配时间,避免出现审议前松后紧的现象。

3.辩论机制

对话、协商、讨论、辩论等都是交涉的形式,只是交锋强弱不同。然而在"以和为贵"的议事理念下,立法程序在制度设计上欠缺程度较强的交锋——辩论。

统一审议中有实行辩论的条件。首先,统一审议人数少、规模小、信息全面、主体多元等有利因素,是有实行辩论的空间和可能性的。其次,交涉主体按照正反观点比例强制发言。在我国,代表的代表性主要有"强制性委托说"①和"非强制性委托说"②,我国在人大代表上采用的是"强制性委托说"。但法制委和其他专门委员会的成员并不是人大代表,尽管人数较少也可以采取一定比例的交涉主体以正反观点代表参与统一审议中的辩论。作为一方观点代表的交涉主体必须从己方所代表的观点出发参与辩论,使重要内容能得到充分辩论。

辩论作为交涉的方式之一,理应存在并做出具体规定。交涉作为统一审议的事实功能,同时也是立法程序的基本价值之一。辩论理当可以作为统一审议中交涉的方式予以规定,并对发言次数、时间限制等做具体规定,以保证交涉的效率和内容的针对性。

4.地方立法统一审议的汇报制度

统一审议的交涉方式和交涉过程的重要内容要如实反映在报告中。如果要求汇报制度真实反映统一审议的交涉情况,必然会在一定程度上更好地促进并彰显交涉的"正"功能。

汇报内容反映一事一议。一事一议作为统一审议的审议方式,汇报应该对此予以反映,因为统一审议中的一事一议有助于实现有效交涉,而汇报中通过这种方式反映一事一议也是为了更好地服务常委会决策,让决策者快速聚焦并集中于特定问题,同时相关信息也能有效汇聚。

真实、全面反映交涉过程。概括交涉中达成共识的依据或者分歧的主要内容等,以全面展示交涉精髓。对意见无论做出何种处理,都不是"拍脑袋"就做出的,而是推

---

①　强制性委托说认为,代表是在选民中产生的,受到特定选区和选民的限制。

②　非强制性委托认为,代表虽然是在选民中产生的,但不再受特定选区和选民的限制,其可以独立并创造性地行使代表职责。

敲抉择正确与否的依据。毕竟,统一审议并不是立法的决策程序,而是利用其结果为立法决策提供参考,所以理应增加说理。

集中反馈不采纳的意见。① 对不采纳意见的说明予以单独、集中反馈。《立法法》第十八条和第三十一条都清楚地强调了对于重要的不同意见应当在报告中予以说明。各地方的立法条例中也都对此予以相同的规定。可见,对不同意见的专门说明也是报告和说明中非常重要的组成部分之一。这样做不仅是一种对不采纳意见表示重视的表现,同时也会产生一种无形的压力,让利益抉择过程更多地展现出来,让统一审议交涉成果的展示尽可能减少"盲点",也让被拒绝的利益因被拒绝理由的重新验证而得到更为公平的对待,减少将来对立法结果本身的质疑。

5. 科学合理的法定分歧处理机制

科学合理的分歧处理办法十分必要。交涉的结果不一定都能达成共识,此时对分歧的处理就成了有效交涉的组成部分。

事实上,主任会议不应该成为交涉分歧的决定者。首先,主任会议不具有对法规内容的决定权。《中华人民共和国地方各级人民代表大会和地方各级人民政府组织法》第四十八条规定:"省、自治区、直辖市、自治州、设区的市的人民代表大会常务委员会主任和副主任、秘书长组成主任会议……主任会议处理常务委员会的重要日常工作。"法律明确规定了主任会议处理常委会重要的日常工作的责任。使得"主任会议也在各委员会、工作机构中处于核心位置"。② 但是,这种被赋予协调和指导各委员会和工作机构的权力理应局限在程序性和事务性的范围内,并不包括决定法规内容的权力。其次,主任会议的决策过程相对封闭,与立法程序公开相悖。同时,也会让交涉主体因感受不到"不偏不倚地注意和考虑对利益的竞争主张"③而减弱参与的热情。

所以,交涉过程中产生的分歧应当如实反映在统一审议报告和说明中,提交常委会会议决定。常委会会议才具有对法规草案内容的最终决定权。在时间衔接上,统一审议后都会召开常委会会议,因而,在交涉过程中产生的分歧完全可以交由常委会会议进行决断,没有必要也不应该让主任会议"代为"决定。这样"既尊重了有关专门委员会的真知灼见,也尊重了法制委员会的统一审议,保障了各专门委员会之间交涉权的平衡"④,交涉的积极性自然就会得到激发,交涉的充分发挥也会得到较为全面的保障。

---

① 这里集中反馈的不采纳意见不包括在不同意见中因为做出选择而没有采纳的意见。
② 闫鹏涛:《对主任会议权限的再认识》,《人大研究》2012 年第 1 期。
③ 何建辉:《立法:利益表达的过程》,《甘肃社会科学》2007 年第 5 期。
④ 孙潮、徐向华:《论我国立法程序的完善》,《中国法学》2003 年第 5 期。

四、结　语

本文通过分析,得出如下初步结论:在我国地方立法统一审议中,交涉性无论是在条件、范围、主体、程度还是在效果上都发挥着一定的作用,但同时也存在一定的局限性和制度保障上的不足。

未树立正确的立法程序观念,缺乏良好的交涉外部制度,持续激励性和保障性制度不完善以及法定机制存有不合理、不科学之处,是造成意见进入机会和反映有保留、交涉主体有限、分歧点曝光低、说理程度差、交涉缺乏聚焦性以及对分歧采取回避的处理方式等问题的重要原因。

为了更好地发挥地方立法统一审议的交涉性,本文从立法程序观念的转变、交涉外部制度的营造和交涉内部制度的保障等方面提出了强化交涉建议,以期使交涉成为实现决策科学、民主的"引爆点"[①],让交涉中的争议点、取舍过程和争议程度一一曝光,"挤压"内部"疏通"的空间。

但是,本文的研究仍存在一定的局限和不足,主要表现在:

第一,研究资料的来源存在缺陷。在规则梳理层面由于研究时间所限,未能涉及31个省份法制委统一审议的内部规则,使得在规则解读时缺少更加全面的呈现。

第二,研究影响交涉程度的因素相对单一。对于统一审议中法制委和其他专门委员会、工作机构的人员组织结构和作用以及法案表决结果情况等同样会影响交涉程度的其他因素,本文未能涉及。

最后,"立法结果的公正是社会主体多次重复博弈逐步建立起来的"。[②] 而且,"多元的利益竞争及其妥协,会产生一支强大的推动法治进程的力量"。[③] 统一审议中交涉性的发挥充分,有助于回归决策理性,体现妥协,达到相对均衡,使各方都能接受。所以,即使立法的结果不是最好的,它也是审慎理性和相对公正的产物。正因如此,地方立法统一审议的交涉性还需要更多理论和实践研究者的广泛关注、献计献策,以实现立法决策质量的不断提高。

---

① 徐向华:《我国地方立法统一审议制度及其运作研究》,上海大学博士学位论文,未刊稿。
② 王全胜:《制度设计与立法公正》,山东人民出版社 2005 年版,第 275 页。
③ 何建辉:《立法:利益表达的过程》,《甘肃社会科学》2007 年第 5 期。

附　录

上海市人大法制委员会
关于《上海市市级预算审查监督规定(草案)》审议结果的报告[①]

——2001 年 8 月 14 日在上海市第十一届人民代表大会常务委员会第三十次会议上

市人大法制委员会委员　邓金华

主任、各位副主任、秘书长、各位委员：

市十一届人大常委会第二十九次会议,对市人大财经委员会提出的《上海市市级预算审查监督规定(草案)》(以下简称规定草案)进行了审议。会后,法制委员会、法制工作委员会将规定草案印发各区县人大常委会、部分市人大代表以及有关社会团体征求意见,并与市人大财经委员会就有关问题共同作了研究。法制委员会于 7 月 31 日召开会议,根据常委会组成人员和各方面的意见,对规定草案进行了审议。市人大财经委员会的负责同志列席了会议。法制委员会认为,为了加强对市级预算的审查监督,规范预算行为,制定本规定是必要的,规定草案符合有关法律规定和上海实际情况。同时,提出以下修改意见：

(一)有的常委会委员认为,规定草案在起草过程中参考了《全国人民代表大会常务委员会关于加强中央预算审查监督的决定》,但将参照全国人大常委会的决定作为立法依据似有不妥。为此,建议删去第一条中"参照《全国人民代表大会常务委员会关于加强中央预算审查监督的决定》"的表述。(修改稿第一条)

(二)有的常委会委员提出,规定草案对市人大常委会和市人大财经委员会在市级预算审查监督中的职责已经作了明确的规定,本法规不必设置适用范围的条款。为此,建议删去规定草案的第二条。以后各条的条序作相应调整。

(三)有的常委会委员提出,规定草案第九条第一款中的主体表述不很清楚,建议予以修改。经研究,建议将这一款修改为："严格控制不同预算科目之间的资金调剂,各部门、各单位的预算支出应当按照批准的预算科目执行。"(修改稿第八条第一款)

(四)有的常委会委员建议,在规定草案第十二条中增设决算草案应当提交市人大

①　《关于〈上海市市级预算审查监督规定(草案)〉审议结果的报告》,《上海市人民代表大会常务委员会公报》总第 140 期。

常委会审查批准的规定和市人大财经委员会应当向市人大常委会提出决算草案审查报告的规定。为此,建议增加规定:"市人民政府应当将决算草案提交市人大常委会审查和批准",作为该条的第一款。原第二款修改为:"市人民政府财政部门应当在市人大常委会举行会议审批决算草案的一个月前,向市人大财经委员会提交决算草案和关于决算草案的报告",作为该条的第三款。增加规定:"市人大财经委员会结合预算执行情况和审计工作报告及有关调查情况对决算草案和关于决算草案的报告进行初步审查,并向市人大常委会提出决算草案的审查报告",作为该条的第四款。(修改稿第十一条)

(五)有的常委会委员提出,对预算外资金应当加强监督力度,规定草案第十四条设置了由常委会进行专题调查或者专题审议两种监督方式,但规定草案将第十四条的第二款和第三款的内容分列,监督与被监督的关系表述得不很清楚,建议予以修改。为此,建议将第二款和第三款合并,修改为:"市人民政府财政部门应当依照有关法律、法规的规定对预算外资金进行管理,按照财政年度编制预算外资金的收支计划和决算。市人大常委会可以就预算外资金的收支计划及其执行情况组织专题调查或者进行专题审议。"(修改稿第十三条第二款)

(六)有的常委会委员提出,规定草案第十六条对预算工作委员会的职责表述得不够确切,建议予以修改。有的常委会委员提出,规定草案第十六条第二款、第三款有关预算工作委员会职责的内容不是本法规所要规范的,而且与市人大财经委员会的职责相交叉,建议删去这两款内容。法制委员会认为,有关预算工作委员会的具体职责目前难以在本法规中作出较为明晰的表述,可以待预算工作委员会设立之后,作专题研究,另行规范明确。为此,建议删去该条的第二、三款,并将第一款修改为:"市人大常委会预算工作委员会是市人大常委会的工作机构,承担市人大常委会预算审查监督的日常工作,并协助市人大财经委员会办理预算初步审查的具体工作。"(修改稿第十五条)

(七)有的常委会委员认为,规定草案中应当设置法律责任条款。也有委员认为,该法规可以不设置法律责任条款。法制委员会认为,本法规所规范的是市人大常委会监督市级预算的有关事项,市人大常委会在对市政府进行市级预算监督时,可以行使罢免权和质询权,这些权力在组织法中已有规定,本法规可不必重复。对政府工作人员违反预算法等法律的行为,预算法及相关法律中已设置了相应的法律责任,也不必在本法规中重复。因此,建议不作修改。

此外,还对规定草案作了若干处文字修改。

法制委员会已按上述意见对规定草案作了修改,提出了修改稿,提请本次常委会会议审议。

修改稿和以上报告是否妥当,请予审议。

计算方法:

意见总条数:9 条,分别是(一)至(五)中各 1 条意见,(六)和(七)中各 2 条意见;对采纳意见的说理条数:3 条,分别是(六)中的 2 条意见和(七)中的 1 条意见;

对不采纳的说理条数:1 条,是(七)中的 1 条意见。

由此可以得出,该篇报告中采纳意见的说理比例=3/9=33.3%。

立法评析

构建地方国家权力机关主导下的"衡平程序"

◎陈姜季

摘　要：本文以我国现行刑法第六十三条第二款对"不具备法定情节但客观上需要减轻处罚"的特殊刑事案件的报请核准程序的规定为基础，探讨了抽象性法律规则之于具体案件事实的矛盾，以及刚性规则的局限性。本文建议在"只要穷尽司法救济手段仍然不能解决应当解决的问题"的情况下，发挥"决不允许一个错误无法得到补救"以及"根据法律，但并不屈从于法律"的"衡平"精神，建立"衡平程序"，在特殊情况下绕开刚性法律规则，追求实质正义。此外，鉴于省、设区的市一级的地方人大机关在权力性质、技术资源、客观环境上存在的优势，本文建议由其作为该"衡平程序"的主导者，行使"衡平权"。这一程序的建立有利于将社会矛盾及时在当地化解，也有利于将同样追求实质正义的信访制度纳入法治的轨道。"衡平制度"这一连接立法与司法的桥梁也是突破地方立法"无作为"与"难作为"现状，从而在地方性事务中发挥积极作用的现实渠道。

关键词：法律；事实；衡平；实质正义；人大

一、问题的提出：从几个案例谈起

案例一：2008年某日凌晨，犯罪嫌疑人王某、章某、孙某酒后商议着"骗个女人玩玩"。王某系出租车司机，以"嫖客派来的司机"为名将刘某（性工作者）骗上车，途中章某、孙某佯装是搭乘的乘客。当刘某发现行程不对时，要求停车却遭拒，遂拿出手机欲打电话给其男友。此时坐在她身边的章某、孙某夺下其手机并对其进行恐吓和猥亵。

陈姜季，供职于浙江省人大常委会法工委社会行政法规处。

一小时后车辆开到一偏僻的郊区,三人轮番与刘某发生性行为。最后,三名犯罪嫌疑人将刘某留在郊区,顾自驱车回家。在批捕阶段中,检察院侦监部门对三名犯罪嫌疑人作出批捕处理。而到公诉阶段,科室集体讨论时却发生了意见分歧,不同意起诉的干警主要持两个观点:一是刘某属于性工作者,因此该事件属于嫖资纠纷;二是犯罪嫌疑人没有明显的使用暴力表现。最后,该案被公诉部门以证据不足为由决定不起诉。但是,本案中的强奸情节却是很明显的,犯罪嫌疑人使用欺诈、威胁、控制人身自由的手段,将受害人骗到荒山野岭,使其客观上处于不能反抗,精神上处于不敢反抗的境地,明显违背其主观意志;并且,刘某从未索要过嫖资,甚至也不敢提出要回自己的手机,在危险境地中,她提出的条件仅仅是将自己带回镇上,怎么能以"嫖资纠纷"来解释呢? 本案中真正造成不诉处理的原因有两个:一是根据刑法规定,轮奸至少要判处十年以上有期徒刑,在本案中显然过重;二是因为三个犯罪嫌疑人中有两个是本地人,其亲友可能会因此而闹事,成为不稳定因素。所以,这个案件最好的处理结果是认定为强奸,但判处较轻的刑罚。毕竟,受害人的妓女职业使其性的不可侵犯性以及遭受的名誉、心理伤害较弱,而且其职业本身具有违法性。但这个案件的实际处理结果不但让犯罪嫌疑人逍遥法外,且还能冠冕堂皇地前去索取国家赔偿。

案例二:一个长期处于饥饿状态的外地青年因盗窃 5 只鸡而被刑事拘留,且最终难逃糟糕的命运。虽然 5 只鸡的价值远远达不到盗窃罪对犯罪金额的要求,但由于这 5 只鸡是一个月内分 3 次偷的,所以满足盗窃罪对"多次盗窃"的情节要求。假设该青年是在一次性盗窃 5 只鸡时被抓的话,犯罪根本无从谈起。只因他被生活所迫,饿急了便去偷,也没有销赃变卖的"专业性",于是反而遭到了严惩。

案例三:六名不满 20 岁的外地务工人员(六人均为 14 周岁以上,其中两人不满16 周岁)因身边没有足够的钱打车,遂临时起意,对路上一名三轮车夫实施抢劫。虽然只抢到两个一次性打火机,但结果却全部被逮捕并被判处有期徒刑。原因是,抢劫罪和其他的犯罪一样,无法通过量化主观恶性与社会危害性来定义犯罪。所以,尽管这几个少年涉世未深,没有犯罪背景,具体罪行中也没有恶劣的行为或产生严重的后果,但主观上他们确实是以抢劫为目的,客观上也实施了抢劫行为,侵害了公民的人身权与财产所有权,同时也已年满 14 周岁(即便减轻也要在三年以下有期徒刑的幅度内量刑)。所以,抢劫罪便是法律机制本身所给出的唯一答案,尽管它与公正、良心或法律原则(如罪责刑相一致原则)可能是相悖的。

案例四:2008 年某夜,受害人顾某在一个僻静的胡同里被犯罪嫌疑人汤某拦住,汤某拿着一把小水果刀威胁顾某交出身上的财物,并告诉她自己找不到工作,需要路费回家。顾某答应帮其找工作,并称自己身上仅有 50 块钱。接下来两人相谈甚欢,顾某还很殷勤地把自己的电话号码给了汤某,汤某最终接过这 50 元现金后就走了,并未为难顾某。第二天汤某还致电顾某,相约面谈,而顾某随即报案将汤某抓获。汤某涉嫌抢劫罪,面临的最低量刑为三年以上有期徒刑。另外,汤某是 20 岁的成年人,也没有自首等其他可减轻处罚的情节。

二、问题的来源

以上案例均是作者在以往工作过程中所接触到的,几乎都没有什么"社会知名度"可言。与案例四形成鲜明对比的是,在一个全国闻名的案例中,类似情节中的抢劫者却因为司法机关的不同态度而面临全然不同的命运:一个少年持刀抢劫一个女记者,女记者却掏出面包给他,接着还带他去饭店吃了顿饭;饭后成功动员少年去公安机关自首。最后,省公安厅、检察院、法院经与有关专家商讨,共同决定对该少年作出了不予处罚的处理,当地社区还帮他找了一份安定的工作。这个故事还曾被央视详细报道过。[①] 然而,现实中真正有代表意义的是案例四,那个被报道与宣传的案例一般却只能停留在我们的美好愿望之中。因为这种"惊动"省级公检法"三堂会审"来"变通法律规定"的做法不但在实践中是大费周章之举,而且更重要的是,对一种起刑点在三年以上的罪名来说,它在正式制度中的依据是非常牵强的,所以必然无法被常态化,可以说它同戏文里"三堂会审玉堂春"的理想化情形多少有些类似。其实,在上述所有案例中,事实本身并不复杂,复杂的是简单事实面前的制度障碍。如果我们能够以制度的方式绕开相关制度的障碍,那么这些不理想的裁判结果便可以得到避免。

所谓的制度障碍,最为直接的来源是法律刚性规定对自由裁量权的限制,这种限制有其自身意义存在,但却又会在许多特殊个案中造成显失公正的结果。这些刚性规定体现为两类:一类是构成定性标准,区分罪与非罪的具体规定,比如"多次盗窃";另一类是在基本罪行基础之上的法定加重条款,比如"盗窃金融机构"。这种条款对具体情节或后果进行了描述和列举,比如达到一定金额、次数以上,或采取某种手段(如入室)、针对某种犯罪对象(如古文物)、罪后表现(如逃逸)、造成某种具体后果(如重伤)等,即可过渡到更高的刑格。

无论是构成定性标准的具体规定还是法定加重条款,都不像酌定的条款——不用

---

① 洋淑:《女记者与少年劫犯》,《社区》2004 年第 24 期。

"可以"来赋予司法人员选择权,也不用"后果严重""情节恶劣"等的抽象描述来赋予司法人员判断权。因此也就意味着,即便司法者试图根据个案特殊事实和自己的良心来判案,也面临于法无据的处境。

刚性条款是具体的,这些具体的规定只能触及个案的一个方面,却要以这一个方面来判定个案的特殊结果。比如在前述的几个案例中,轮流强奸、盗窃金融机构只是个案客观方面的一个部分,却必须以这一个方面来加重处罚。与之形成鲜明对比的是,刑法关于从轻、减轻、免除情节的少数规定中,绝大多数都要在两种或三种处理之间斟酌;而且这些规定中有一半是"可以"型的,也就是说并非"必须"进行从宽处理;这也意味着,如果有较为恶劣的情节或后果,就可以抵消乃至淹没那些本来具有从轻、减轻、免除效用的情节。而加重则意味着必须加重一个(或以上)刑格来进行处罚,毫不含糊,哪怕具体案件中的主观恶性与社会危害足以抵消或淹没加重情节的恶性与危害。这便是刚性条款在"宽"与"严"之间不相济的体现。

在刑法典内部,酌定与法定条款的科学性也是很有问题的,但问题主要来源于成文法技术本身的局限性。比如,为什么刑法要在一些罪名里列出具体的法定加重情节,而在其他罪名里却没有?如在故意杀人罪中,刑格区间是很大的,刑法对此的规定几乎属于完全不确定刑;触犯该罪名者可以被处以从有期徒刑(缓刑)到死刑(立即执行)两个极端之间所有的刑罚。这样一来,不像前述案例中的强奸、抢劫、盗窃,在故意杀人罪的裁判中法院几乎没有任何自由裁量的障碍。以张志信故意杀人案[①]为例,因被害人长期欺凌父母,为害乡里,因此被其父张志信持械打死。最后,其所在的沙丘县法院以故意杀人罪判处张某有期徒刑三年,缓期五年。为什么不在故意杀人罪里也列出一些法定加重情节呢?或者先列死刑,然后再列法定减轻情节呢?其原因在于,一方面,刑法所列举的情节大多具有很强的代表性,非多发的(同时也是庞杂的)情节很难也不应被刑法所考虑;另一方面,类似"未成年人(犯罪)""自首""二人以上轮奸""入室抢劫""盗窃金融机构""肇事后逃逸造成死亡"或"一定的数额"等情节具有直观的确定性。在杀人罪中,首先考虑的是死刑,因此再列法定加重情节难免欠妥。就减轻情节而言,类似"斗杀""义愤杀人"等减轻情节并不具有直观的确定性,本身涉及一个主观认定的问题,因此列举的话有可能造成规避法律的后果,所以未被立法者所考虑。出于技术限制,刑法里不同罪名的量刑规定在确定性上有着显著的不同。但问题是,仅仅由于立法描述上的便利而使某些种类的犯罪要受刑法刚性条款的严肃处理,而另

---

① 该案判决书参见最高人民法院中国应用法学研究所:《案例采编》2006 年第 3 辑(总第 57 辑)。

外一些种类的犯罪则可以用柔性条款减轻处理,显然是更加有失公允的。

在自由裁量权受到刚性法律条款限制的条件之下,如果有一种自由裁量权之外的机制可以提供救济,那么,上述案例中的问题依然是可以得到解决的。在我国,现行刑法第六十三条第二款的规定便属于正式的救济渠道。

三、刚性规则的意义与局限性

在法律规则中,只有刚性规则才属于完整意义上的法律,而"此外的法律内容都只具有政策性质"①,它们多依靠人治因素,不能由法律机制本身所控制。法治的本质是一种形式正义,而形式正义乃是依靠刚性规则所体现的;刚性规则乃是法治的依托所在,是否拥有一个覆盖面较广、设计较为合理的刚性规则体系并严格执行,乃是法治与人治的分野。刚性规则方能保证法律的高效性、稳定性、统一性以及可预期性,其也是法律更好地发挥教育、震慑、预防作用的前提。比如,关于"多次盗窃即触犯盗窃罪""盗窃金融机构加重处罚"的刚性规定在一般性预防上以及典型个案的"罪责刑相适应"上具有重大意义,这种意义超过了它们所产生的问题。

但是,纯粹的刚性规则完全不足以满足社会的需要。其局限性主要来自成文法自身的特性。成文法本身是以语言组成的,而语言只是一种主要由概念所组成的符号。尽管它意图所指的乃是事实,但"能指"却有其独特的规律,无法与"所指"一致,时常会混淆、歪曲或掩盖事实。符号可以是体系化的、光洁的、周延的,但其所指向的现实却无法被体系化,因为具体现实在符号的视野中乃是不规则的、相互矛盾的、涉及复杂的价值判断,甚至是难以定性或理解的。"不规则性乃是现实的常态而非例外,任何事物(而非概念)都是独一无二的,因此无法通过对其他事物的预先理解而进行类比。"②总的来说,概念是这样一个东西,当它定义"天空"时,它只能用一小片的"标准天空"的景色来指代整个天空。而天空是广袤无限的,它处于永恒变化发展之中。在前述案例中,轮奸、盗窃、抢劫等概念都是如此,现实中的轮奸、盗窃、抢劫都是以千奇百怪的特殊性呈现的,但法律由于语言的限制而不得不将它们看成是"相同"的,至多进行极少的分类。当然,如果所处理的案件大致上能符合法律概念对典型的要求,那么刚性规则便能发挥通常意义上法律的所有优点。然而,一旦案件没有典型意义(这事实上也

---

① Friedrich Hayek. The Road to Serfdom Routledge Press,UK,1944:81.

② C. G. Jung. The Undiscovered Self, Routledge Press,UK,2002:5.

是另一种常态,因为构成案件的事实中有太多的环节的变化足以打破典型意义),刚性规则事实上便形成了我们所面临的规则障碍。这种障碍可以从现行刑法中关于法定加重情节的规定在实践中所造成的畸重的量刑中来理解,如同前文所引用的几个案例中体现的那样。

要消除刚性条款本身的负面影响,就其本质而言,不可能用尽可能科学的刚性条款来防止显失公正的裁判的发生。所以,问题不在于降低刚性条款的重要性,减少刚性条款的数量,而在于如何以"好用""管用"的制度来弥补这一机制本身所必然导致的问题。

立法,特别是中央立法,可以也经常只能用简单的语言来描述事物并作出判断。但具体的法律使用者却无法用符号和概念来替代现实,他们不得不与活生生的具体问题打交道。因此,柔性规则便应运而生了。在柔性规则中,法律使用诸如民主、自由、善意、正当、平等、对等、依法、诚信、合理、重大、轻微、严重、恶劣、特别恶劣、迅速等词语,同时并不列出具体的标准与内容。这样一来它们就有了很大的涵盖性。柔性规则体现了法律对自身局限性的默认,从而将部分权力授权法律使用者来行使。此外,法律制度通常还用"衡平机制"来纠正既定刚性规则所可能带来的不可欲结果,从而解决现实中多变的、不规则的社会问题,以实现实质正义。法律对自身局限性的默认,在实体上体现为柔性规则;相应的,在程序上体现为授予裁判者以自由裁量权、自由心证权[①]、"衡平权"等。

当法条中出现柔性规则以供裁判者酌定时,如规定"合理的范围""证据确凿",同时并未作出具体规定,其实只是变相在承认立法者并不知道什么是"合理的范围"与"证据确凿";或者即使知道,也无法用(简洁的)文字予以确定。但即便立法不知道,社会问题仍必须得到解决。于是,立法便只能通过法律文本之外的自由裁量权、自由心证权来解决处于法律盲区的问题。但它们对刚性规则的负面影响依然无能为力,相对于自由裁量权和自由心证权,"衡平权"是一种常规司法体制之外的特殊权力,是在刚性条款得不到自由裁量权的变通的情况下,即缺乏或已穷尽自由裁量权的情况下,为实质正义应运而生的。

---

① 所谓自由心证权,是指"证据之证明力,通常不以法律加以拘束,听任裁判官之自由裁量"。

四、规则、事实与"敲桌子"

法学界有一句流传甚广的格言,大意是:"当事实对你有利时,多强调事实;当法律对你有利时,多强调法律;当事实和法律都对你不利时,敲桌子把事情搅浑。"[①]这句格言说明,法律机制时常无法提供单一的、确定的结果。当你强调法律的形式正义时,你便是在强调法律。这意味着在执行与适用法律时只能以规则载明的既定信息为准绳,哪怕这些信息过于简单、不合时宜或与"所指"之间仅有表面上的关系,即使会导致与事实相悖或无效率的结果,亦在所不惜。当你强调法律的实质正义或"法律原则""立法本意"或"法律的精神"时,你强调的便是"事实"。这意味着不惜以法律的普遍性与确定性为代价来换取对个案中既定事实的关注。

尽管从字面与观念上看,事实属于法律机制的基本组成部分,看不出彼此之间存在矛盾,但是,强调法律和强调事实有着相反的侧重点。如果强调法律的话,便是侧重于抽象概念的普适性。相反,如果强调事实的话,便是强调个案的具体性、特殊性与法律概念之间的冲突,从而便只能诉诸法律的"精神"或(以及)执法者的裁量权。即便你无法找到支撑这些特殊事实的,哪怕是较为间接的规则,至少还是可以从法律文本或法学家的著作中找到一些原则来为特殊的"事实"寻找法律渊源。在日常语言中,当你强调某人"不管怎么样都是丈夫"时,你其实就是在具体事实对他不利时,试图以抽象概念所针对的事实来取胜;而当你用活生生的事实来描述"这是多么混蛋的一个丈夫"时,其实就是在抽象概念不利于他时,试图以具体的事实来取胜。法律也是如此,这在前述所有案例中也都有体现,当强调"不管怎么样都是盗窃(抢劫、轮奸)"以及"法律就是法律"时,便是强调法律的一面。当强调"被害人有过错、年龄较轻、没有前科"的特殊事实时,而且相应还同时强调"法律宽严相济的精神",强调司法官员必须"以事实为依据"——包括具体法律规范未圈定的事实,强调司法官员有义务将这样的案件逐级报到最高人民法院进行"衡平"……便是强调事实的一面。

决定裁判结果的因素在法律与事实之外,当然还有第三种不容忽视的因素,也就是法律主体是否(有能力)"敲桌子"的因素。"敲桌子"意味着正常法律程序之外的各种非理性因素。非理性因素对法律调整结果的影响是非常神奇的,这种神奇在于,法

---

① 原文为:When you have the facts on your side, pound on the facts. When the law is on your side, pound on the law. When neither the law nor the facts are on your side, pound on the table.

律的裁判结果并不会将它当成裁判的原因所在,甚至不会提及它,而只是将偏袒于它的那部分事实与抽象理由来作为原因,从而使我们看不到法律实施过程的复杂性。这种因素在上述非典型性的案件中有着集中的体现。在前述案例中,这种因素事实上都发挥了正反两面的作用。比如,案例一是通过"本地人身份施加的压力"来解决的,而轰动一时的许霆案①就是通过大肆炒作与上访得到解决的。在前述的张志信杀人案中,也不难想象,"敲桌子"必然起到了重要的作用。因为,杀人罪首先考虑的是死刑,为什么本案里却选择了一个最低的"判三缓五"呢? 当然这里判决依据依然是"事实",那么让我们看一下,法官到底圈定了什么"事实"。案件中的其他事实我不敢妄言,毕竟本人只是从判决书载明的有限信息层面上了解该案件。但法官对犯罪嫌疑人的袒护却跃然纸上,比如,在判决书的事实部分里写道:"(犯罪嫌疑人)在门口顺手掂把抓钩赶到西屋朝准备睡觉的张黎明(被害人)头部猛击致死,并连夜将张黎明掩埋。"而在判决部分却写道:"案发时被害人持刀逼母、砍母(实际上是拿刀恐吓)、劫掠财物。"试问,什么叫"案发时"? 两者属于同一晚上就是"案发时"么? 被害人都已经回屋准备睡觉了,这能叫"案发时"么? 被害人的加害行为明显是在"案发前"。何况,犯罪嫌疑人罪后表现是"连夜掩埋",直到一年后被害人身处外地的妻子将事情捅出来——而对于这些足以动摇"最低量刑"的事实,法官似乎根本不喜欢进行评价了。

那么,到底是什么带来了超乎想象的最低量刑呢? 张志信杀人案的判决书里有这么一段内容足以说明:"案发后,张志信所在行政村群众到县委政法委上访,强烈要求对张志信从轻处理。在法院审理期间,上百户村民联名上书,再次强烈要求从轻判处。"不难推断,这种大规模"敲桌子"的行为必然起到了很大的作用,不然法官很难做到如此"自由"地裁判。理性官僚制条件下的法官本身并没有任何动力去走这样的极端,但由于群众大规模的介入——一方面群众给自己造成了巨大的压力,另一方面"自由裁量"所承担的风险亦由群众去承担了,怪不到自己头上,甚至自己还可能因防止大规模集体事件而"维稳有功",法官便乐得顺水推舟。面对这样的现实,我们必须要有一种有效的、常态化的"衡平制度"来满足涉案群众与社会心理的合理诉求,从而让群众没有必要去"敲桌子"。而在案例二、案例三中,涉案人员的亲友,比如六名外地务工人员的家属若联合起来"敲桌子",也像许霆案那样大肆炒作并博得社会心理的同情,或像张志信案里的当地村民那样集体上访,那么案件的处理很可能也会有转机。所

---

① 2006年,广州青年许霆利用ATM机故障漏洞取款17.5万元。2007年许霆被广州中院一审判处无期徒刑。2008年2月22日,案件发回广州中院重审改判5年有期徒刑。参见 http://www.baike.com/wiki/许霆案。

以,这样的结果对他们来说或许是不公平的,本不应让人因为没有去"敲桌子"而吃亏。

　　当然,在这三个案例中,"敲桌子"是与强调事实结合在一起的,"敲桌子并强调事实"亦是现实的常态。也就是说,当刚性的法律机制会造成显失公正的结果时,社会心理无法接受这样的结果,于是便通过法律之外的机制来"让事实战胜法律",在他们心目中这根本不是"法律",而是荒谬的法律漏洞(当然一般人并不了解,所谓的法律漏洞就是法律本身)。特别是在中国这样一个以实质主义思维为传统的社会里,"敲桌子"现象更是频繁,其形式更是五花八门,若没有一个能最大限度地满足实质正义、凸显具体事实地位的"衡平"机制存在,那么便很难缓和社会矛盾。这一点从多年来各级国家机关所面临的信访压力中不难看出。而各级人民法院的"戒备森严",法官工作的高强度,乃至人身安全所面临的威胁,更是从感性上说明了改革既定机制的必要性。不妨设身处地地想一想,当你的家人和许霆一样命悬于罪与非罪、重罪与轻罪的争议之中时,你会不会穷尽一切力量去帮他争取一个转机呢?

　　在传统中国社会里,一个地方长官在处理辖区内案件时基本上是"以事实为依据"的,这是因为"法律的准绳"并不强韧——既没有民事与刑事的分割,也没有行政与司法的条块。另外,较少的法律条文以及简单的立法技术,特别是再加上立法渊源上对道德的推崇,甚至还使得地方长官的权力兼有立法权的性质。这是一种"缺乏制度的制度",其好处就是绕开刚性规则的限制,直面语境中的具体事实本身,而较少以先入之见来约束对事实的认识。尽管这样一种实质主义的人治模式有其显著弊端,特别是无法适应市场经济条件下的社会需要,但今天的法制建设又让形式主义走上了一个极端。相对于西方法律制度中拥有自由心证制与衡平法制度等人治因素来保障实质正义,我们的法律机制则显得刻板得多。但无论如何,我们必须要有一个机制来直面和聆听事实本身,而不是让立法在制定规则后便与规则绝缘,从此让规则成为一种类似于"彼岸的神鸟叼过来的神圣诫命",不顾一切向社会贯彻,听任(无权改变或绕开规则的)司法与行政机关在法律规则应用中独立承担所有的社会压力。① 在一种绝对单向

---

　　① 为什么不能由立法者来司法? 司法、执法同立法的分离其实更多的是一种统治技术,这样一来,法律被当做一种先在的、无法改变且无可置疑的事实来处理。这就好比店里的服务员总是用"本店规定"来与顾客对话,而老板永远不在场一样。而一旦立法者或老板直接与法律主体或顾客对话,那么很可能就不得不在事实面前修改有关规定。况且,一个对象拿执法者、司法者或者服务员没有任何办法,因为他们只能忠实履行立法者或老板的意志。这种相互隔离的统治技术是必要的,但不应当是绝对的,应当同时开辟一个经常性的制度渠道来允许特殊性发出自己的声音。否则,就像被逼急了的顾客会"大敲桌子"一样,像许霆一样遭受明显不公的裁判结果的法律主体也会"敲桌子"。

度的法律机制中,社会矛盾会自然而然地滋生。所以,必须要在立法(创立、改变、废止与绕开规则)与司法之间建立一座桥梁,从而让特殊性能得到就事论事的处理,让立法权在特殊案件中直接与社会对话。

"语言中的词本来是一类事物的称呼,是共性的东西,所以列宁说:'任何词(言语)都已经是在概括……在语言中只有一般的东西。'语言作为感性对象的抽象代码,使语言中的对象失去了感性的具体的面貌,成为某种'类'或一般的东西。"①这意味着,以语言而非个案为对象的立法工作本身只是以"能指"、以符号作为直接认识的对象,只能舍弃作为最终对象的事物而存在。当立法能与司法权彻底分离时,实际上也就是一般性与特殊性、语言符号与事实之间的彻底分离。因此,必须要有一种机制来为两者之间搭建对话的桥梁。

五、关于"衡平"与报请核准程序

所谓"衡平",英文名为 equity,本身是从平等一词衍生而来的。根据维基百科的解释:"衡平是一整套特定法律原则的总称。当根据法律规定进行裁判过于苛刻时,'衡平制度'允许法官诉诸自然法来进行裁判。""衡平程序"的核心原则是,决不允许一个错误无法得到补救。因此,当成文法对一个错误没有救济手段时,"衡平程序"便要保证其结果的正义性。"衡平"本身并不是司法机制,更与执法无关,它"依据法律,但不屈从于法律"。② 实际上,"不屈从于法律"才是"衡平"的核心所在,因为其所根据的"法律"并不是成文法所载明的实体规则,而是正义、良心、法律原则、精神,或作为同义词的"自然法"等,否则就不需要"衡平"了。"衡平"超越了法律文本本身的限制;它不可预期,没有事先确立的规范作为依据,乃至很可能会绕开事先确立的规范。

我国现行刑法第六十三条第二款的规定通常被称为报请核准程序,它实际上就是刑法领域一种关于(减轻处罚)量刑的"衡平制度"。正因为需要从法定刑以下量刑的情节多而杂,且需要综合全案考虑,无法被刑法典所事先考虑或纳入,所以必须在成文法之外的量刑程序方面专门建立一个弥补该缺陷的弹性机制。在 1997 年之前,我国 1979 年刑法第五十九条第二款规定:"犯罪分子虽然不具有本法规定的减轻处罚情节,如果根据案件的具体情况,判处法定刑的最低刑还是过重的,经人民法院审判委

---

① 肖峰:《从符号看哲学》,中国人民大学出版社 1989 年版,第 99 页。
② A. Hudson. *Equity and Trusts*, Routledge Press, UK,2012:24.

员会决定,也可以在法定刑以下判处刑罚。"当时这一制度很难被称为"衡平程序",其主要性质还是对法官自由裁量权的加强,因为受案法院的审判委员会与其审判庭同属一个内部环境。由此,现实中各级法院在得以"便宜行事"的同时也造成了相对混乱的局面。因此,1997 年刑法第六十三条第二款将该事项的核准权统一收归最高人民法院,同时将条文中"具体情况"的表述改成更为贴切的"特殊情况",这个状态一直持续至今。

实际上,本文开篇所列举的四个案例本身都应当有机会进入该报请核准程序,但它们却如同其他绝大多数"特殊情况"一样,在普通司法程序中被当成一模一样的"种类物"统一处理。事实上,这一以实质正义为追求的报请核准程序在我国司法体系中基本上没什么地位。它仅在刑法典里出现了寥寥数字,而在对应的程序法里却只字未提。只有在最高院的司法解释里有几条细化的规定。[①] 这不但不严肃——作为刑事领域的一个特殊程序种类,明显属于基本法律的范畴,根据《立法法》和基本法理,理应由全国人大全体会议审议通过的正式法律来加以明确;而且,内容上依然没有解决有关的矛盾冲突问题以及时限等基本问题。此外,该程序没有考虑到的问题还包括:一是可能造成刑事诉讼拖沓以及扰乱现行的两审终审制度;二是由于担心报核案件被发回重审而追究错案责任,实践中承办法官往往通过改罪名等所谓的"技术处理"来规避法律规定;三是根据司法实践,客观上需要按照报请核准程序来减轻处理的个案是很多的,即使最高院真正下决心要处理几个省的案件,亦是捉襟见肘。

因此,不难理解的是,在实践中该程序并没有起到应有的作用。据统计,最高院1998 年至 2008 年的 11 年间共收到法定刑以下量刑报核案件 579 件,同期全国法院共审结一审刑事案件 6985534 件,报核案件不到万分之一;按 33 个高级法院、军事法院计算,平均每个法院每年报核的案件是 1.6 件。诚然,谁也无法确认有多少案件应当适用法定刑以下量刑,但任何一个法律工作者都清楚这个比例远不是该条法律规定正当合理适用的比例。[②]

尽管许霆案是根据该报请核准制度得到最终改判的,其处理结果也是法律界内外都相对认可的,但是,就其通过媒体与社会各界制造舆论所带来的社会影响而言,却是极不理想的。许霆案的坎坷过程也具体说明了这种改判同前文"女记者与少年劫犯

---

① 参见《最高人民法院关于执行〈中华人民共和国刑事诉讼法〉若干问题的解释》,第六十八条、六十九条、七十条。

② 王斌:《法定刑以下量刑权下放至高院》,《法制日报》2009 年 3 月 8 日第 3 版。

案"的宽大处理一样，并不具有经常性。

六、构建地方国家权力机关主导下的"衡平程序"的初步构想

如果仅仅涉及刑事案件的"量刑衡平程序"，那么可以以省级人民法院为核准主体构建新的报请核准程序；与此同时，凸显检察机关作为法律监督机关的作用，赋予其报请核准的资格。这一方案我在《论建设合理的量刑衡平程序——兼评〈刑法〉第 63 条第 2 款的修改》[1]一文中已经进行较为详细的构思，本文不再赘述。而一旦我们试图将"衡平"理念覆盖到更广的范围，那么就必须有更具开拓性的顶层设计。

本文主要就刑法领域的刚性规则在个案中所带来的问题展开了讨论，实际上，并不止是刑法领域，所有法律领域的刚性规则都有类似的问题。由于无法也不应通过司法机关的自由裁量权来破坏规则的刚性，因此需要外在于裁判者的"衡平机制"予以解决。

从一定意义上说，地方立法权限所受的限制与司法自由裁量权所受的限制具有类似的属性，都不得不在国家法律的"夹缝"中生存，同时都要面对相对具体问题的解决。两者最大的区别仅仅在于解决问题的方式的不同。面对具有特殊性的"地方性事务"，地方立法同样有必要依靠"依据法律，但不屈从于法律"的"衡平精神"，进而在这种对具体的实质正义的不懈追求中构造更完善的法律机制。但现实中，地方立法权限在调整范围、调整手段上受到极大制约。"不得抵触原则""法律保留原则"让地方立法很少能够根据本地区面临的特殊情况来对症下药。甚至连地方性法规赖以存在的"地方性事务"这一定义本身也是模糊不清，而地方却无权就中央事权与地方事权的范围进行界定。"有学者曾对中央政府事权与地方政府事权做过比较，结果显示基于《国务院组织法》和《地方组织法》的规定，我国中央事权与地方事权存在大量的交叉重叠之处，几乎找不出何为'地方性事务'。换言之，从严格适用法律的角度看，如果只有国家不会作出规定的事务才属于'地方性事务'，那么地方法规的可调整范围将十分狭窄。"[2]

所以，现实情况是，地方立法即使作为一个整体，尽管数量庞大，但其作用相对于中央立法依然是不可同日而语的；中央立法并不必然需要依靠地方立法来延伸其触

---

① 陈姜季：《论建设合理的量刑衡平程序——兼评〈刑法〉第 63 条第 2 款的修改》，《研究生法学》2012 第 4 期。

② 向立力：《地方立法发展的权限困境与出路试探》，《政治与法律》2015 年第 1 期。

角——这与行政关系是全然不同的,在行政关系中,"一级管一级"与"层层贯彻"乃是惯例,而在立法上,所有的中间阶层都可以被越过,并且习惯性地被越过。中央立法与地方立法之间的关系,相对于立法同司法之间的关系也是不同的。由于工作方式的全然不同,所以立法与司法彼此都无法相互替代,立法还通过柔性规则授予了司法以较多的自由裁量权来开展工作。地方立法与中央立法的工作内容都是制定抽象性法律文件,所以本身在权限上就处于一种"此消彼长"的零和竞争关系。在中央集权的单一制国家里,让步的必然是地方立法权限。可以想象,地方立法被要求的实质是:以一种在权限、智力支持以及最终效力上均处于劣势的符号来补充另一种"不可侵犯的"强势符号,因此其生存空间本身就不大。现行体制下,地方立法既不能照抄上位法,又不能抵触上位法规定或侵犯其保留事权、手段的领域;既要针对具体情况和实际需要作出规定,又不清楚自己的权限的界线所在;既不能僭权,又不能无所作为。真可谓进退维谷。

由于具体司法与执法的任务基本上都是由地方国家机关来完成的,而它们所依据规则的制定权实际上又被中央所牢牢控制,这显然就扼杀了地方治理的主动性与创造性。事实上,中央立法的统一性原则在中国这样一个幅员辽阔、地区之间存在巨大差别的国家,必然会伴随着相应的后果。同其他法律领域相比,刑法的调整对象已经称得上相对简单划一,而且我国的刑法典(包括相关司法解释)也是相对比较成熟的。但即便如此,依然无法回答现实的反复诘问,有太多需要"衡平"的具体问题需要解决,更不要说其他的法律领域了。

要突破当前地方立法权限上的尴尬局面,不能仅仅从地方立法权的内容上下功夫,还必须从形式上探索更好的方案。如此才能更好实现对中央立法的补充作用,使其真正成为中央立法与地方性事务管理之间的桥梁。

笔者认为,通过建设"衡平"制度,即通过创设和利用这种连接立法与司法之间关系的"衡平"权力,乃是突破困境的有效渠道。事实上,最现实的地方性事务便是,如何在国家法律"一刀切"的情况下,为本辖区内的公民在面临结果显失公正的规则调整时,或在无规则时提供救济渠道。

由地方人大机关来行使"衡平权",能让地方立法权在这种"衡平"作用中变得更加"鲜活"。因为地方立法本身只是作为补充,而不是"当地人民当家做主"的象征,其主要是在特定语境下,当上位法的一般性规定"不好用""不管用"时发挥作用,而这些问题中有很多(如果不是大部分的话)都是很难用规范性法律文件的方式予以解决的。地方立法要凸显其作用,必须将重心放在与具体事实的连接之上。也只有通过这些具体的"衡平"案件,通过对本地区内所出现的具体例外情形的关注,才能总结出关于"地方性事务"的特殊规定到底应当有哪些内容。

就其本质而言,"衡平"既不属于司法权,也不属于立法权,其兼有司法与立法的双重属性,所以由作为"国家权力之源"的人大机关来行使更为合适。人大机关对司法的审查并不设定新的规范,不对中央立法作出相抵触的一般性规定,它只是为了解决实践中面临的特殊问题而根据个案来作出判断,所以不会造成法制不统一的后果。以许霆案为例,对许霆的减轻处理并不影响"盗窃金融机构"这一刚性法律条款的有效性,它只是根据实践中为数众多、千奇百怪的特例给予恰当的处理。但是这一"衡平机制"又有立法的性质,那就是,理论上只有主权代表者才可以立法,或绕开法律的明确的刚性规定。从西方实践上看,"衡平"的源头之所以来自王权的干预,是因为它象征着主权。而国王被认为是"正义的源泉""公正的化身",同时国王本人也可以借机表示自己的"恩典和仁爱"。于是,在因普通法规定的刻板和救济方式的有限而无法满足合理诉求的情况下,当事人便可以向国王提出请愿,由王权进行直接干预。其后由国王委托大法官行使该项权力,大法官实际上行使的是国王的保留司法权。国王是一切公平正义的源泉,其司法权并不因为普通法法庭的建立而被穷尽。而司法的定义决定了它仅仅只是适用,而非改变法律。由国王(或委托大法官)来进行"衡平"也好,由代议机关(或委托其地方组织)来进行"衡平"也好,都是以更高的、主权性质的乃至终极的国家权力(资格),来超越司法机关既定权限的限制。

从技术资源角度来说,各级人大及其常委会不但有分类详细的下设委员会,而且还联系着各行各业的人大代表、专家库等资源优势,同党政机关、社会团体之间也有着密切的关系,这是司法机关所不具备的优势。

依靠人大机关的权力性质与技术资源上的优势,便有望将"衡平"的范围拓展到民商、经济、行政等其他法律领域,从而将当前的信访,至少是涉诉信访纳入法治的程序轨道。只要穷尽司法救济手段仍然不能解决应当解决的问题,就可以考虑将该问题纳入既定的"衡平程序"。目前,信访制度发挥着"衡平"制度追求实质正义的部分功能,同时也是国家法制体系不健全状况下的补充机制。尽管几乎所有的社会问题、社会冲突都可以通过信访渠道解决,但"信访机构缺乏统一协调机制、机构设置庞杂,彼此关系不明;更重要的是责重权轻,信访机构通常作为将信访人挡在实质国家权力的门外的工具。于是信访人便只能跟随着这样的信访机制反复辗转,长年累月、成群结队地信访。据对 632 位进京上访农民的调查,他们走访的部门平均在 6 个以上,最多的达到 18 个。另外,信访案件的处理主要依靠领导批示和干预,因此不具有经常性,而一些党政首长对个案的批示、处理有时又太过随意,从而在解决问题时又引发更多问题"。① 信访机制严格来说很难被定义为法律机制,"衡平程序"的建设有望将其整合并纳入法治的轨道,对既定法律机制无法解决,或解决的结果显失公正,可能造成重大经济损失、个体伤害或恶劣社会影响的社会问题,予以合理的方式就地解决,将矛盾与危机及时就地化解。

行使"衡平权"最为理想的主体应当是省、设区的市一级人大机关,同时向全国人大报告"衡平"结论并备案。全国人大可以予以撤销或改变具体结论,还可以保留部分重大事项的"衡平权"。

一方面,从前面对报请核准程序的分析中可见,要通过中央国家机关来解决司法中需要"衡平"的具体问题,在实践中是难以想象的。我国有 34 个省级行政区和 334 个地级行政区,只有一个中央国家机关如何能予以应对? 而且,多数地区同北京有着遥远的距离,具体问题可能需要展开的工作联系也很难进行。另外,这些具体问题中有很多具有地方性特色,地方国家机关更容易掌握情况并作出正确判断。

另一方面,相对于县一级,省、设区的市一级国家机关在工作中面临的阻力较小。传统中国社会属于"熟人社会",这种社会关系以居民彼此之间的熟悉性为基本特征,人口流动性小,每个人几乎都是"生于斯、长于斯,老于斯"。在我国,县级及县级以下的基层国家机关至今仍处于这种"熟悉社会"的环境之中。事实上,绝大多数当地人都处于包括亲属圈、同学圈、朋友圈、同乡圈等各种圈子在内的枝枝蔓蔓中。由于关系脉络以及"抬头不见低头见"的客观环境,一个人得罪另外一个人的成本是很高的。因此,在规则充满弹性的情况下,国家工作人员往往会身不由己地因私绕开规则的实际要求来办事。所以,在 1979 年刑法规定各级审判委员会均有"减轻处理"的权力时,法律的严肃性便受到严重的威胁。而在地级市层面,情况却完全不同。多年来城市现代化的进程使得城市已基本成为"陌生人社会",原有乡土中国的各种纽带被频繁的人口流动、聚集以及市场经济所带来的人格独立所斩断,那种"生于斯,长于斯,老于斯"的生活状态在地级市里已很少存在。在设区的市里,国家工作人员受到各种"情面"的影响相对而言是很小的。因此,以一个省或一个设区的市为单位构建"衡平程序",能使"衡平"在"不屈从于法律"的同时也"不屈从于压力"。

---

① 陈继清:《我国信访制度存在的问题及对策》,《中国行政管理》2006 年第 6 期。

如何破解地方政府规章范围受限之局

——基于《中华人民共和国立法法》第八十二条第三款的探讨

◎叶新火

摘　要:按照新修订的《立法法》,设区的市的政府规章限于城乡建设与管理、环境保护、历史文化保护等方面的事项,这对较大的市原先较为广泛的规章制定权做了重大限制。政府制定规章和规范性文件的权力来源是《宪法》《组织法》,但从《行政处罚法》等现有法律规定看,政府规章除了可以设定部分行政处罚和委托以外,同规范性文件并无明显的实质区别。宁波市、珠海市、兰州市等地制定政府规章的实践也反映了这个问题。如果按照新《立法法》对政府规章的权限进行限制,政府规章将丧失其法的属性;同时,很多事项也将通过规范性文件得到解决。因此,应当重新审视《立法法》对政府规章的限制,明确政府规章的定位,厘清规章和规范性文件的关系。

关键词:立法法;宪法;组织法;政府规章;规范性文件

地方政府规章的立法权限是 2015 年 3 月 15 日第十二届全国人民代表大会第三次会议通过的《关于修改〈中华人民共和国立法法〉的决定》(以下简称《立法法》)重点修改的内容。按照新修订的《立法法》第八十二条,设区的市中的较大的市,原先行使的广泛的立法权被限制在城乡建设与管理、环境保护、历史文化保护等方面;其他的设区的市,根据所在省人大的批准也获得了这些方面的地方立法权。按照《中华人民共和国宪法》(以下简称《宪法》)、《中华人民共和国地方各级人民代表大会和地方各级人民政府组织法》(以下简称《组织法》),设区的市政府还可以制定规范性文件。在这些法律背景下,如何审视设区的市的政府规章和规范性文件的关系及其调整对象?如何理解对政府规章制定范围进行限制?本文将以理论和法律分析为基础,对宁波市、珠

叶新火,华东政法大学法学硕士。现任宁波市政府法制办备案审查处(法律顾问事务处)处长。

海市和兰州市的政府规章和规范性文件进行实证研究,并对政府规章的权限受困之局提出建议。

一、地方政府规章和规范性文件的权力来源与形式分析

(一)地方政府规章的权力来源与发布形式

按照权力法定原则的要求,设区的市的人民政府制定政府规章的权力来自于《宪法》《组织法》。但《宪法》并没有关于"政府规章"的明确表述,使用的是更为广泛的"决定和命令"。《宪法》第一百零七条规定:"县级以上地方各级人民政府依照法律规定的权限……发布决定和命令。"《组织法》第五十九条也规定,县级以上的地方各级人民政府行使下列职权:(一)执行本级人民代表大会及其常务委员会的决议,以及上级国家行政机关的决定和命令,规定行政措施,发布决定和命令。《立法法》修改后,《组织法》的内容也做了相应修改,按《立法法》的规定赋予设区的市政府规章制定权。比如,该法第六十条规定,设区的市的人民政府可以根据法律、行政法规和本省、自治区的地方性法规制定规章,报国务院和省、自治区的人民代表大会常务委员会、人民政府以及本级人民代表大会常务委员会备案。根据上述规定,《宪法》中的"决定和命令"实际上是包括政府规章在内的,这一点并没有异议。

2000年3月15日第九届全国人民代表大会第三次会议通过的《立法法》把"政府规章"作为"法"的形式之一,并在第二条明确规定:"国务院部门规章和地方政府规章的制定、修改和废止,依照本法的有关规定执行。"在发布形式方面,《立法法》要求政府规章以政府令的形式发布。① 不过,《立法法》中的"令"和《宪法》《组织法》中的"命令"相比,范围显然要小得多。这是因为:第一,从命令的内容看,根据中共中央办公厅、国务院办公厅2012年4月发布的《党政机关公文处理工作条例》(中办发〔2012〕14号)第八条第(三)项"命令(令)适用于公布行政法规和规章、宣布施行重大强制性措施、批准授予和晋升衔级、嘉奖有关单位和人员",命令是党政机关在工作过程中广泛使用的一种文书,发布的内容既包括行政法规规章等抽象行政行为,也包括针对某种情况而施行的重大强制性措施,还包括对某个单位或个人的晋升嘉奖,而规章只是命令发

---

① 参见修改前的《立法法》第七十六条第二款:地方政府规章由省长或者自治区主席或者市长签署命令予以公布。修改前的《立法法》第八十五条第二款规定:地方政府规章由省长、自治区主席、市长或者自治州州长签署命令予以公布。

布的内容之一。第二,从发布命令的主体看,按照《党政机关公文处理工作条例》以及《宪法》《组织法》,中国共产党机关和国家行政机关都可以发布"命令";按照《立法法》规定,只有设区的市的人民政府、省级人民政府和国务院部委可以通过"令"的形式发布政府规章,而有权发布"命令"的主体则要广泛得多。

(二)规范性文件溯源

设区的市的人民政府制定规范性文件的权力也来源于《宪法》《组织法》。对规范性文件,有学者从是否局限于法律领域进行了区分,认为"规范性文件"是法律中经常出现但又并不局限于法律领域的一个概念,主要是指具有规范性(即规定权利和义务)的、适用于不特定对象的各种文件;而在非法律领域,"规范性文件"主要指对某一群体具有纪律约束力的文件。[①] 例如,2013 年颁布的《中国共产党党内法规和规范性文件备案规定》就将共产党的某些纪律性文件称为"规范性文件"。在名称上,有关规范性文件的表述也不尽相同。如信息产业部 2005 年发布的《规章制定程序规定》第二条第二款规定:"本规定所称规章是指信息产业部根据法律、行政法规和国务院的决定、命令,在信息产业部的权限范围内,依据有关法律、行政法规和本规定确定的程序制定的规范性法律文件。"公安部《违反公安行政管理行为的名称及其适用意见》第七条第(四)项要求:"公安法律文书引用法律依据时,应当准确完整写明规范性法律文件的名称、条款序号,需要引用具体条文的,应当整条引用。"[②]有文件采取了"法律规范性文件"的表述,比如《郑州市人民政府办公厅关于印发郑州市会展业发展专项资金使用管理办法的通知》规定,法律咨询经费用于会展纠纷处理,各项合同文本、法律规范性文件审定的法律咨询活动。[③] 还有些文件混同使用"规范性法律文件"和"法律规范性文件",比如《云南省行政复议规定》第三十条第二款规定:"在前款法律规范性文件中……"在该款第(四)项又要求:"同一机关发布的规范性法律文件,《中华人民共和国立法法》认可的文件优于其他规范性文件。"

在国家立法层面,1989 年出台的《中华人民共和国行政诉讼法》第三十二条要求,"被告……应当提供作出该具体行政行为的证据和所依据的规范性文件";但该法第十

---

① 黄金荣:《"规范性文件"的法律界定及其效力》,《法学》2014 年第 7 期。

② 公安部发布该文件是为了统一规范违反公安行政管理的行为名称及其法律依据的适用,是对治安违法行为依据及其法律责任的梳理和汇总。由于只有法律、法规、规章才可以设定行政处罚,因此,这里的"规范性法律文件"是指法律、法规和规章。

③ 结合上下文表述,笔者认为这里的法律规范性文件还包括了会展行业、组织等在经营活动中制作的各类法律文书。

二条在相同意义上，又使用了"具有普遍约束力的决定、命令"，把它和行政法规、规章一起，作为行政诉讼不予受理的事项。① 1996 年出台的《中华人民共和国行政处罚法》在法律上首次对"规范性文件"的权限作了明确的限制。该法第十四条规定：除本法第九条、第十条、第十一条、第十二条以及第十三条②的规定外，其他规范性文件不得设定行政处罚。此后颁布的《中华人民共和国行政许可法》《中华人民共和国行政强制法》基本沿用了《中华人民共和国行政处罚法》的表述，规定"其他规范性文件一律不得设定行政许可""法律、法规以外的其他规范性文件不得设定行政强制措施"。

2006 年出台的《中华人民共和国各级人民代表大会常务委员会监督法》（以下简称《监督法》）第五章专门规定了"规范性文件的备案审查"，其中的"规范性文件"指的是地方各级人民代表大会及其常务委员会作出的决议、决定和地方人民政府发布的规章以外的决定、命令，以及最高人民法院、最高人民检察院作出的属于审判、检察工作中具体应用法律的解释。由于《监督法》是全国人大制定的，因此该法将地方各级人大及其常委会作出的决议、决定和地方人民政府发布的规章以外的决定、命令，以及最高人民法院、最高人民检察院作出的属于审判、检察工作中具体应用法律的解释都作为规范性文件，是符合立法目的的。《国务院关于印发全面推进依法行政实施纲要的通知》（国发〔2004〕10 号）要求，"制定行政法规、规章以及规范性文件等制度建设，重在提高质量"。《国务院关于加强市县政府依法行政的决定》（国发〔2008〕17 号）要求，"市县政府及其部门制定规范性文件要严格遵守法定权限和程序，符合法律、法规、规章和国家的方针政策"。《国务院关于加强法治政府建设的意见》（国发〔2010〕33 号）提出，"地方各级行政机关和国务院各部门要严格依法制定规范性文件"。中共中央、国务院于 2015 年年底印发的《法治政府建设实施纲要（2015—2020 年）》也基本沿袭了上述文件的提法，要求"完善规范性文件制定程序，落实合法性审查、集体讨论决定等制度"，这里的规范性文件则是指行政规范性文件。

此后，地方性法规一般对"规范性文件"做广义理解，是指法律、法规和规章以外有法律效力的抽象性文件；政府规章一般对"规范性文件"做狭义理解，将其制定主体局限在政府层面。如 2007 年《广东省各级人民代表大会常务委员会规范性文件备案审查工作程序规定》规定："本规定所称规范性文件，是指本省各级人民代表大会及其常

---

① 参见《中华人民共和国行政诉讼法》第十二条第（二）项。
② 《行政处罚法》第九条到第十三条指的是法律、行政法规、地方性法规和政府规章。因此，根据《行政处罚法》的规定，法律、行政法规、地方性法规和政府规章以外的规范性文件不得设定行政处罚。

务委员会作出的涉及公民、法人、其他组织权利义务的,具有普遍约束力的决议、决定和县级以上人民政府发布的涉及公民、法人、其他组织权利义务的,具有普遍约束力的行政决定、命令。"2010 年出台的《浙江省行政规范性文件管理办法》则规定,行政规范性文件是指除政府规章以外,行政机关依照法定权限和规定程序制定的,涉及不特定的公民、法人或者其他组织的权利义务,在一定时期内反复适用,在本行政区域内具有普遍约束力的各类行政文件。2011 年出台的《山东省行政程序规定》中的规定和浙江省的上述规定基本相同。

根据上述分析,结合本文研究对象,本文所指的规范性文件是指除政府规章以外,行政机关依照法定权限和规定程序制定的,涉及不特定的公民、法人或者其他组织的权利义务,在一定时期内反复适用,在本行政区域内具有普遍约束力的各类行政文件。其发布主体是各级行政机关,因此等同于"行政规范性文件"。另外,出于研究对象的一致性,本文的"政府规章"和"规范性文件"的主体仅限于设区的市政府。

二、设区的市政府规章与规范性文件之异同分析

从《立法法》《规章制定程序条例》等有关立法的法律法规和《行政处罚法》等规范行政权力的法律来看,设区的市的人民政府发布的政府规章和规范性文件在区别上很明显,在共性方面也很突出。

(一)主要区别

1.部分程序不同。

(1)立项程序不同。按照《规章制定程序条例》规定,设区的市的人民政府所属工作部门或者下级人民政府认为需要制定地方政府规章的,应当向市人民政府报请立项。报送制定规章的立项申请,应当对制定规章的必要性、所要解决的主要问题、拟确立的主要制度等作出说明。并且,由市政府法制机构对制定规章的立项申请进行汇总研究,拟订年度规章制定工作计划,报本级人民政府批准后执行。但是,制定规范性文件一般没有上述立项程序要求。

(2)办理主体不同。按照《规章制定程序条例》规定,政府规章草案由部门起草后,报送法制机构统一审查,由法制机构向有关机关、组织和专家征求意见并研究修改,形成规章草案和对草案的说明。规章草案和说明由法制机构主要负责人签署,并提请政府审议。但是,规范性文件一般由政府部门起草、征求意见和修改完善,政府法制机构一般只参与合法性审查。

(3)发布形式不同。按照《立法法》规定,政府规章必须以政府令的形式发布;而规范性文件没有这个形式上的要求,既可以以政府令的形式发布,也可以以一般公文的形式发布。

2.名称不同。

按照《规章制定程序条例》规定,规章一般使用"规定"和"办法"这两个名称;而按照《党政机关公文处理工作条例》,规范性文件可以使用的名称更广,包括"决议""决定""命令""公告""通知""意见"等。

3.可否设置处罚不同。

按照《行政处罚法》规定,政府规章可以在法律、法规规定的给予行政处罚的行为、种类和幅度的范围内作出具体规定;尚未制定法律、法规的,政府规章对违反行政管理秩序的行为,可以设定警告或者一定数量罚款的行政处罚,而规范性文件则无权设定行政处罚。

4.可否设置委托不同。

按照《行政处罚法》《行政许可法》规定,行政处罚和行政许可依法由具有相应职权的行政机关或者法律法规授权的事业组织行使,但可以通过规章的形式,委托符合条件的管理公共事务的事业组织实施行政处罚或者委托其他行政机关实施行政许可,但规范性文件无权设置委托。

5.监督途径不同。

(1)备案审查机关不同。按照《立法法》和《规章制定程序条例》规定,设区的市的人民政府规章应当报送国务院、省人民政府、省人大常委会以及同级市人大常委会备案审查;而设区的市规范性文件,只需要报送省人民政府和同级市人大常委会备案审查。因此,政府规章的备案审查机关范围要大于规范性文件。

(2)司法监督机制不同。按照《行政诉讼法》规定,公民、法人或者其他组织认为规范性文件不合法,在对行政行为提起诉讼时,可以一并请求对该规范性文件进行审查。经审查认为规范性文件不合法的,不作为认定行政行为合法的依据,并向制定机关提出处理建议。但是,《行政诉讼法》并未将政府规章纳入可以审查的范围。

(3)法院适用不同。按照《行政诉讼法》第六十三条规定,政府规章在人民法院审理行政案件时参照使用;而对于规范性文件,经审查认为合法的,作为认定行政行为合法的依据。

(二)共同点

1.主要程序基本相同。

按照中共中央、国务院发布的《法治政府建设实施纲要(2015—2020年)》等有关文件要求,规范性文件制定程序也越来越规范,除需要合法性审查以外,征求专家、社会公众和相对人的意见,举行听证会论证会、社会稳定风险评估、政府领导集体审议等原来规章的制定程序,逐渐也成了规范性文件的制定程序。

2. 权力禁区基本相同。

(1) 不得涉及法律保留事项。按照《立法法》规定,根据法律保留原则要求,涉及国家主权的事项,犯罪和刑罚,对非国有财产的征收、征用等事项只能由法律规定①,政府规章和规范性文件都不能涉及。

(2) 不得设定行政许可和行政强制。按照《行政许可法》规定,设区的市的人民政府规章和规范性文件都不得设定行政许可,只能在上位法设定的行政许可事项范围内,对实施该行政许可作出具体规定,且不得违反上位法的其他条件。按照《行政强制法》规定,法律、法规可以设定行政强制措施,法律可以设定行政强制执行。因此,无论是政府规章还是规范性文件,都不得设定行政强制。

(3) 不得减损权力或者增加义务。按照《立法法》规定,没有法律、行政法规、地方性法规的依据,地方政府规章不得设定减损公民、法人和其他组织权利或者增加其义务的规范。《中共中央关于全面推进依法治国若干重大问题的决定》也明确提出:行政机关不得法外设定权力,没有法律法规依据不得作出减损公民、法人和其他组织合法权益或者增加其义务的决定。这些要求对规范性文件同样适用。

从上述对政府规章和规范性文件的异同点的分析来看,两者的区别更多是在形式、外观以及部分程序方面,政府规章除了可以设定一定数额的罚款和警告等行政处罚以外,在其他方面和规范性文件都无明显差异,两者在主要程序、权力禁区等方面也基本相同。

(三)对政府规章和行政规范性文件关系的分析

1. 理论上对同一主体制定的规章和规范性文件效力的不同看法。

《立法法》对"法律""行政法规""地方性法规""部门规章""政府规章"之间的效力等级关系作了明确界定,但对同一个主体制定的"法"和"规范性文件"之间的效力等级关系并没有规定。在理论上,对这两者之间的关系如何有着不同的看法。一种观点认为,政府规章和规范性文件的效力相等,比如孙国华教授主编的《法理学教程》认为,"国务院发布的具有规范性内容的决定和命令,也是法的渊源,与行政法规具有同等效力""国务院各部委发布的规范性决定和指示,也属于法的渊源,其效力低于宪法、法律

---

① 只能制定法律的事项,具体可参见《立法法》第八条。

和行政法规"。① 张文显教授主编的《法理学》也认为："国务院常务会议通过的决议、决定和它发布的行政命令,亦属于行政法规的范畴,具有同等效力。"② 按这样的逻辑推论,设区的市的人民政府制定的规范性文件与其制定的政府规章具有同等的效力。但也有相反的观点认为,行政法规的效力高于国务院规范性文件,规章的效力高于该规章制定主体发布的规范性文件。③

2. 全国人大常委会的工作实践。

全国人大常委会在工作实践中对法律和规范性文件的名称、形式和归类,在某些时候并未做严格区分,主要体现在以下几个方面。

(1)名称上未做严格区分。一些实质上的"法律"采取了"条例"的名称,比如 1980 年的《中华人民共和国学位条例》,1986 年的《中华人民共和国治安管理处罚条例》;还有一些专门性规定叫做"办法""若干规定""决议""决定",如 1983 年《全国人民代表大会常务委员会关于县级以下人民代表大会代表直接选举的若干规定》,1991 年《全国人民代表大会常务委员会关于严禁卖淫嫖娼的决定》,1996 年《中国人民解放军选举全国人民代表大会和县级以上地方各级人民代表大会代表的办法》,1998 年《全国人民代表大会常务委员会关于惩治骗购外汇、逃汇和非法买卖外汇犯罪的决定》,2013 年《全国人民代表大会常务委员会关于调整完善生育政策的决议》等。

(2)属性上未做严格区分。按照《立法法》,区分法律和规范性文件最直接的标准在于是否"由国家主席签署主席令予以公布",符合条件的属于"法律",否则属于"规范性文件"。但是,全国人大常委会审定的部分法律汇编有时候并没有严格按照这个标准区分,如同样经国家主席签署的全国人大常委会决定,《全国人民代表大会常务委员会关于废止部分法律的决定》和《全国人民代表大会常务委员会关于惩治骗购外汇、逃汇和非法买卖外汇犯罪的决定》被归类为"法律",而《全国人民代表大会常务委员会关于废止〈中华人民共和国农业税条例〉的决定》和《全国人民代表大会常务委员会关于惩治违反公司法的犯罪的决定》则被归类为"有关法律问题的决定"。④ 同时,《全国人民代表大会常务委员会关于完善人民陪审员制度的决定》《全国人民代表大会常务委员会关于司法鉴定管理问题的决定》等一些未经国家主席签署的文件又被纳入"法

---

① 孙国华主编:《法理学教程》,中国人民大学出版社 1994 年版,第 397 页。

② 张文显主编:《法理学》(第 4 版),高等教育出版社、北京大学出版社 2011 年版,第 56 页。

③ 黄金荣:《"规范性文件"的法律界定及其效力》,《法学》2014 年第 7 期。参见 http://www.calaw.cn/article/default.asp? id=10042,访问日期 2016 年 8 月 10 日。

④ 全国人大常委会法工委立法规划室编:《中华人民共和国立法统计》,中国民主法制出版社 2013 年版。

律"范畴。①

3.地方政府的工作实践。

地方政府一般都认为规范性文件的效力低于规章。比如，《浙江省行政规范性文件管理办法》要求，"制定行政规范性文件应当严格遵守法定权限和程序，符合法律、法规、规章和国家的方针政策"，"行政规范性文件与法律、法规、规章和国家方针政策相抵触，或者超越法定权限、违反制定程序的，应当及时通知制定机关自行纠正、暂停执行；必要时，备案机关依照职权直接予以撤销或者改变"。这里的规章、规范性文件显然是包括了同一级政府的规章和规范性文件的，因此，从地方的立法实践看，同一机关制定的法规、规章效力高于规范性文件，在制度层面也是得到认可的。

三、《立法法》第八十二条第三款立法范围的解析及其实践困境

（一）《立法法》第八十二条第三款立法范围的理解

1.《立法法》修改过程中的不同看法。

《立法法》将设区的市的规章权限，限定在城乡建设与管理、环境保护、历史文化保护等方面的事项，上述限制在《立法法》修改过程中就有不同意见。第一种意见认为，从以往看，49个较大的市制定的地方性法规遵循地方《组织法》和《立法法》规定的"不抵触"原则，总体情况是好的。加之目前省级人大常委会批准机制，在扩大地方立法主体的范围后，可以保证法制统一，不应对其立法权限进行限制。第二种意见认为，将设区的市的立法权限限定在城乡建设与管理、环境保护、历史文化保护等方面的事项，范围太窄，应当根据设区的市的实际需求，将立法权限范围逐步扩大到公共服务、社会管理、民生保障以及教育、卫生、社会保障等方面的事项。第三种意见认为，全面推进依法治国，维护法制统一非常重要，目前中国特色社会主义法律体系已经形成，对设区的市的立法权限作出限制十分重要，不能无限扩大地方立法范围，应防止"立法大跃进"。第四种意见建议对已经享有地方立法权的49个较大的市的立法权限不做限制，实行"老城老办法、新城新办法"。②

上述四种意见中，有三种意见不赞成对原先已经具有地方立法权的"较大的市"的

---

① 全国人大常委会法制工作委员会审定：《中华人民共和国常用法律法规全书》，中国民主法制出版社2011年版。

② 乔晓阳主编：《〈中华人民共和国立法法〉导读与释义》，中国民主法制出版社2015年版，第244页。

权限进行限制。但《立法法》修改时,在赋予所有的设区的市地方立法权的同时,仍将设区的市的立法权限定在城乡建设与管理、环境保护、历史文化保护等方面的事项。对此,全国人大法工委的解释是:"赋予所有设区的市地方立法权,既要适应地方的实际需要,又要相应明确其权限和范围,避免重复立法,维护法制统一。"①

2."城乡建设与管理"应当做狭义理解。

《立法法》规定的"城乡建设与管理、环境保护、历史文化保护"这三类事项中,后两类概念比较清楚,一般不会产生歧义。但何谓城乡建设与管理,《立法法》并没有做明确解释,而根据其他有关规定,它是有特定范围的。如《中华人民共和国城乡规划法》第七条规定,经依法批准的城乡规划,是城乡建设和规划管理的依据,未经法定程序不得修改。按照上述规定,《立法法》中的"城乡建设与管理"指的应当是城乡范围内的具体规划、建设和管理活动。再比如《中华人民共和国政府信息公开条例》第十一条规定:"重点公开的政府信息还应当包括下列内容:(一)城乡建设和管理的重大事项;(二)社会公益事业建设情况;(三)征收或者征用土地、房屋拆迁及其补偿、补助费用的发放、使用情况;(四)抢险救灾、优抚、救济、社会捐助等款物的管理、使用和分配情况。"该条例明确提到"城乡建设和管理",并把它和第十条的扶贫、教育、医疗、社会保障、促进就业、突发公共事件、应急预案、预警信息、环境保护、公共卫生、安全生产、食品药品、产品质量以及第十一条的社会公益事业相并列。按照立法逻辑的一贯性,《立法法》中的"城乡建设和管理"应当做狭义理解,而不能扩大为其他抽象的经济建设、文化建设、社会建设及其管理等活动。这和《第十二届全国人民代表大会常务委员会法律委员会关于〈中华人民共和国立法法〉修正案(草案)审议结果的报告》的解释②也是一致的。

3."城乡建设与管理"做广义理解不符合立法本意。

在立法实践中,有观点认为,《立法法》中的"城乡建设与管理"应当做广义理解。笔者认为,除了上述分析的理由以外,广义理解也是不符合《立法法》的修改逻辑的。修改前的《立法法》并没有关于政府规章内容种类的限制,《立法法》修改时,在第八十二条第三款中增加了"限于城乡建设与管理、环境保护、历史文化保护等方面的事项"的规定。因此,上述《立法法》的修改本意,就是要对政府规章的事项范围进行限制。如果把"城乡建设与管理"做广义理解,认为经济建设、社会保障、政府自身建设等事项都属于"城乡建设与管理"的内容,那么《立法法》第八十二条第三款的限制就没有任何

---

① 乔晓阳主编:《〈中华人民共和国立法法〉导读与释义》,中国民主法制出版社 2015 年版,第 244 页。
② 乔晓阳主编:《〈中华人民共和国立法法〉导读与释义》,中国民主法制出版社 2015 年版,第 244 页。

意义,这显然不符合《立法法》的修改目的。

(二)实践中较大的市的政府规章涉及事项

为了研究较大的市的政府规章规定的内容的具体情况,笔者选择对浙江省宁波市(国务院批准的较大的市)、广东省珠海市(经济特区所在地的市)、甘肃省兰州市(省会市)2013年到2015年间制定的政府规章进行分析研究(见表1至表3)。①

表1　宁波市人民政府2013年到2014年间制定的政府规章目录

令　号	规章名称	归属类别	处罚和委托条款
政府令第203号	宁波市人民政府关于扩大中心镇行政执法权限的决定	政府自身管理	有委托条款
政府令第204号	宁波市海塘管理办法	城乡建设与管理	有处罚条款
政府令第205号	宁波市大运河遗产保护办法	历史文化保护	有处罚条款
政府令第206号	宁波市轨道交通运营管理办法	城乡建设与管理	有委托、处罚条款
政府令第207号	关于修改《宁波市城市管理相对集中行政处罚权实施办法》的决定	政府自身管理	无
政府令第208号	关于修改《宁波市计量监督管理办法》的决定	经济管理	有处罚条款
政府令第209号	宁波市政府投资建设工程造价管理办法	经济管理	有委托条款
政府令第210号	宁波市政府投资项目审计监督办法	经济管理	无
政府令第211号	宁波市人民政府关于废止部分规章的决定	综合	废止原规章
政府令第212号	宁波市建设用砂管理办法	城乡建设与管理	有处罚条款
政府令第213号	宁波市户外广告设施设置管理办法	城乡建设与管理	有处罚条款
政府令第214号	宁波市渔业互助保险管理办法	经济管理	无
政府令第215号	宁波市革命遗址保护利用规定	历史文化保护	无
政府令第216号	宁波市民用建筑节能管理办法	城乡建设与管理	有处罚条款
政府令第217号	宁波市特殊天气劳动保护办法	社会保障	有处罚条款

①　选择三个座城市,主要是考虑到它们分别属于东南沿海的国务院批准的较大的市、南方的经济特区所在地的市,西北内陆的省会市,区域分散,有一定的代表性;选择2013年到2014年两年,主要是考虑到《立法法》在2015年已经做了修改,选择修改前的相关规章反映的情况更准确。

表 2 珠海市人民政府 2013 年到 2014 年间制定的政府规章目录

令　号	规章名称	归属类别	处罚和委托条款
政府令第 90 号	珠海市人民政府关于发布珠海市第五轮行政审批事项调整目录的决定	政府自身管理	无
政府令第 91 号	珠海市社会工作促进办法	社会保障	有处罚条款
政府令第 92 号	珠海市农贸市场管理办法	经济管理	有处罚条款
政府令第 93 号	珠海市建设工程造价管理规定	经济管理	有处罚条款
政府令第 94 号	珠海市公共租赁住房管理办法	社会保障	有处罚条款
政府令第 95 号	珠海经济特区商事登记条例实施办法	经济管理	有处罚条款
政府令第 96 号	珠海市政府合同管理办法	政府自身管理	无
政府令第 97 号	珠海市人民政府行政复议规定	政府自身管理	无
政府令第 98 号	珠海市香洲渔港管理规定	城乡建设与管理	无
政府令第 99 号	珠海经济特区横琴新区诚信岛建设促进办法	经济管理	无
政府令第 100 号	珠海市村镇规划建设管理办法	城乡建设与管理	无
政府令第 101 号	珠海市国有建设用地使用权出让年限管理规定	经济管理	无
政府令第 102 号	珠海市城乡规划监督检查办法	城乡建设与管理	无
政府令第 103 号	珠海市行政执法争议协调办法	政府自身管理	无

表 3 兰州市人民政府 2013 年到 2015 年间制定的政府规章目录

令　号	规章名称	归属类别	处罚和委托条款
政府令〔2013〕第 4 号	兰州市地下管线工程档案管理办法	城乡建设与管理	有处罚条款
政府令〔2013〕第 5 号	兰州市机动车排气污染防治管理暂行办法	环境保护	有处罚条款
政府令〔2013〕第 6 号	兰州市农民工工资支付保障管理暂行办法	社会保障	有处罚条款
政府令〔2013〕第 7 号	兰州市建设领域农民工工资保证金管理暂行办法	社会保障	无
政府令〔2013〕第 8 号	兰州市行政效能监察办法	政府自身建设	无

续表

令　号	规章名称	归属类别	处罚和委托条款
政府令〔2013〕第9号	兰州市公共租赁住房管理办法	社会保障	有处罚条款
政府令〔2013〕第10号	兰州市扬尘污染防治管理办法	环境保护	有处罚条款
政府令〔2014〕第1号	兰州市消火栓管理办法	城乡建设与管理	有处罚条款
政府令〔2014〕第2号	兰州市大气污染防治示范区管理规定	环境保护	无
政府令〔2015〕第1号	兰州市行政程序规定	政府自身建设	无
政府令〔2015〕第2号	兰州市人民政府拟定地方性法规草案和制定政府规章程序规定	政府自身建设	无
政府令〔2015〕第3号	兰州市城市节约用水管理办法实施细则	城乡建设与管理	有处罚条款
政府令〔2015〕第4号	兰州市建设工程造价管理办法	经济管理	有处罚条款

(三)对上述三个城市政府规章涉及事项的分析

除了城乡建设与管理、环境保护、历史文化保护这三个类别,《立法法》并未对立法事项做出明确归类。笔者结合自身的立法工作实践,对上述三个市的政府规章涉及的事项的种类作了具体分析,可以发现,尽管城乡建设与管理、环境保护、历史文化保护这三类事项的确属于政府规章的主要内容,但也有很多属于其他领域的内容。笔者对每个城市每个类别的规章数量及其占比情况做了统计,具体如表4所示。

表4　宁波、珠海、兰州三个城市政府规章涉及事项的种类、数量及其占比

城市	城乡建设与管理		环境保护		历史文化保护		政府自身建设		经济管理		社会保障	
	件数	占比(%)	件数	占比(%)	件数	占比(%)	件数	占比(%)	件数	占比(%)	件数	占比(%)
宁波市	5	35.7	0	0	2	14.3	2	14.3	4	28.6	1	7.1
珠海市	3	21.4	0	0	0	0	4	28.6	5	35.7	2	14.3
兰州市	3	23.1	3	23.1	0	0	3	23.1	1	7.7	3	23.1
总计	11	26.8	3	7.3	2	4.9	9	21.9	10	24.4	6	14.6

从以上数据分析中,可以得出以下结论:

城乡建设与管理是上述三个城市这两年政府规章的主要内容。三个城市中,宁波市和兰州市这类规章的比例均最高,珠海市这类规章的比例排第三。

环境保护、历史文化保护均不是上述三个城市这两年政府规章的立法重点。其中,宁波市、珠海市这两年均未出台环境保护类的政府规章,珠海市、兰州市这两年均未出台历史文化保护类的政府规章。

政府自身建设类规章在上述三个城市这两年政府规章中占很高比例。兰州市政府自身建设类规章和城乡建设与管理、环境保护、社会保障类规章占比并列第一,珠海市政府自身建设类规章在该市所有政府规章中占比排名第二。

经济管理类规章在上述三个城市这两年政府规章中也占很高比例。宁波市政府经济管理类规章在该市所有政府规章中占比排第二,珠海市政府经济管理类规章在该市所有政府规章中占比排名第一。

社会保障类规章在上述三个城市这两年政府规章中均有涉及。特别是兰州市,其社会保障类规章和城乡建设与管理、环境保护、政府自身建设类规章占比并列第一。

从以上分析中可以看出,《立法法》将设区的市的政府规章限制在城乡建设与管理、环境保护、历史文化保护这三类事项中,必然会对设区的市的政府规章产生重大影响。

四、在《立法法》背景下如何破解政府规章权限范围受限的困局

(一) 近期:把规范性文件作为政府规章的替代性选择

1.对三个城市政府规章有关处罚和委托内容的分析。

规范性文件和政府规章都是政府行使职权的重要手段;而且,政府规章除了可以设定委托处罚和许可,以及给予警告和一定数额的罚款以外,和规范性文件并无显著差异。如果囿于《立法法》不能制定政府规章,那么可通过规范性文件来解决这个问题。如宁波市、珠海市、兰州市这三个城市,就制定了大量"城乡建设与管理、环境保护、历史文化保护"这三类内容以外的规范性文件,客观上存在规章和规范性文件相互交错的情况(见表5)。

表 5　宁波、珠海、兰州三个城市政府规章设定行政处罚和委托处罚的情况

类别	政府规章总数	设定处罚、委托的规章	占比（%）	《立法法》范围内事项的规章	设定处罚、委托的规章	占比（%）	《立法法》范围以外事项的规章	设定处罚、委托的规章	占比（%）
宁波市	15 件,其中 1 件为废止类,故按 14 件计	10 件	71	7 件	6 件	86	7 件	4 件	59
珠海市	14 件	5 件	35	3 件	0 件	0	9 件	5 件	55
兰州市	13 件	8 件	61	6 件	5 件	83	7 件	3 件	42

根据以上统计情况,我们可以得出以下结论。

(1)上述三个城市中,政府规章设定行政处罚和委托处罚的比例差距较大,宁波市71%的政府规章设置了行政处罚和委托条款;而珠海市只有35%的政府规章设置了行政处罚;兰州市的比例居中,为61%。

(2)对《立法法》规定范围内的事项,三个城市政府规章设定处罚的比例差距很大。宁波市在《立法法》规定范围内的规章为6件,其中6件设定了行政处罚和委托处罚,比例达86%;兰州市的比例达83%;相比之下,珠海制定了3件城乡建设与管理类的规章,但均未涉及行政处罚,比例为0。这也说明,部分事项虽然属于《立法法》规定可以制定政府规章的事项,但采取规范性文件的形式发布也未尝不可。

(3)对《立法法》规定范围外的事项,三个城市政府规章设定处罚的比例差距较小。宁波市和珠海市的比例较高,分别为59%和55%;兰州市的比例稍低,为42%。进一步分析可以看出,三个城市都就政府自身建设事项制定了规章,但这类规章一般都不涉及行政处罚,因此拉低了设定行政处罚的比例。而且,政府自身建设类规章所要规范的是政府自身行为,其完全可以采取规范性文件的形式。

2.对三个城市规范性文件情况的分析见表 6 至表 8。

表 6　宁波市政府发布的部分规范性文件

名　　称	类　　别
宁波市交易场所管理办法（试行）	经济管理
宁波市小额贷款公司监督管理暂行办法	经济管理
铁路宁波站区域综合管理暂行办法	政府自身管理
宁波市行政调解工作暂行规定	政府自身管理
宁波市荣誉市民享受礼遇实施办法	社会事务
宁波市市区国有土地上房屋征收范围内未经登记建筑调查补偿办法	城乡建设与管理
宁波市事业单位机构编制管理办法	政府自身管理
宁波市市长质量奖评审管理办法	经济管理
宁波市政府性债务管理暂行办法	经济管理
宁波市信访事项复查复核实施办法	社会事务

表 7　珠海市政府发布的部分规范性文件

名　　称	类　　别
珠海市违规渔船扣减渔业油价补贴暂行办法	经济管理
珠海市消火栓管理办法	城乡建设与管理
珠海市化工园区安全生产管理办法	社会事务管理
珠海市基本医疗保险办法	社会保障
珠海市公职律师工作试行办法	政府自身管理
珠海市基本农田保护经济补偿办法	经济管理
珠海市城中旧村更新实施细则	城乡建设与管理
珠海市行政机关行政应诉工作规则	政府自身管理
珠海市地价管理规定	经济建设
珠海市名人档案管理办法	社会事务管理

表 8 兰州市政府发布的部分规范性文件

名 称	类 别
兰州市市长金融奖奖励办法(暂行)	经济管理
兰州市企业欠薪预警报告和监管办法	经济管理
兰州市政府性债务管理办法	政府自身管理
兰州市市属企业负责人履职待遇业务支出管理办法	政府自身管理
兰州市政府投资项目管理办法	经济管理
兰州市公共自行车租赁管理暂行办法	社会事务管理
兰州市社会保险全民参保登记管理办法	社会保障
兰州市居民临时救助办法	社会保障
兰州市社会保险基金监管行政执法暂行规定	政府自身管理
兰州市政府向社会力量购买服务实施办法	政府自身管理

从上述三个城市的情况看,大量规范性文件的规定内容是经济管理、社会事务管理、政府自身事务管理、社会保障等事项,这些都属于各城市职责范围内的事项。因此,在《立法法》对政府规章设定事项进行限制的背景下,制定规范性文件是一个必然的选择。虽然规范性文件不能设置行政处罚和委托,但也算是可以接受的略带遗憾的选项了。

(二)远期:把握法律定位,修改有关法律,科学界定政府权力边界

1. 准确把握《立法法》有关条款与其他法律的关系。

(1)《立法法》与《行政处罚法》的关系问题。《立法法》规定:"没有法律、行政法规、地方性法规的依据,地方政府规章不得设定减损公民、法人和其他组织权利或者增加其义务的规范。"按照《行政处罚法》的规定,规章对违反行政管理秩序的行为,可以设定警告或者一定数量罚款的行政处罚。《行政处罚法》的规定至少可以做以下两方面的解释:第一,规章可以规定哪些行为是违反行政管理秩序的行为;第二,对于违反行政管理秩序的行为,规章可以设定处罚。但是,上述理解按照《立法法》的规定是存在问题的,这是因为:第一,规定哪些行为属于违反行政管理秩序的行为,需要赋予相对人相应的义务,这就违反了《立法法》不得增加义务的规定;第二,对行政管理相对人设置的行政处罚,是因当事人不履行规章赋予的义务而进行的惩戒,从责任性质上看比赋予当事人义务更为严重。既然《立法法》把赋予义务作为禁止性内容,那么惩戒处罚这类更严重的条款就更应当予以禁止。

(2)政府规章与规范性文件的关系问题。政府规章和规范性文件的主要区别之一就在于前者可以设置警告和一定数额的罚款。按照前文分析,如果把设置警告和罚款当做是限制当事人权力和增加义务的条款,当做政府规章禁止涉及的内容,那么按照这样的要求,政府规章就基本上等同于规范性文件,从而丧失了《立法法》赋予它的"法"的身份。

因此,《立法法》的该条规定与《行政处罚法》以及有关规范性文件的管理规定存在着内部紧张关系。如果按照《立法法》关于"地方政府规章不得设定减损公民、法人和其他组织权利或者增加其义务的规范"的要求操作,则不但会使《行政处罚法》有关政府规章设置处罚的规定在法律上没有存在空间,也会使得《立法法》赋予政府规章法律地位的条款丧失意义。因此,笔者认为,"不得设定减损公民、法人和其他组织权利或者增加其义务的规范"应当是对规范性文件的要求。由于政府规章有严格的制定、审查和备案程序,《行政处罚法》也赋予其处罚设置权,政府规章应当有增加义务规范的权力,这是其具有"法"的属性的自然延伸,是其有权设置处罚的逻辑前提。

2.修改《立法法》对政府规章的限制。

(1)《立法法》的限制会造成立法实际效果和立法初衷的背离。如前所述,规范性文件涉及政府管理的方方面面。《立法法》实施后,无法通过规章进行管理的事项必然会通过规范性文件的形式表现出来。制定政府规章有严格的法定程序,以政府法制机构作为中立的专业性机构来协调、审核、修订政府规章草案,更有质量保障;而规范性文件的制定程序相对简单,政府法制机构参与程度低,规范性文件的科学性、规范性要远低于政府规章。因此,本来的目的是对政府规章的权力进行限制,实践中反而会导致由效力更低、程序更不规范的规范性文件进行管理,这就走向了《立法法》目的的反面。

(2)对政府规章的事项范围进行限定和加强法制统一并无必然联系。对政府规章权限进行限制的原因之一是"维护法制统一"。[①] 实际上,对政府规章范围进行限定和"法制统一"并无必然关系,政府规章权力受限并不代表法制统一,权限范围大也不见得就不利于法制统一。这是因为,政府规章可以规范的事项多是数量上的、外延上的,只是表明地方政府可以制定更多种类的规章;而法制统一是内涵上的、原则上的,是要

---

① 全国人大常委会法制工作委员会审定:《中华人民共和国常用法律法规全书》,中国民主法制出版社2011年版。

求下位法不和上位法抵触。换句话说，如果严格遵循权限和程序，政府规章的涉及事项再多，也不影响法制统一；如果不遵循相应的权限和程序，缺乏严格监督，政府规章的权限再小，法制统一也会受到影响。

3.适当扩大省级人大及其常委会、省政府的立法事项范围。

由于目前省级人大及常委会都会编制五年（一届）立法项目库和年度的立法制定计划，省政府每年编制省政府规章制定计划，因此，为解决各设区的市的人民政府规章权力范围受限的问题，可以加强省、市两级立法计划的衔接，对各市拟列入立法范围但又受制于立法权限的事项，省级人大及其常委会、省政府可以将其纳入立法计划并出台相应领域的地方性法规或者政府规章。但这只能在一定程度上解决市级法规规章无上位法依据的问题，因为省级人大及其常委会、省法制办的立法工作人员及其资源都是有限的，主要是统筹考虑全省层面的立法需要；而且，设区的市制定的地方性法规要报省人大批准、政府规章要报省人大和省政府备案，地方立法权扩面以后，省人大及其常委会、省政府的法规审批、规章备案的压力已经明显增加。因此，为设区的市的需要而制定地方性法规或者政府规章只能控制在一定的范围之内。

4.科学界定政府规章和规范性文件的权力边界。

如前所述，政府规章和规范性文件都来源于《宪法》《组织法》，两者的界限并无严格区别，除了行政处罚和委托条款以外，内容也没有严格区别，两者可以说是"按下葫芦浮起瓢"的关系。正如国务院在 2016 年 8 月 25 日发布的《关于推进中央与地方财政事权和支出责任划分改革的指导意见》所指出的："新的形势下，现行的中央与地方财政事权和支出责任划分还不同程度存在不清晰、不合理、不规范等问题。"和这个问题类似，在立法领域，政府规章和政府规范性文件的边界不够清晰、不够合理的问题仍然存在，到底哪些事项应当制定政府规章、哪些事项可以制定政府规范性文件，哪些事项只需制定政府部门文件，标准难以把握。因此，从长远看，必须明晰政府事权范围，界定政府规章和规范性文件的权力边界，这样才能让政府规章既得到充分授权，又严格遵循法律规定的权限，并发挥最大的作用。

立法动态

全面依法治国背景下人大主导立法工作研究

——基于宁波市人大地方立法工作改革创新的思考

◎肖子策

摘　要：人大主导立法工作具有深刻的理论渊源和深远的现实意义。从当前地方立法工作实际状况来看,人大主导立法工作虽然取得了一定成效,但政府主导型立法以及由此形成的立法权的行政化、部门化,一直是影响我国立法民主性、公正性的突出问题,立法工作中存在人大主导作用缺位的现象。解读党的十八届四中全会精神,针对当前立法工作中的突出问题,进一步发挥人大及其常委会在立法工作中的主导作用,关键在于理顺人大与政府、社会公众之间在立法工作中的关系,确立"党委领导、人大主导、政府协同、公众参与"的工作格局,实现立法工作体制机制的全面深化改革。

关键词：地方人大；立法工作；主导作用

　　党的十八届四中全会通过的《中共中央关于全面推进依法治国若干重大问题的决定》提出："健全有立法权的人大主导立法工作的体制机制,发挥人大及其常委会在立法工作中的主导作用。"在全面推进依法治国的时代背景下,发挥人大在立法工作中的主导作用,将成为有立法权的人大及其常委会能否在构建中国特色社会主义法治体系中充分发挥立法应有的引领和推动作用的一个决定性因素。在贯彻落实党的十八届四中全会《决定》、推进立法工作全面深化改革的新形势下,深入剖析人大主导立法工作体制机制的现状和问题,全面规划改革的具体路径,成了当前人大立法工作面临的重大课题。

肖子策,浙江省宁波市人大常委会法工委副主任。

一、人大主导立法工作的含义:十八届四中全会的视域

《现代汉语词典(第7版)》对"主导"一词的解释是:"决定并且引导事物向某方面发展。"据此,单从词义上解释,"人大主导立法工作"可以界定为"人大及其常委会在立法工作中发挥决定并且引导立法发展方向、路径的功能和作用"。有学者认为,立法中的主导功能应当包括"主体性功能"和"导向性功能",前者是指"从准备到审议通过、修改完善等"各个环节立法活动的"介入程度",后者是指对"立法的发展方向、具体路径是否具有先导性的、指向性的作用"。[①] 另有学者提出,"有立法权的人大及其常委会在立法工作中发挥总揽全局、统筹协调的作用,体现了人大在立法体制和立法工作中的主导地位"[②],将"主导"的含义理解为"总揽全局、统筹协调"。2015年3月15日修改的《立法法》规定,"全国人民代表大会及其常务委员会加强对立法工作的组织协调,发挥在立法中的主导作用",则从强化人大"组织协调"功能上来定位人大的主导作用。[③]

党的十八届四中全会从"加强党对立法工作的领导""健全有立法权的人大主导立法工作的体制机制""明确立法权力边界"等方面,指出了"完善立法体制"的主要路径,并从"加强人大对立法工作的组织协调""健全立法机关和社会公众沟通机制"等方面,提出了"深入推进科学立法、民主立法"的基本要求。据此,人大主导立法工作的含义,可以从以下三个层面来界定:一是理顺人大与党委、政府、社会公众在立法工作中的关系,确立党委领导、人大主导、政府协同、公众参与的立法工作格局;二是明确人大立法与政府立法事项范围,完善人大立法主导、政府立法从属的立法权力体制;三是加强人大对立项、起草、审议、表决、法规实施监督等各个环节的组织协调、统筹安排,健全科学、民主的立法工作机制。

---

① 参见阎锐:《地方人大在立法过程中的主导功能研究》,华东政法大学博士学位论文,2013年。

② 姚金艳、吕普生:《人大主导型立法体制:我国立法模式的转型方向及其构建路径》,《中共福建省委党校学报》2015年第2期。

③ 关于加强对立法工作的组织协调,立法实务界提出了以下主要途径:一是加强人大对立法决策的主导;二是加强人大对法律案起草工作的主导;三是积极发挥人大代表的作用。参见信春鹰:《深入推进科学立法、民主立法》,《中国人大》2014年第23期。

二、政府主导型立法的评判：部门主导立法工作的由来和缺陷

在我国，人大行使立法权早在人大制度设立之初就已由宪法确定，但人大行使立法权在法律意义上与事实层面上存在明显的反差。在观念认识上，人大行使立法权的权威地位并未深入人心，不仅政府有关人员没有认识到政府及其部门在立法权力运行中处于附属、配合、服从的地位，就连不少人大工作人员也往往受"人大立法就是根据政府工作需要立法""人大立法就是在政府提请的议案、建议的框架内立法"等惯性思维的影响。事实情况是，"要不要立法、立什么法规、什么时候立法，原动力和需求主要来自政府部门及其所属执法机构的动议，而非社会公众的诉求和表达，人大自身通过调查研究、组织起草法案的比例也很低"，基本上是"政府提什么、人大审什么""90％以上的法规草案都由政府部门起草"。① 这就是"政府主导型"立法，由于政府的相关职能分属于组成政府的各主管部门，因此，政府主导型立法实质上就是"部门主导立法工作"。

政府主导型立法产生于我国特定的政治和经济体制、行政和法律文化的深层背景下。在国家权力结构上，我国历史上一直存在立法、行政不分的局面，行政代替立法的现象非常普遍。新中国成立后，虽然建立了独立的立法机关，但立法为行政管理目的服务的色彩依然十分强烈，国家和社会事务的划分按照政府管理职能部门的分工对口入座。与之对应，立法事项尤其是地方立法事项，多数集中于行政管理领域，社会建设和民生事业领域的立法事项在很长一段时间内没有受到应有的重视。围绕政府行政管理事务开展立法，可以说是政府主导型立法的一大根源。

政府及其部门具有特定的专业优势、信息优势、管理优势，在改革开放初期"百废待兴、百法待立"的形势下，凭借其专业性、及时性、灵活性，政府主导型立法迅速填补了我国立法的诸多空白，在形成中国特色社会主义法律体系过程中发挥了积极的推动作用，具有一定的现实必要性和合理性。但是，政府主导型立法也给法治建设进程带来了不容忽视的负面效果：立法工作中"部门化倾向、争权诿责现象"始终较为明显，"行政部门主导立法以及由此形成的立法权的行政化、部门化，一直是影响我国立法民主性、公正性的突出问题"。② 党的十八届四中全会提出"健全有立法权的人大主导立

---

① 李高协：《关于发挥人大立法主导作用的分析思考》，《人大研究》2013年第2期。
② 封丽霞：《健全人大主导立法工作的体制机制》，《山东人大工作》2014年第12期。

法工作的体制机制",正是针对当前立法实践中"部门主导立法工作"等问题的直接回应。

三、立法工作机制存在的问题：人大主导作用"缺位"的表现

(一)地方性法规与地方规章在功能上的混同

2000 年开始施行的《立法法》对地方性法规与地方规章的权限作了不同规定,前者可以就"执行性事项""地方性事务""先行性事项"作出规定,① 后者只能对"执行性事项"和"具体行政管理事项"作出规定。换言之,地方规章没有"地方性事务立法"和"先行性事项立法"的权限。有人将地方规章权限做扩大解释,将地方规章的事项范围延伸至"地方性事务"和"先行性事项"领域,即等同于地方性法规的事项范围。这种状况容易造成地方人大立法与地方政府立法功能混同。实践中,许多地方性法规都是由地方政府规章转变而来的,有人甚至认为地方规章是地方性法规的"前置"程序,导致一些地方性法规充满了政府立法的"先天色彩"。

(二)地方性法规立项过于依赖政府

近年来,广泛、公开征集立法建议项目成为立法民主化、科学化的重要内容。征集立法建议项目的途径一般有以下几种:向本级人大各专门委员会、政府各部门和单位、下一级人大常委会书面征集;利用代表联络的各种方式向本级人大代表征集;通过报纸、网络等新闻媒体向社会公开征集。但从实际情况来看,通过上述途径征集并列入立法规划、计划的项目,大部分是由本级政府各部门和单位申报并提出立项调研论证报告的;人大代表、下一级人大常委会提出的立法建议项目在数量上近年来有所增加,但经立项论证,绝大多数属于"不具备立法条件"或者"立法条件不成熟";社会公众提出的立法建议项目数量极少,基本上"不具备立法条件";除了列入立法计划的调研论证项目外,各专门委员会基本上没有自主开展过立项调研并提出立法建议项目(见附表 1)。

(三)政府提案、部门起草成为立法惯例

由政府提出议案并由主管部门起草地方性法规草案的做法从地方人大获得立法

---

① 2015 年《立法法》修改后虽然将设区的市立法的事项范围限于"城乡建设和管理、环境保护、历史文化保护等方面",但依然保留了地方性法规的"执行性事项""地方性事务""先行性事项"权限空间。参见《立法法》第七十三条、第八十二条。

权开始就成为一项"惯例"。根据《中华人民共和国地方各级人民代表大会和地方各级人民政府组织法》的规定,"主席团、常务委员会、主任会议、专门委员会、本级政府、一定数量的人大代表或者常委会委员"联名,均可以向有立法权的地方人民代表大会或者地方人大常委会提出地方性法规议案。但在实践中,绝大多数情况下由本级政府提出法规案,个别情况下由常务委员会、主任会议或者有关专门委员会提出法规案,其他提案主体基本上没有行使过提案权。[①] 由于享有提案权的主体同时可以支配和处分起草权,而且,由于绝大多数地方性法规均需要确定一个政府主管部门,这个主管部门便获得了实质上的"起草权",单一的提案、起草方式由此确立。

(四)法规案审议工作不够精细

虽然有专门的人大立法工作机构承担对法规案的初审、统一审议职责,并有较为完备的人大及其常委会会议审议组织形式,但在实践中,立项、起草、提案等基础环节的部门主导色彩,仍不可避免地渗透进法规案的审议工作。正如有的同志所说的,"审议无非就是对政府提交的法规草案做一些装饰、加工而已",即便是"装饰、加工",很多时候也不是"精装修""深加工"。由于法规案提交人大的时间与人大安排会议审议的时间间隔过短,有关专门委员会初审工作不能深入,难以及时发现、提前解决法规案中的重大争议问题,统一审议和修改法规草案的质量难免受到影响。由于人大及其常委会组成人员对法规案缺乏事先的调研,审议中的主体地位难以有效发挥,审议发言的质量也难以显著提高。

(五)法规实施监督工作滞后

受传统立法程序观念影响,许多人依然认为法规的实施监督不属于立法工作或者不属于重要立法工作环节,不重视对已实施的法规质量的跟踪监督,不能及时发现和修改不适应改革发展实际需要的法规。法规实施监督主要有"执法检查""立法后评估""法规清理""备案审查"四种方式,就实际情况来看,执法检查主要以配合和贯彻上级人大统一部署为主,很少自主开展,多数地方性法规从制定以来没有开展过执法检

---

① 除了规范人大自身工作、无法确定一个政府主管部门的法规以及个别修改和废止的项目外,人大有关专门委员会很少自行提出立法议案和起草法规案。如截至2015年8月,宁波市现行有效的77件地方性法规中,只有《宁波市制定地方性法规程序规定》《宁波市公会劳动保障法律监督条例》《宁波市人民代表大会代表建议、批评和意见办理条例》《宁波市预防和制止家庭暴力条例》《宁波市志愿服务条例》《宁波市企业工资集体协商条例》等6件法规由有关专门委员会提出议案。其中,仅有《宁波市制定地方性法规程序规定》《宁波市人民代表大会代表建议、批评和意见办理条例》两件法规由专门委员会起草。另外,近些年来根据上级人大统一部署开展的法规清理要求,在对多件地方性法规的个别条款在一次会议上一并进行修改时,多采取由主任会议或者法制委员会提出议案的方式。

查。立法后评估是《立法法》实施后地方人大探索"立法工作向立法后环节延伸"的重要创新,但没有形成科学化、标准化的机制,评估的效力、效果受到限制。法规清理主要限于贯彻落实上级人大新制定或修改的重大法律法规的要求所开展的专题清理,没有纳入日常化工作轨道。备案审查局限于同级政府制定的规范性文件,缺乏对法规授权政府及其部门制定配套规范化文件的全面监督(见附表2)。

(六)科学立法、民主立法工作机制尚未健全

多年来,地方人大在探索推进科学立法、民主立法工作中,取得了一些显著成效。许多地方建立了立法专家咨询、基层立法工作联系点、人大代表分专业有重点参与立法等工作机制,并在立项、调研、修改、审议、后评估等环节,运用公开登报、座谈会、论证会、听证会、实地考察、个别走访等多种形式,广泛征求人民群众意见。但与深入推进科学立法、民主立法的新形势、新要求相比,相关工作机制尚不健全,主要体现为:日常工作中比较偏重政府主管部门意见,容易忽视政府相关部门之间的沟通协调,导致部门之间职能交叉或者冲突;偏重听取国家机关、专家学者的建议,容易忽视普通社会公众的协商参与愿望,影响公民参与立法的积极性;偏重征询调研的形式,容易忽视征询调研的深度和实效,不利于在互动交流基础上广泛凝聚社会共识。

四、人大主导立法工作的路径:
立法工作体制机制的全面深化改革

根据党的十八届四中全会的精神和要求,针对当前立法工作中的突出问题,人大主导立法工作体制机制的改革,关键在于理顺人大与政府、社会公众之间在立法工作中的关系,确立"党委领导、人大主导、政府协同、公众参与"的工作格局。[①] 就设区的市的地方立法来说,这种格局必然涉及人大与政府立法权限的进一步划分,人大在立法工作各环节主导功能的完善,科学立法、民主立法机制的健全和人大自身履职能力、工作水平的提升等范畴。2015年11月13日,中共宁波市委发布了《关于进一步发挥市人大及其常委会在立法工作中主导作用的意见》,提出了"构建党委领导、人大主导、政府配合、各方协同、公众参与"的立法工作格局和全面创新、完善人大主导的地方立

---

① 参见丁祖年:《健全人大主导立法的体制机制研究》,《法治研究》2016年第2期。作者提出"健全人大主导立法体制机制的目标应当是:在党委领导下,政府和各方充分有效参与,人大全过程主导立法工作、全方位决定立法内容,最大程度实现立法的民主性和科学性。"

法工作体制机制的具体目标和任务。同年 12 月 31 日,宁波市人大常委会发布了贯彻落实上述《意见》的通知,进一步提出了具体要求和措施,明确了工作计划和部署。至此,宁波市立法工作全面改革、全面提升的目标格局、进程路径已经成型。

(一)人大与政府立法权限的界分

修改后的《立法法》将设区的市的立法事项范围限于"城乡建设和管理、环境保护、历史文化保护等方面事项"。这一规定着眼于维护国家法制统一,对设区的市的立法事项范围作了限制,但从发挥设区的市的人大主导作用来看,意味着设区的市的人大要加强立项工作中的全面调研和深入论证,加大对政府和其他有关方面开展立法项目申报、调研等工作的指导、督促力度,这何尝不是一种"倒逼"机制?更重要的是,《立法法》还对地方政府规章的权限作了明确限制,除非有法律法规依据,"不得设定减损公民、法人和其他组织权利或者增加其义务的规范"。这意味着地方政府规章只能限于"执行性立法""授权性立法"的范畴。针对当前地方立法中存在的将规章作为法规前置程序的现象,《立法法》还进一步理顺了地方性法规与地方政府规章的关系[①],健全了地方人大立法居于主要地位、发挥主要作用,地方政府立法处于从属地位、发挥辅助作用的地方立法体制。贯彻实施《立法法》,必然要求地方人大"积极推动、督促、指导政府及其部门切实履行好立法工作各个环节的职责"[②],确保政府立法不逾越权力边界,并积极行使法律赋予地方人大的特有立法权力。这将是发挥地方人大在地方立法中主导作用的坚实基础。

(二)人大主导立法工作功能的完善

1.加强对法规立项工作的统筹安排。

立项环节的主导主要解决"立什么法、什么时候立"的问题。立项工作是一项重大的立法决策权,而不是各方利益的"博弈"。围绕党委中心工作,坚持立法决策与改革、发展、稳定的重大决策相结合,通过五年立法规划、年度立法计划的制订、动态调整、公布和督促落实,对各方面提出的立法项目进行通盘考虑和统筹安排,增强立项的科学性、合理性,应当成为人大主导立法工作的根本遵循。具体来说,必须拓宽政府部门、人大代表、社会公众等多元化途径,并"激活"人大各专门委员会主动深入基层实践开展立法项目调研、收集工作的职责,积极引导有关方面提出立法项目,而不是"等米下

---

① 《立法法》第八十二条第五款规定:"应当制定地方性法规但条件尚不成熟的,因行政管理迫切需要,可以先制定地方政府规章。规章实施满两年需要继续实施规章所规定的行政措施的,应当提请本级人民代表大会或者其常务委员会制定地方性法规。"

② 参见 2015 年 9 月 7 日张德江委员长在第二十一次全国地方立法研讨会上的讲话。

锅";必须以客观需求和实际问题为导向,以充分调研为前提,将立法预测、专家评估与深入论证相结合,消除立项的"长官意志",避免立项论证沦为"听汇报",确保立法项目具有合法性、必要性、可行性并取得良好的社会效果。

2.改进法规草案起草方式。

起草环节的主导主要解决"对立法进度、指导思想、主要内容的总体把握"的问题。近年来,在探索改进地方立法起草方式的过程中,一种开放式的、相关各方参与合作的起草方式逐渐受到了立法机关的青睐,这就是法规草案起草小组制度。起草小组一般由各提案主体负责组织建立,但是,对于列入立法计划的法规案来说,人大应当享有确定法规案起草方式的权力。如果确定由人大之外的主体作为起草人,人大应当监督、指导有关方面建立起草小组,并通过"直接参与""主动介入"等途径,督促做好起草工作,保证法规案如期提交审议。如果认为法规案涉及本地"综合性、全局性、基础性"事务以及人民群众普遍关心的其他重要社会利益关系,不宜由政府部门或者其他主体负责起草,则可以确定由人大有关专门委员会和常委会工作机构组织起草,吸纳政府部门、有关专业单位及社会各方面参与。①

3.提高法规案审议表决质量。

审议环节的主导主要解决法规案"规定什么内容、规定到什么程度"的问题。发挥人大在审议环节的主导作用,关键是发挥人大及其常委会组成人员在审议法规案中的主体作用。为此,需要从三方面入手对现行审议工作机制进行改革:一是改革审议前的提案、初审等工作机制,保证组成人员有充足的准备时间对列入会议审议议程的法规案事先进行审阅、开展必要的调研。二是创新审议方式,对各方争议较大、社会关注度高的重要立法事项,可以进行联组审议或者全体会议审议,适当延长审议时间,必要时,增加审议次数。② 为了保证提请表决的法规案的质量,可以探索实行重要法规案表决前风险评估制度,对法规的可行性、实施效果和可能出现的问题进行深入评估。三是建立组成人员履职评价制度,对组成人员在会议期间的审议情况和审议发言,应当如实记录并由发言人签字确认,将发言质量作为组成人员履职评价的重要依据。

---

① 参见肖子策:《论地方立法起草方式改革》,《法学》2005年第1期。
② 为了保证审议时间、提高审议质量,一些省级人大的做法值得借鉴。如湖北省人大采取"两审三通过"制度,法案经常委会会议两次审议后,由法制委员会作进一步修改,提交下一次常委会会议表决。浙江省人大常委会提出要"推行法规草案审议辩论制度,常委会组成人员对法规草案中的一些重大问题存在较大分歧意见的,应当召开联组会议或全体会议进行辩论"。

4.强化法规实施检查监督。

实施监督环节的主导主要解决法规案"是否有效管用、是否需要修改完善"的问题。随着中国特色社会主义法律体系的形成,"完善型立法"将是今后地方立法的基本要求。"完善型立法"要求地方立法工作从"立法前"和"立法中"环节延伸至"立法后"环节,实现执法检查、立法后评估、法规清理、备案审查工作的常态化、制度化。今后,有立法权的人大应当每年确定若干涉及改革发展稳定大局、广大人民群众切身利益、社会普遍关注的地方性法规开展执法检查;法规实施中反映问题较多或者需要落实改革举措的,要及时组织立法后评估;法规实施时间较长、上位法或者经济社会发展客观情势发生变化的,要及时进行清理;法规实施后一年内,相关配套执行文件必须出台,与法规存在不一致规定的,要坚决予以纠正,防止出现配套文件不能准确把握立法精神而使法规效力不断递减的现象。

(三)科学立法、民主立法机制的健全

1.加大立法沟通协调力度。

立法的沟通协调源于立法所调整的社会利益的复杂性特点。在参与立法的各方利益主体彼此进行沟通、协调的基础上,寻求相互妥协、形成合力的解决问题的方案,是科学立法、民主立法的一大基石。正如有学者指出的那样:"在社会主义民主立法中,应当尽快树立没有沟通和妥协就没有立法与和谐的观念。"[1]时任全国人大常委会法工委主任李适时同志在 2014 年 9 月 21 日第二十次全国地方立法研讨会上谈到"发挥人大在立法中的主导作用"时,也指出:"对于分歧较大的重点难点问题,坚持从改革发展大局出发,加大沟通协调力度,勇于并善于在矛盾的焦点上'划杠杠',有效防止部门利益和地方保护"。近年来,地方人大从完善各环节立法工作机制角度,就加强立法中"横向""纵向""内部"相关工作机构之间的沟通、协调和配合,开展了积极的探索,逐步推进立法沟通协调的制度化。[2] 党的十八届四中全会明确要求"加大人大对立法工作的组织协调",发挥人大在立法工作中的主导作用,需要进一步加大立法沟通协调力度。

2.增强立法征询调研实效。

立法的征询调研源于立法所调整的社会事务的客观变化性。实践是立法的基础,

---

① 李林:《立法的沟通与协调》,《浙江人大》2007 年第 4 期。
② 如 2009 年浙江省人大常委会法工委与浙江省人民政府法制办联合发布《关于进一步加强立法沟通协调改进立法工作的若干意见》,同年,宁波市人大常委会办公厅与宁波市人民政府办公厅联合发布《关于加强立法沟通协调改进立法工作的若干意见》。

立法来源于实践。只有深入实践开展调查研究,征询身处实践"一线"的各方人士和基层群众的意见和建议,才能保证立法不脱离实际,具有可行性、可操作性。因此,征询调研是科学立法、民主立法的基本要求。多年来,各级人大不断加强和改进立法征询调研工作,形成了形式多样、针对性强、效果突出的立法征询调研工作机制,成为推进科学立法、民主立法过程中的一大鲜明"亮点",但也存在着诸如重视"走走"与"听听"、不重"研究"与"分析"等讲求调研形式而不重调研实效的问题。为此,必须将提高征询调研的实效作为人大主导立法工作的一项"基本功"。创新立法征询调研的方式,除了采用书面征询、召开座谈会等方式外,还要综合运用蹲点调研、跟踪典型案例、暗访、随机访谈、特定对象走访、问卷调查等方式,多层次、多方位、多渠道地了解真情实情,掌握"第一手"资料。

3. 推进立法协商民主实践。

立法的协商民主源于立法所调整的社会关系的多元化倾向。现代立法权虽然专属于立法机关,但立法事项所涉及的社会关系是多层面的、呈现立体式结构的,立法事项所涉及的各类社会主体均有参与立法的实际需求。因此,必须在坚持选举式民主立法体制的同时,开辟一条让广大社会公众直接参与立法工作的民主途径,这便是"立法协商民主"形式。有学者认为:"协商民主与人民选举民主如鸟之两翼、车之双轮,共同确保立法决策最大程度的汇集民意、集中民智。"[1]党的十八届四中全会提出,要"开展立法协商,充分发挥政协委员、民主党派、工商联、无党派人士、人民团体、社会组织在立法协商中的作用"。2015 年 2 月,中共中央印发《关于加强社会主义协商民主建设的意见》,提出要"推进协商民主广泛多层制度化发展",并要求"深入开展立法工作中的协商"。在党委领导、人大主导、各方参与的工作格局下,立法协商民主将迎来一个广泛实施、多层次运用、制度化确立的新常态。

(四)提高人大履职能力和立法工作水平

1. 加强人大履职能力建设。

人大履职能力是发挥人大在立法工作中主导作用的主体力量保障。人大代表、常委会委员是人大及其常委会的主体力量,只有人大代表、常委会委员积极履行提出立法议案、建议和认真审议法规案的职责,只有其提出的立法议案、建议和法规案审议意见符合立法的质量标准和条件,才能从根本上改变目前在立项、起草、提案、审议等各环节存在的与人大主导立法工作不相适应的"部门主导型"状况。发挥人大代表、常委

---

① 向立力:《立法协商新常态:广泛、多层、制度化》,《上海人大》2015 年第 3 期。

会委员主体作用,就是发挥其深入了解民情、充分反映民意、广泛汇集民智的优势,发挥其在充分调研基础上提出立法议案、意见和建议的积极性。可以从创新和完善人大代表参与立法的机制入手,鼓励、支持代表开展广泛深入的立法调研;可以逐步提升常委会委员的专业化、职业化水平,提高专职委员比例,增加有法治实践经验的专职委员数量,并探索为人大代表建立履职"专业服务工作站",为常委会委员配备立法助理,同时,对人大代表、常委会委员进行与履行立法职责相适应的必要的、系统的培训,多管齐下,努力提高其履职能力。

2.加强立法工作队伍建设。

加强立法工作队伍建设,是发挥人大在立法工作中的主导作用的组织人才保障。"立法是政治性、专业性、理论性、实践性都很强的一项复杂工作,需要专业机构和高素质的立法专业人才作保障。"[1]首先,需要全面规划立法工作机构和队伍建设,健全与立法工作任务相适应的专门委员会和常委会工作机构设置,配齐配强立法专业工作人才,大力加强立法工作队伍的正规化、专业化、职业化建设;其次,改革立法人才培养、选拔机制,坚持从有法治实际工作经验并具备职业素养、专业素养的实务部门、律师、法学教师、法学研究人员中招录、选拔立法人才,并通过培训进修、挂职锻炼、考察学习、交流任职、引进人才等多种形式,保障和提高立法工作人员的业务能力和综合素质;其三,加强"立法智库"建设,建立健全立法研究机构和立法工作专家咨询顾问制度,为立法工作提供人才储备和智力支持;其四,将基层人大、基层立法联系点建设纳入立法工作队伍建设的整体框架,利用其联系基层群众的资源优势,为立法工作提供必要的配合、协助性力量支持。

---

① 参见 2015 年 9 月 7 日张德江委员长在第二十一次全国地方立法研讨会上的讲话。

附表1　宁波市第十四届人大常委会五年立法规划项目库、部分年度(2013—2015)
立法计划项目来源结构分解表

单位:件

类别	立法建议项目总数量	列入规划项目库或者当年度立法计划的项目数量	政府部门提出立法建议项目		人大代表提出立法建议项目		其他国家机关和社会组织、市民提出立法建议项目		备　注
			数量	其中,列入规划项目库或者年度立法计划数量	数量	其中,列入规划项目库或者年度立法计划数量	数量	其中,列入规划项目库或者年度立法计划数量	
五年立法规划项目库	72	38	39	30	13	4	19	4	本届规划项目库共54件,其余为上届留转项目
2013年立法计划	23	11	18	10	2	0	1	1	
2014年立法计划	33	14	15	13	4	0	11	1	其中,有5件同时由部门、其他国家机关、社会组织、代表提出
2015年立法计划	39	18	28	16	2	1	5	1	

注:"其他国家机关"包含县市区人大常委会。由于县市区人大常委会收集的立法建议大多由当地政府部门提出,因此,实际上由政府部门提出的立法建议项目数量比表中列出的数量要多。

附表2 宁波市第十二届至第十四届人大常委会法规实施监督工作一览表

届别	年份	执法检查		立法后评估	法规清理	法规授权制定规范性文件的监督
		主体	涉及法律法规			
十二届（2003—2006）	2003	省、市人大联动	《劳动法》《宁波市劳动监察条例》《宁波市劳动合同条例》《宁波市劳动争议处理办法》			
	2004	省、市人大联动	《环境保护法》《宁波市余姚江水污染防治条例》		根据全国人大、省人大贯彻实施行政许可法的统一部署开展法规清理，对存在与《行政许可法》规定不一致情形的17件法规进行修改，废止2件法规	对宁波市现行地方性法规授权市政府及其部门制定实施性行政规定工作情况进行专项调研，发现36个授权条款中，尚有13个未制定相关配套实施文件
	2005	市人大	《食品卫生法》《浙江省实施〈中华人民共和国食品卫生法〉办法》《宁波市限制养犬规定》《人民防空法》《宁波市遗体捐献条例》《广告法、宁波市户外广告管理条例》			
	2006	省、市人大联动	《安全生产法》《浙江省安全生产条例》	《宁波市国有土地使用权出让招标拍卖办法》		
十三届（2007—2011）	2007	市人大	《农产品质量安全法》《档案法》《宁波市档案工作条例》	《宁波市学校安全条例》《宁波市城市供水和节约用水管理条例》		
	2008	市人大	《宁波市爱国卫生条例》《宁波市河道管理条例》	《宁波市劳动合同条例》		
	2009	省、市人大联动	《农业法》及相关法律法规	《宁波市公路路政管理条例》		

续表

届别	年份	执法检查		立法后评估	法规清理	法规授权制定规范性文件的监督
		主体	涉及法律法规			
十三届 (2007—2011)	2010	省、市人大联动	《水污染防治法》《浙江省水污染防治条例》		根据全国人大、省人大统一部署,根据2010年形成中国特色社会主义法律体系的要求,对与扩大改革开放和经济社会发展要求不适应、与上位法不一致的7件法规进行修改,废止8件法规	对市十二届、十三届人大常委会制定的法规授权市政府及其部门制定配套规定情况进行专项调研,发现47个授权条款中,尚有16个未制定相关配套实施文件
	2011	市人大	《宁波市市容环境卫生管理条例》		根据全国人大、省人大贯彻实施行政强制法的统一部署开展法规清理,对存在与行政强制法规定不一致情形的10件法规进行修改	
十四届前四年 (2012—2015)	2012	省、市人大联动	《食品安全法》《国务院食品安全法实施条例》《浙江省实施〈中华人民共和国食品安全法〉办法》			
	2013	市人大	《食品安全法律法规》	宁波市市政设施管理条例		
		省、市人大联动	饮用水保护相关法律法规,涉及《宁波市余姚江水污染防治条例》《宁波市甬江奉化江余姚江河道管理条例》			
	2014	市人大	《科学技术进步法》《宁波市科技创新促进条例》	宁波市象山港海洋环境和渔业资源保护条例		
	2015	市人大	《环境保护法》实施情况暨大气污染防治情况专项检查	宁波市征收集体所有土地房屋拆迁条例、宁波市城市绿化条例		

资料来源:宁波市人大常委会公报。

地方人大在立法过程中主导功能的实证考察与机制完善

◎阎　锐

摘　要：党的十八届四中全会提出，健全有立法权的人大主导立法工作的体制机制，发挥人大及其常委会在立法工作中的主导作用。2015年新修改的《中华人民共和国立法法》对此也做了明确规定。本文围绕地方人大在立法过程中的主导功能这个命题，以上海市30多年来的地方立法实践为例，以地方立法过程中各种参与主体的角色互动为场域，以地方立法连续的、动态的过程为观察点，试图从现实立法活动的经验事实和实证材料中考察、总结和归纳地方人大在立法过程中主导功能的实际图景；在此基础上，对地方人大作为法定立法主体，应当通过何种现实而有效的工作机制完善其主导功能，提出若干建议。

关键词：地方人大；立法过程；主导功能

一、研究角度、研究范围及研究方法

(一)研究角度

地方人大及其常委会是法定的地方立法机关，但从现象上看，在诸多主体参与互动的立法过程中，地方人大及其常委会事实上是否在立法活动的过程中担负主要的、

阎锐，法学博士，供职于上海市人大法制委员会。

①　如有的地方立法实务工作者撰文指出："在当前地方性法规大多还由行政主管部门起草的格局下，少数地方立法已然成为主管部门固化利益的工具。如在一些行政主管部门的操作和催生下，出台的法规都强调和凸现了管理权能（比如财权和事权），却对公共服务职能及管理者的义务性规定涉及甚少或语焉不详，这已成为当下立法体制很难克服的痼疾。此种类型的立法膨胀态势绝非法治社会的正确方向。"参见赵立新：《论地方立法权的谨慎使用原则》，《吉林人大》2010年第1期，第29页。

导向性的功能,在发挥立法主导作用上是否有不断完善的空间,这些是需要研究的问题,也是本文的切入点。从现有研究资料看,对立法主体的研究,尤其是对地方人大及其常委会作为法定立法机关的主导性功能的研究不多,对立法过程的研究大多是对立法过程中某个环节的研究,而将地方人大及其常委会在立法中的主体地位和角色功能置于立法活动过程中做系统的、实证的研究的,尚不多见。① 为此,本文从地方人大及其常委会在地方立法过程中的权力定位和功能发挥角度出发,以地方立法连续的、动态的过程为观察点,对地方人大在立法过程中现有功能进行全面的比较和分析,力图展现立法过程运作的实际图景;在此基础上,对地方人大及其委员会在立法过程中应该如何发挥更大的主导功能进行探讨,并提出若干建议。

(二)研究范围

本文以地方人大在立法过程中的主导功能为研究对象,涉及三个核心概念,即地方人大及地方立法、立法过程、主导功能。根据新修改的《立法法》,可以制定地方性法规的主体包括:省、自治区、直辖市人民代表大会及其常务委员会,设区的市的人民代表大会及其常务委员会,自治州的人民代表大会及其常务委员会。受篇幅所限,本文将研究范围限定为省、自治区、直辖市的人民代表大会及其常务委员会制定地方性法规的活动。为行文方便,本文中使用"地方立法"来指代"制定地方性法规的活动",使用"地方人大"来指代省、自治区、直辖市的人民代表大会及其常务委员会。

综合来看,立法过程不仅指立法产生、发展的历史过程,而且是一种对立法行为进行分析的方法和视角,或者说是一种分析的框架。通常所说的立法活动过程,强调立法是阶段性、关联性、完整性的立法活动过程。② 说到立法过程,不得不提到立法程序。对比来看,立法的过程划分主要是以立法行为本身的运作规律,即行为路线为划

---

① 与本文研究主题相关的研究,主要是对作为法定立法主体的立法机关功能和地位及立法机关的委员会、立法机关的成员的研究等,可分为两类:一类是人大立法的职责、性质以及人大立法的内部组织结构的研究。如周叶中的《代议制度比较研究》(武汉大学出版社 2005 年版)、李林的《西方各国立法机关地位比较探析》(《宁夏社会科学》1990 年第 3 期)等对中西方代议机构的立法功能进行了研究,另有周伟的《各国立法机关委员会制度比较研究》(山东人民出版社 2005 年版)、俞荣根、刘霜的《立法助理制度述论》(《法学杂志》2007 年第 2 期)、马玲的《委员长会议设置和权限探讨》(《法学》2012 年第 5 期)等,分别对立法机关委员会设置、内部成员参与立法的功能和地位进行了研究。第二类是与本研究主题相关的人大主导功能发挥方面的研究,这些研究主要集中在党的十八届四中全会召开前后。如胡健的《坐实立法主导权,发挥人大立法主导作用》(《人民政坛》2015 年第 3 期)、秦前红、徐志森的《论地方人大在地方立法过程中的主导作用——以法规立项和起草的过程为中心》(《荆楚学刊》2015 年第 6 期)等。

② 参见北京大学法学百科全书编委会:《北京大学法学百科全书·法理学、立法学、法律社会学》,北京大学出版社 2010 年版,第 580 页。

分依据的,行为路线就是通过行为手段达到行为结果的有序连贯;而立法程序阶段的划分,则侧重于立法行为活动的法律依据,即该行为的法定性。① 本文以立法过程的三个阶段为研究顺序,对地方立法中的权力结构与功能过程进行研究。具体而言,这个过程可以分为三个阶段:一是立法准备阶段,即在提出法案前所进行的有关立法活动;二是由法案到法的阶段,即由法案提出直到法的公布这一系列正式的立法活动所构成的立法阶段;三是立法完善阶段,即法案变成法之后,为使该法进一步臻于科学化,更能适合不断变化的新情况的需要,所进行的立法活动和立法辅助工作构成的立法阶段。②

关于"主导"一词,《现代汉语词典(第7版)》的解释为:"决定并且引导事物向某方面发展。"③"功能"一词,是指:"事物或方法所发挥的有利的作用;效能。"④据此,本文将地方人大在立法中的主导功能定义为:在立法过程中"决定并且引导立法向某一方面发展的权力或作用。"具体而言,本文着重从两个方面考察地方人大在立法中的主导功能:第一,主体性功能,即立法从准备到审议通过,直至修改完善等阶段,地方人大在这些活动中的介入程度;第二,导向性功能,即在立法过程中,地方人大对于立法的价值取向、程序走向、制度安排等,是否具有指向性的、决定性的作用。

(三)研究方法

本研究采用理论与实践相结合的方法,主要包括实证主义研究方法、政治过程分析方法、结构功能主义分析方法等。

1.实证主义研究方法。

现代西方行为主义政治学,强调运用实证方法研究个体或者团体政治行为,提倡以经验分析为核心内容的实证性政治研究。⑤本文对地方人大在立法过程中的主导功能研究较多运用了实证研究方法:以上海市地方立法为个案,近距离地观察地方立法过程中地方人大主导功能的发挥现状;以上海人大1979年被赋予制定地方性法规权力开始至2012年止制定、修改、废止的全部法规为具体样本,通过对400多个立法样本进行定量分析,从具体的经验中得出结论;通过有关历史文献资料记载的信息来考察30多年来地方立法过程中地方人大立法主导功能的发展及现状,并展开相应的理

---

① 李林:《立法理论与制度》,中国法制出版社2005年版,第144—145页。

② 参见周旺生:《立法学》,北京大学出版社1994年版,第158—167页。

③ 中国社会科学院语言研究所词典编辑室:《现代汉语词典(第7版)》,商务印书馆2016年版,第1710页。

④ 中国社会科学院语言研究所词典编辑室:《现代汉语词典(第7版)》,商务印书馆2016年版,第454页。

⑤ 李宗楼主编:《政治学概论》,中国科学技术大学出版社2005年版,第18—29页。

性思考。

2.政治过程分析方法。

作为近现代一种政治学分析方法与研究途径,政治过程是相对于传统政治学强调研究法定的政治制度和正式的政府结构的一种反动而出现的。① 政治过程研究在方法上的特色可以概括为三点:一是批判政治学的静态研究传统,推崇动态研究,关注政治现象在时空上与前后周围事物的关联;二是关注团体性的政治行为,无论这种团体是有组织性的还是无组织性的;三是注意政治体系功能发挥的实证考察。② 在本文研究地方立法过程中的地方人大主导功能时,充分运用了过程分析方法,即不仅在立法活动过程的三个阶段考察主导功能的发挥情况,更注重用定量的、动态的分析方法,实证考察地方人大主导功能的历史变迁以及地方人大与其他参与主体在立法活动过程中的互动关系。

3.结构功能主义分析方法。

结构功能主义于20世纪60年代中期开始成为西方政治学中风靡一时的分析方法之一,其主张政治结构是实现政治功能的必要条件,良好的结构有助于组织发挥其功能。本文在分析地方人大在立法过程中的主导功能时,也运用了结构功能主义分析方法,注重从我国国家机关组织结构、地方人大的内部组织结构等视角对地方人大在立法过程中的主导功能进行研究。

二、人大主导功能发挥现状之一:立法准备阶段

现代立法过程中的立法准备,一般指在提出法案前所进行的有关立法活动,是为正式立法准备条件、奠定基础的活动。③ 通俗地讲,也就是一项法规是怎样进入立法议程的?在进入立法议程前需要做哪些工作?我国现行立法工作中的立法准备一般包括制定立法规划和计划(实践中简称立项)、起草法律案两个方面。总体来看,法规的立项、起草长期以来是依照立法实践习惯而形成的。④ 2000年通过的《中华人民共和国立法法》规定了提案、审议、表决和公布的立法程序,对立项以及起草并未做规定。

① 参见胡伟:《政府过程》,浙江人民出版社1998年版,第1页。
② 包雅钧:《政治过程分析方法的回顾与反思》,《东方论坛》2007年第6期,第96页。
③ 周旺生主编:《立法学》,法律出版社1998年版,第160—161页。
④ 李诚:《当代中国法律是如何产生的——中国人大立法工作程序研究》,载王晓民主编:《议会制度及立法理论与实践纵横》,华夏出版社2002年版,第40页。

在 2015 年之前,我国《宪法》《立法法》等法律、法规中并没有确定立项、起草工作的法定地位,只规定有提案权的主体可以向立法机关提出法案。在 2015 年《立法法》修正时,根据党的十八届四中全会关于健全有立法权的人大主导立法工作的体制机制的要求,《立法法》着重在立法准备阶段补充了两项内容:一是对全国人大及其常委会五年立法规划和年度立法计划的编制、公布和督促落实做了规定,加强了对立法工作的统筹安排;二是加强和改进了法律起草机制,全国人大有关的专门委员会、常委会工作机构可以提前参与有关方面的法律草案起草工作,针对立法由部门主导、部门利益法制化倾向,增加了规定,综合性、全局性、基础性的重要法律草案,可以由有关的专门委员会或者常务委员会工作机构组织起草,重要行政管理的法律、行政法规草案由国务院法制机构组织起草。以下结合上海地方立法实践,对地方立法准备阶段地方人大主导功能现状进行实证分析。

(一)地方人大主导立项程序推进并确定立项标准

按照党的十四届三中全会关于加强法律制度建设和上海市委关于加强立法工作,搞好立法规划,有计划、有步骤、有重点地制定地方性法规的要求,上海市人大常委会从 1994 年 6 月份起,着手调查研究和编制当届市人大常委会的立法规划。① 在此之后,上海市人大常委会又以届别为单位,分别编制了 1998—2002 年立法规划、2003—2007 年立法规划、2008—2012 年立法规划。关于立法计划的编制,上海起步于 1985年。② 此后每年,常委会都会在讨论制定年度工作要点时,一并考虑提出本年度的立法计划。从实践情况看,上海市人大常委会主导了立法规划、立法计划编制过程的推进。

1.地方人大内部综合机构作为编制工作主体。

上海市人大编制立法规划、计划工作原本由常委会办公厅(综合处)承担③,1993年法制研究室成立后转由法制研究室,即之后 1998 年成立的常委会法制工作委员会承担。法工委主要承担草拟编制工作方案、征集各方意见、组织立项论证并向常委会党组会议和主任会议提出立法规划、立法计划草案的任务。

---

① 参见章江:《加快地方立法步伐　适应市场经济需要》,《上海人大月刊》1995 年第 4 期,第 26—27 页。
② 参见上海市人大常委会研究室:《市人大常委会建立 20 年工作回顾》,载上海市人大常委会研究室编:《实践与探索》(第二辑),2000 年,第 18 页。
③ 1986 年《上海市人大常委会关于制定地方性法规的暂行规定》第六条规定:"市人民代表大会常务委员会办公厅根据市人民代表大会主席团、市人民代表大会常务委员会和常务委员会主任会议提出的制定本市地方性法规的意见,在同市人民代表大会各专门委员会和市人民政府办公厅共同研究的基础上,按照实际需要和可能以及轻重缓急的原则,拟订本市制定地方性法规的计划草案,经常务委员会主任会议审议通过后,分别交各有关部门组织实施。"

2.地方人大确立立项指导思想。

无论是编制立法规划还是年度立法计划,地方人大都会在立项编制方案中开宗明义地提出其编制规划、计划的指导思想,以此作为立项工作的思想指引、工作目标。比如,在 1995 年编制规划时,上海市人大常委会比较强调地方立法要"适应上海率先建立社会主义市场经济运行机制的要求";在 2003—2008 年进行立法规划编制工作时,基本原则更加鲜明和系统,常委会明确提出了"法制统一、从上海实际出发和整体性"三大原则。①

3.地方人大确定立项基本标准。

为了体现立项的科学性、合理性,地方人大一般会对申报的项目设定立项标准,即立项应当符合的基本条件。例如,上海市从 1998 年编制立法规划时就开始探索设定立项标准,"改变以往规划立项无客观标准和以拍脑袋为主的做法"。② 经过反复提炼,目前上海已经形成了相对成熟的七项立项标准,即符合下列情形之一的,可以在立法规划、立法计划中立项:(1)实施国家和本市(上海市)改革、发展、稳定的重大决策,需要通过地方立法提供法规支撑的;(2)需要立法规范的事项比较明确,具有立法可调整性,且属于地方立法权限范围的;(3)国家尚未制定法律或者行政法规,在地方立法权限内可以先行创制的;(4)国家虽已立法,但其规定比较原则,需要根据本市实际情况作出实施性规定的;(5)需要规范的事项,超出了政府规章的权限,必须制定地方性法规加以规范的;(6)人代会期间由代表联名提出的立法议案,经市人大常委会审议确认其具有立法必要性且立法条件基本成熟的;(7)现行地方性法规需要修改或者予以废止的。③ 分析来看,这七项标准主要对是否符合立法权限、是否属于法律调整范围等进行了鉴别,只有第六项标准考量的是项目是否为人大代表所关注。

4.地方人大确定立项优选标准。

从立法实践看,通俗地说,立项标准是最低标准、底线要求。对满足立项标准的项目,鉴于每年立法容量的限制,地方人大还会设定"优选标准",以便优中选优。全国人大也有类似做法,如全国人大提出,纳入立法规划的项目应该是社会基本的、急需的、条件成熟的立法项目。"这里所谓基本的,主要是指那些构成中国特色社会主义法律体系具有支架作用、必不可少的重要法律;所谓急需的,主要是指那些适应社会主义市场经济发展、社会全面进步和加入世贸组织的新形势,改革开放和现代化建设迫切需

---

① 参见晓栋:《中共上海市委批准本市五年立法规划》,《上海人大月刊》1999 年第 5 期。

② 稽鸿群:《新一轮立法规划即将出台》,《上海人大月刊》1999 年第 2 期,第 32 页。

③ 王宗炎:《市人大常委会编制五年立法规划》,《上海人大月刊》2004 年第 1 期,第 15 页。

要、维护人民群众切身利益迫切需要的重要法律;所谓成熟的,主要是指那些符合社会主义初级阶段国情、客观环境和立法条件比较具备的法律。"①在地方征集立法项目建议的通知中也会根据一定时期的经济社会发展需要,尤其是围绕党和政府的中心工作、重点工作,列出地方人大认为急需的立法项目。以上海市近年来的立法规划编制为例,相关情况如表 1 所示。

表 1　上海市人大历届立法规划征集通知书所列立项优选指标

届别	立项优先考虑的重点项目(立项优选指标)
十届 (1995—1997)	"既要突出经济立法的重点,又要兼顾其他;既要根据需要,又要考虑实际可能,尽可能与国家立法计划相衔接,1995 年度的立法项目尽可能细一些,后两年粗一些,年度之间可以滚动;制定新的法规与适时修改或者废止不利于改革和发展的法规相结合。"②
十一届 (1998—2002)	"与国家的立法进程相吻合,与市委的宏观决策相吻合,与本市'九五'计划和 2010 年远景目标规划相吻合……优先安排事关全局、事关可持续发展、事关率先建立社会主义市场经济运行机制的立法项目,把适时制定新的法规和及时修改、废止不适应现实需要的法规有机结合起来,逐步构筑起与国家法律体系相配套、与国际通行惯例相衔接、与上海改革开放和现代化建设需要相一致的具有本市地方特点的地方性法规框架。"③
十二届 (2003—2007)	"一是围绕我国到 2010 年形成中国特色社会主义法律体系的总目标,使本市的地方性法规体现同国家法律体系的配套性和协调性;二是从本市的实际情况出发,体现法规的地方特色,将立法的重点放在本市改革、发展和稳定迫切需要的项目上;三是坚持法制统一原则,以上位法为依据,坚持地方性法规的立、改、废并重,注重立法的实效性;四是重视必要的、急需的创制性立法,推动制度创新。"④
十三届 (2008—2012)	"1.围绕贯彻落实科学发展观,加快转变经济发展方式,提高自主创新能力……加快推进国际经济、金融、贸易、航运中心建设等提供法制保障的地方立法;2.围绕深入推进本市改革开放,抓好浦东综合配套改革试点……加强城市管理,全面加快世博会筹办和为 2010 年成功举办世博会等提供法制保障的地方立法;3.围绕维护人民群众的切身利益,保持社会和谐稳定方面,有关促进各类教育加快发展、扩大社会就业、完善社会保障体系……提供法制保障的地方立法;4.围绕加强社会主义政治文明建设……加快发展文化视野和文化产业等提供法制保障的地方立法。"⑤

---

① 参见吴邦国同志在十届全国人大常委会第二次会议上的讲话。

② 章江:《加快地方立法步伐　适应市场经济需要》,《上海人大月刊》1995 年第 4 期,第 5 页。

③ 稽鸿群:《本市正抓紧制定五年立法规划》,《上海人大月刊》2008 年第 8 期, 第 17 页。

④ 王宗炎:《市人大常委会编制五年立法规划》,《上海人大月刊》2004 年第 1 期,第 15 页。

⑤ 参见《上海市人大常委会办公厅关于征集本市立法规划立项建议的通知》,上海市人大常委会 2008 年发文。

5.在地方人大主导下广泛征集立项建议。

从上海市以往的实践看,在确定了立项的指导思想、立项标准、优选标准之后,会采取多种形式,广泛征集各方面的立法建议。征集立法建议以往多采取发放"建议项目申报表"的方式,征集范围限定为"各有关单位",主要是市政府组成部门、工作部门、直属机构,区县人大,两院,工青妇等人民团体,以及上海律师协会等行业协会,总体上皆属于"体制内单位"。① 如2008年4月,上海市人大常委会法工委向各有关政府部门、各区县人大、工会、社科院等98家部门、团体寄发了立法规划立项建议征集表,65家单位予以反馈,共提出193条立法建议。② 随着民主立法步伐的不断迈进,上海市人大常委会在近年编制立法规划、立法计划的过程中也采取了通过媒体向社会广泛征集立项建议的做法。③

(二)地方人大对立项建议进行论证:发挥甄别筛选功能

1.地方人大汇集人大代表、专家、公众等的智慧开展立项论证。

各方面的立法项目建议汇集到地方人大后,地方人大会借助各方力量、汇集各方智慧,共同对征集来的项目中哪些项目应当列入立法规划或者立法计划进行论证。以上海市为例,在编制1998—2002年立法规划时,对于征集到的建议项目,市人大和市政府有关部门按照职能分工分别进行了筛选论证,到相关政府部门深入了解立法需求;邀请人大代表、专家对立项进行论证,"规划草案编制完成以后,还要请专家论证,甚至在更广泛的范围内听取意见"④;法工委先后召开市人大和市政府有关部门共同参加的近10次协调会和多次社会各方面参加的座谈会,对项目的必要性、可行性和成熟度进行论证。⑤

---

① 例如,上海市人大常委会2008年立法规划编制情况的说明:"为制定好今后五年上海地方立法规划,今年4月初,市人大常委会召开了全市立法规划编制工作会议,进行了全面动员,向'一府两院'、区县人大、社会团体和科研院校等公开征求立法规划项目的意见。"参见《上海市人大常委会档案2008-3-8号》,第2页。

② 邵珍、罗飞:《立法,让你我共同参与》,《上海人大月刊》2008年第5期,第7页。

③ 如在编制2013—2018年立法规划时,上海市人大常委会既向860多名市人大代表征集立法规划建议项目,共计555人次市人大代表提出30件建议项目,同时,还通过上海市主要媒体向全社会发布"关于征集五年立法规划建议"的公告,市民可通过信函、传真或电子邮件或者拨打专线电话的方式提出立法规划建议项目,在规定期限有326人次社会公众提出385件建议项目。

④ 稽鸿群:《本市正抓紧制定五年立法规划》,《上海人大月刊》1998年第8期,第17页。

⑤ 到编制2013—2018年立法规划时,上海市人大更加注重立项的科学性,委托上海社科院和上海市法治研究会作为"独立第三方"分别开展筛选。上海社科院组成5个专家评议组,对255个建议项目逐一论证,提出正式项目49件。而上海市法治研究会在听取群众意见的基础上进行了三轮筛选,就10个与民生关系密切的话题,请网友发表意见,5天内网络评论61624人次,转发86779人次,最终提出正式项目39项。参见陈余泓:《"开门立法"重源头》,《上海人大月刊》2013年第8期,第19—20页。

2.地方人大创设立法项目论证机制进行项目筛选。

为了尽量避免对申报项目"做拼盘"的做法,使项目论证更加规范化、科学化,地方人大还创设了一些论证的特别形式。如 2009 年,上海市人大常委会借鉴北京市人大经验,通过了《上海市人大常委会立法项目立项论证工作试行办法》,并于 2012 年对该办法进行了修订。《试行办法》规定,拟列入年度立法计划正式项目的均需经过立项论证,立项论证重点围绕立法的必要性和可行性展开,立项建议单位需提交立项论证报告和法规草案建议稿,由市人大有关专门委员会、常委会有关工作委员会、市政府法制办审查论证,经研究协商,各方面意见一致的,由法工委汇总列入立法计划正式项目建议稿,各方面意见不一致的,则组织联合论证,联合论证组由有关委员会、法工委、法制办、政府主管部门负责人、市人大代表、立法及相关领域专家组成。[①] 实践操作中,立项论证会由法工委主任主持,先由申报单位就申报理由进行陈述,之后由联合论证组成员进行提问或评论,待申报单位退场后,联合论证组成员就该项目是否列入立法计划进行合议。到编制 2010 年立法计划时,立项论证被全面引入立法计划编制工作过程。[②] 当年,"递交立法项目建议的法规共有 32 家单位的 50 项法规。其中,申报列入正式项目的 32 件法规项目全部提交了立项论证报告"。[③] 经过论证,只有 15 件立法项目列入 2010 年度立法计划正式项目,还有 12 件列为立法计划的预备项目。

3.经论证形成的立法规划(计划)报送党委批准。

在上述研究、论证的基础上,立法规划一般均需报党委批准,如十届全国人大立法规划就是"几经修改,形成了立法规划草案,经全国人大常委会党组讨论决定报中央批准"。[④] 地方人大一般会形成立法规划(送审稿),经地方人大党组审定后报同级地方党委批准。以上海市为例,一般而言,法工委汇总形成经各方论证的立法规划(草案)后,向党组会议作专题汇报后,根据党组会议的意见修改形成立法规划(送审稿),经市委同意并批转后发上海市各有关单位。而对年度立法计划的审定,上海市在实践中采取了法工委汇总提出送审稿后,经主任会议讨论通过的方式,并作为年度工作要点的

---

① 参见《上海市人大法制委员会工作职责(第一分册)》,载《上海市人大常委会工作制度汇编》,复旦大学出版社 2012 年版,第 107—109 页。

② 参见顾萍:《立足民生 "加速"社会领域立法——市人大常委会 2010 年度立法计划解读》,《上海人大月刊》2010 年第 3 期,第 6 页。

③ 顾萍:《立足民生 "加速"社会领域立法——市人大常委会 2010 年度立法计划解读》,《上海人大月刊》2010 年第 3 期,第 6 页。

④ 庄会宁:《制定立法规划经历了严格审慎的过程》,《瞭望新闻周刊》2003 年第 49 期,第 6 页。

附件,提交常委会审议。

(三)立项结果的偏好分析

从上述立项征集的范围看,立项建议的来源十分广泛。但是,最终进入立法规划、立法计划的项目有什么特点呢?

1.立项结果的来源偏好。

从总量上看,最终进入立项的项目多数来源于政府部门。以上海市人大2008—2012年立法规划为例,列入立法规划的正式项目53件,预备项目17件。就70项列入规划的项目看,只有11件由人大有关方面提出,剩余59件均为市政府提出,占总量的84%。[①] 实践中,地方人大在立项时已经开始重视人大代表议案等社会各方面的立法建议,如上海市人大在编制2003—2007年立法规划时,"在遴选立法项目时开始强调重视历次人代会上代表联名提出的立法议案。在1998年到2003年期间代表提出的118件立法议案中,经常委会审议同意立法但尚未完成相关立法的有31件,对照立项标准后,最终确定了11件相关议案纳入立法规划"。[②] 但对比来看,这一比率总体上仍不高,且这些项目在论证阶段仍由政府部门提出论证报告,并不是直接对代表议案或者社会公众提出的立项建议进行论证。换句话说,"相关议案纳入立法规划",更多的是说明政府部门提议立项且最终被纳入立法规划的项目,与代表议案提出的项目产生了"竞合"现象,人大代表意见、社会公众意见的功能更多体现在强化对立法必要性、紧迫性的"辅助性论证"。

2.立项结果的内容偏好。

从内容上看,最终进入立法规划、立法计划的项目,与地方党委同时期的工作重点存在高度的"契合"现象,即进入立项的项目与党委确定的地方经济社会发展方针、发展目标相适应,与党委提出的工作重点相吻合。以对上海市第十三届人大常委会五年任职期间(2008—2012年)确定的立法计划为例,每年的立法项目对应市委年度重点工作的比率在70%以上。

(四)地方人大自主起草:局限性与主动性并存

立法规划尤其是年度立法计划确定后,就可以进入法规草案的起草阶段。从形式上看,法的草案是法案的组成部分,即附案部分,法案只有享有立法权的主体才能提

---

① 正如一位对中国法律制度长期进行考察的外国学者注意到的:"(国务院)各部门会运用各种各样的方式使他们所希望的立法项目进入年度立法规划。"参见应松年、袁曙宏主编:《走向法治政府——依法行政理论研究与实证调查》,法律出版社2001年版,第344页。

② 参见王宗炎:《市人大常委会编制五年立法规划》,《上海人大月刊》2004年第1期,第6页。

出,但作为法案组成部分的法的草案,除特别重大的外,可以由有立法提案权的主体起
草,也可以由没有立法提案权的主体起草。国内学者对法案起草的界定基本相同。如
周旺生教授认为,法案起草指"有立法提案权的机关、组织和人员或者受其委托的主
体,将应当以书面形式提(动)议的法案形诸文字的活动"。①美国有学者将法案起草工
作比作工程设计建筑工作,法案起草人就像工程的设计建筑师。他的任务一方面在于
完成工程的设计建筑,另一方面也在于对建筑物的用途、形式、效用及其他有关问题进
行综合考虑和协调。② 我国法案起草基本步骤包括:(1)作出法案起草的决策。(2)确
定起草机关。(3)组织起草班子。(4)明确立法意图。(5)进行调查研究。(6)搭架子
和拟出法案提纲。(7)正式起草法案。(8)征求有关方面意见和协调论证。(9)反复审
查和修改。(10)形成法案正式稿。③ 在地方立法实践中,存在上述多个步骤同步推
进、交错进行的情况,如在一次会议上决定由某个部门牵头组织起草工作班子,开始起
草某部法规等,而调查研究作为一种工作方法往往贯穿于起草工作始终,从做出法案
起草的决策到具体条文的起草,都离不开调查研究。从立法实践看,地方人大对起草
的主导在数量、内容等诸多方面,呈现出局限性与主动性并存的态势。

1. 地方人大在自主起草数量上存在局限性。

从理论上说,人大及其常委会自主起草法案的能力,不仅被作为衡量我国立法机
关决策能力的标准④,而且被视为提高立法机关主导地位的途径之一。从上海市的情
况看,市人大及其常委会从 1979 年赋予地方立法权开始至 2012 年年底,共制定法规
224 件,修改 163 件,废止 17 件,作出法律性问题决定 17 件,作出法规解释 1 件,总数
422 件。这其中,法规的起草主体主要是两个,一是政府有关部门,一是人大有关方
面。具体比例上,人大组织起草的为 142 件,占比 34%;政府组织起草的为 280 件,占
比 66%(详见表 2)。

表 2　上海市历届人大立法起草情况

届别	立法总数(件)	人大方面起草(件)	政府部门起草(件)	人大起草比例(%)
七届	8	5	3	62.5
八届	33	9	24	27.3

---

① 参见周旺生:《立法学》,法律出版社 1998 年版,第 506—510 页。
② 参见周旺生:《立法学》,法律出版社 1998 年版,第 515 页。
③ 周旺生:《论法案起草的过程和十大步骤》,《中国法学》1994 年第 6 期,第 20 页。
④ 孙哲:《1979～2000 全国人民代表大会制度》,法律出版社 2004 年版,第 131 页。

续表

届别	立法总数(件)	人大方面起草(件)	政府部门起草(件)	人大起草比例(%)
九届	48	21	27	43.8
十届	110	55	55	50.0
十一届	79	18	61	22.8
十二届	83	16	67	19.3
十三届	61	18	43	29.5
合计	422	142	280	33.6

2.地方人大在自主起草内容上存在局限性。

上海市人大及其常委会在1979年至2012年期间,共组织起草了142件法规,这些法规的内容有什么特点,又是如何组织起草的呢?经统计,这142件人大组织起草的法规中,有64件为人大自身建设类的法规,占到45%。所谓人大自身建设类的法规,是人大系统内部对此类法规不成文的称呼,意指规范人大行使立法权、监督权、人事任免权和重大事项决定权"四权"以及代表工作、人大会议规则等方面的法规。这部分法规由于内容特定,是人大自身行使职权的各种规范、规则,适宜由人大自身起草,从我国政治权力分配的格局来看,也只能由人大组织起草。地方人大在起草这类法规时,主要依据宪法、法律的规定,并结合地方的实际需要,起草的具体工作分别由人大常委会内设办事机构负责。例如,《上海市人大常委会议事规则》由常委会办公厅起草,《上海市制定地方性法规条例》由常委会法制工作委员会起草,《上海市实施〈中华人民共和国代表法〉办法》则由常委会人事代表工作委员会负责。人大组织起草的142件法规中,另有78件内容涉及人大自身建设以外的领域,分别由人大有关专门委员会负责,如1989年市人大法制委员会组织起草了《上海市中外合资经营企业工会条例》,1994年市人大侨民宗委员会组织起草了《上海市少数民族权益保障条例》,2004年市人大教科文卫委员会组织起草了《上海市未成年人保护条例》,等等。不容否认的是,从占比来看,由人大自主起草的关于自身建设领域之外内容的法规仍相对较少。

3.地方人大通过整合各方力量开展自主起草工作。

实践中,上海市人大有关方面组织起草的78件涉及"外部"社会关系调整的法规,大多要整合各方力量,调动政府部门以及社会各方面的积极性,共同完成起草工作。具体而言,主要有三种组织起草的方式:一是人大牵头邀请政府等各方参与组成起草小组。这是上海市人大组织立法起草的主要方式①,即由人大专门委员会、法制工作委员会、政府有关部门、政府法制办以及社会组织、专家学者等共同组织成立立法起草小组,俗称"4+1"模式,共同完成草案的起草工作。如《上海外高桥保税区条例》的起草,就经历了人大财经委先牵头组织调研小组,再牵头组织起草小组的过程。② 二是人大有关专门委员会会同法制委、法工委起草。如《上海市人大常委会关于控制非典型性肺炎传播的决定》的起草。为了应对突如其来的"非典"疫情,2003 年上海人大教科文卫在极短的时间内会同市人大法制委、常委会法工委,组织起草了《关于控制非典型性肺炎的决定》。③ 三是人大专门委员会委托有关方面起草。如《上海市青少年保护条例》的起草。《上海市青少年保护条例》是全国首部关于青少年权益保护的地方性法规,其起草模式也较为典型。1986 年,上海市人大法制委员会委托共青团上海市委牵头,由市委、市政府有关部门以及复旦大学法律系等 16 个单位共同起草,并抽调干部组成"上海市青少年保护法规起草办公室"。④ 需要提及的是,这次委托起草并没有按照"委托合同"的一般规则由委托方受委托方支付报酬,起草经费主要由团市委负责。⑤随着人大主导立法的观念日渐深入人心,近年来,地方人大均不同程度地提高自主起草的比例,注重将具有综合性、全局性、基础性,事关改革发展和人民群众切身利益的重要立法项目,交由人大有关专门委员会、常委会法工委等组织起草。如河北省人大常委会 2014 年制定 11 件法规,自主起草的就占到了 5 件。⑥ 上海市人大常委会则在 2014—2015 年由相关委员会牵头起草了《上海市预防职务犯罪若干规定》《上海市禁毒条例》等涉及多个部门的法规,并委托高校平行起草了《上海市推进国际航运中心建设条例》,对政府起草法规深度提前介入,把好法规起草方向。

(五)地方人大加强对政府起草工作的指导与督促

虽然 442 件法规中的 68%由政府部门起草,但上海市人大并非置身于起草工作

---

① 周旺生:《立法论》,北京大学出版社 1994 年版,第 560—562 页。
② 张玥:《上海将为保税区立法》,《上海人大月刊》1996 年第 11 期,第 9—10 页。
③ 参见第十二届人大教科文卫委夏秀蓉所作的《关于〈上海市控制传染性非典型肺炎传播的决定〉(草案)》的说明,网址:http://www.spcsc.sh.cnckzlcontent/2009-01/05/content_37987.htm,访问时间 2012 年 12 月 12 日。
④ 黄钰:《科学立法与民主立法的统一》,载周慕尧主编:《立法中的博弈》,上海人民出版社 2007 年版,第 14—15 页。
⑤ 直接参与这项工作的柴俊勇同志记录了当时的一些细节,参见柴俊勇:《上海市青少年保护条例》的特点,《青年探索》1987 年第 3 期,第 6 页。
⑥ 马竞:《创制法规逾三成,自主起草近一半》,《法制日报》2015 年 3 月 1 日。

之外,而是通过提出"四落实"的要求、提前介入等方式,加强对政府起草工作的指导与督促。

1. 地方人大对政府起草工作提出总体要求。

在确定立法规划、计划后,地方人大通常会对各部门落实立法规划、计划提出要求,其重点就是要求起草单位按照时间节点提出高质量的法规草案,俗称"四落实",即任务、班子、时间、经费四方面都要予以落实。如 1994 年立法计划通过后,时为上海市人大常委会分管法制工作的副主任顾念祖召开了落实立法计划工作会议,对各部门落实立法计划提出要求。一是起草工作的组织上要"建立严格的责任制",明确有一位负责同志分工主管法规起草工作,做到任务、班子、时间、经费"四落实";二是起草的过程"要广泛听取各方面的意见,进行充分论证"。[①] 2005 年,上海市人大还召开首次立法起草工作经验交流会,就进一步做好地方立法起草工作进行交流。时任常委会副主任周慕尧对加强起草工作提出要求,强调要坚持"以人为本、立法为民"的价值观,要突出地方特色,要进一步发扬立法民主,要加强领导和协调,形成起草工作的合力。[②]

2. 地方人大有关委员会"提前介入"政府起草工作。

"提前介入"较早出现在司法活动中,是检察机关侦查监督部门或公诉部门对于公安机关办理的重特大案件,或者检察机关直接立案侦查的重特大案件,提前到侦查阶段,听取有关机关对案件的讨论,进行引导取证的一种工作方式。关于立法过程中人大对政府起草过程的提前介入,有学者认为,人大有关部门提前介入起草工作有很多优点,但提前介入毕竟不是立法审议,因此这个阶段人大有关部门发表的意见只供起草单位参考。[③]在一些省市人大内部工作规范中,对提前介入的定位有所规范,如《甘肃省人大常委会地方性法规质量标准及其保障措施》将地方人大提前介入定位为了解情况、对重大问题发表意见、对技术问题提供咨询意见。[④]

---

① 章九雄、程传维:《采取措施加快立法,紧锣密鼓抓紧落实》,《上海人大月刊》1994 年第 6 期,第 3—4 页。

② 邢亚飞:《从源头上保证立法质量——市人大常委会首次召开立法起草工作经验交流会》,《上海人大月刊》2005 年第 7 期,第 9 页。

③ 赵立新等:《地方立法"提前介入"利弊析》,《吉林人大》2009 年第 11 期,第 14—15 页。

④ 具体规定是:"省人大专门委员会和常委会法工委要提前介入法规草案的调研、论证和起草工作,发挥主导作用。介入的目的和重点是掌握立法所要解决的重点问题和起草的难点问题;对草案涉及的国家法制统一和行政处罚、行政许可、行政强制、行政收费等问题发表意见,把握法规的合法性和合理性;在立法技术方面提供咨询意见,力争使法规草案在议案形成时技术上比较完善。省人大专门委员会和常委会法工委提前介入法规起草阶段工作时,不应代替法规起草部门的工作。"参见《甘肃省人大常委会地方性法规质量标准及其保障措施(试行)》,www.chinalawedu.comnews1200/21752/,访问时间 2013 年 1 月 5 日。

以笔者参与上海地方立法的实践来看,专门委员会和法制工作委员会都会不同程度地提前介入政府部门的起草工作。但是否参与、两个委员会是否有主次先后之分、参与的程度如何、对起草出来的法规有多大程度的影响,尚无统一模式可循。一方面,既存在从起草伊始人大专门委员会或者法工委全程参加起草,且对草案形成有较大影响的情况,如 2002 年上海市政府在起草《上海市促进行业协会发展规定(草案)》时成立了起草小组,邀请上海市人大财经委员会和常委会法工委的同志参加,草案的说明中对此也有所提及:"市政府成立了由法制办、体改办、社团局等部门组成的起草小组,并邀请了市人大财经委和法工委的同志参加。"①该条例起草时碰到了立法定位等棘手问题,最初遵循的是"组织法加行为法"的思路,经过反复推敲,提出"从促进的角度,重点解决行业协会的职能定位问题",起草组的意见"及时得到了市人大财经委员会、常委会法工委、市政府法制办、市体改办'三国四方'领导的认可",由于及时矫正了立法的起草思路,"起草工作可以顺利进行了"。②再如,2002 年《上海市房地产登记条例》修订起草过程中,市政府法制办邀请市人大常委会法工委等方面的同志参与修改工作。对市房地资源局提出的草稿,大家总体上给予了肯定,但在房地产登记的效力问题、临时登记和预告登记的处理上发生了激烈的争论,最终人大城建环保委和常委会法工委关于登记生效主义以及临时登记确认优先权、预告登记确认优先权的顺位的意见,均为政府法制办采纳并作为政府上报草案的内容。③另一方面,也存在人大有关委员会较少提前参与起草或者提前介入对草案形成影响不大的情况。总体来看,地方人大提前介入政府起草工作对法规草案的实质性影响存在许多不确定因素,甚至带有"个人化"色彩,如人大有关委员会与政府有关部门长期合作形成的良好沟通关系、某件法规受到高层领导关注等,都会使提前介入的效果更明显。

3.地方人大对政府起草的进度和质量进行督促跟踪。

除了提前介入起草工作,上海市人大有关委员会还会采取多种形式,对政府起草某项法规的进度和质量进行督促跟踪。一是在项目正式立项后,有关专门委员会通常会在年初走访对口联系委员会时,对所涉立法项目的起草进度、需重点把握的方向提

①　参见时任上海市人民政府副秘书长、经济体制改革办公室主任周太彤代表市政府所作的《关于上海市促进行业协会发展规定》的说明,《上海市人民代表大会常务委员会公报》2002 年第 9 期,第 12 页。

②　郑辉:《为行业协会保驾护航——上海市促进行业协会发展规定出台始末》,载周慕尧主编:《立法中的博弈》,上海人民出版社 2007 年版,第 147—148 页。

③　参见沈建明:《安得广厦千万间——上海市房地产登记条例修改纪事》,载周慕尧主编:《立法中的博弈》,上海人民出版社 2007 年版,第 161—164 页。

出要求;而市人大常委会法工委近年来则探索了向正式立项单位发放立项通知书的做法,除了告知该项目已经正式立项,还对提交常委会审议的时间节点,尤其是建议在起草时重点研究的问题做了提示。如法工委在向有关部门发出的《上海市禁毒条例》立项通知书中,就起草工作提出三点意见:"1. 鉴于禁毒工作涉及部门较多,上位法对部门职责的划分较为原则,起草中要加强对禁毒涉及部门职责的梳理,并做好相关工作机制的协调工作;2. 毒品管理、戒毒措施等内容,因涉及人身强制措施方面的立法,要在地方立法权限内根据上位法的规定进行细化完善;3. 立足于回应实际需求,体现地方特色,形成有针对性和可操作的禁毒具体制度和措施。"二是在草案提交市政府常务会议之前,召开"四方会议",对起草情况进行讨论研究。上海市地方立法实践中,由政府部门起草的法规,均报送市政府法制办审核后提交市政府常务会议讨论通过后,再正式向人大提出立法议案。为了使工作衔接顺畅,或由市政府法制办召集,或由市人大有关专门委员会召集,在草案提交市政府常务会议讨论之前,市政府法制办、市人大有关专门委员会、市人大常委会法工委、政府有关起草部门会通过"四方会议"形式,共同对基本成型的草案稿进行讨论,与会的市人大有关专门委员会、市人大常委会法工委同志均会与政府部门交换对草案的意见,对起草工作进行指导。

(六)立法准备阶段地方人大主导功能的总结与评析

根据上述实证材料,本文对立项和起草环节的地方人大立法主导功能分析如下。

从法律文本字面上看,提案主体可以随时提出自己认为需要提请立法机关审议的法案,但实际上并非如此。一般而言,无论是中央还是地方,提交人大及其常委会审议的法案必须首先进入立法规划或者立法计划,即必须先经过立项环节,才能提交法案。有学者指出,有了立法规划、立法计划,人大常委会可以避免过去那种法律草案提请人大常委会审议之前对其一无所知的被动状况,全国人大常委会立法角色开始也由被动转变为主动。[①] 从各国情况看,有的国家比较重视发挥议员个人或者党派的主动性,立法机关不作统一的立项统筹工作。也有的国家重视立法机关对立法活动的统一安排,"强调立法需求和立法供给通过计划机制来实现",这种模式下,"立法规划和立法计划编制活动自然构成立法供给环节的必要前置程序",并且"往往是法律供给者的立法机关自身"来组织编制。[②] 我国所选择的方式倾向于后一种,即发挥立法机关在立项过程中的主导地位。因此,从结果上看,立法规划、立法计划原本仅为人大常委会的

---

① 蔡定剑:《20 年人大立法的发展及历史性转变》,《国家行政学院学报》2000 年第 5 期,第 75 页。
② 参见姚小林:《地方立法立项的经济分析》,《广东商学院学报》2010 年第 6 期,第 33 页。

内部工作程序,但是在立法实践中,"立法计划作为有权立法机关每年通过法案的计划书具有操作意义上的、准法的约束力"。① 具体而言,通过上述上海市地方立法的实证分析我们可以看出,虽然从立法结果看,80%的立法项目来源于政府提议,但是通过立项机制的设立,地方人大主导了立法的"入口关"。具体而言:(1)立项机制可以筛选出立法机关认为最迫切需要的立法项目。衡量地方立法质量的高低,重要的标准"应当看法规是否为社会确定了一种正确的价值选择""是否反映并满足社会需求"。②经过立项环节的筛选后,立法机关将符合最低立项标准、符合立项优选指标的项目列入立法规划或立法计划。可以说,立项的实质在于以一种制度化的方式来对各种立法需求进行价值判断和价值选择,按照立法动议与社会需求的密切程度、立法动议所提方案的成熟度来对各种立法需求进行排序,对最为迫切需要或者准备更加充分的项目优先安排提案和审议,而不那么迫切需要或者准备不够充足的项目则延后。尤其是在政府享有法定提案权且大量议案实际由政府提出的情况下,立法机关通过立项机制可以对其审议什么项目、什么时候审议进行预先安排。相反的研究表明,缺少立项环节的安排时,"权力左右法案"的现象会被放大,从而使立法机关在选择优先审议的法案时过于趋向主观。③ (2)立项机制可以筛选出相对成熟的立法项目,确保有限的立法资源以最有效率的方式运作。立法过程需要消耗一定的资源,还必须承担相应的机会成本。通过立项机制对众多的立法需求进行统筹,是提高效率的有效方式。从上述实证数据可以看出,随着社会主义法治进程的推进和依法行政理念不断深入人心,各方面尤其是政府部门立法的热情和积极性很高,往往提出多件立法项目建议,除了对内容的筛选外,地方人大还需要对项目的成熟度进行判断,包括起草的进度、解决问题方案的可行性、国家法律资源的支撑度等,以此来提高立法机关的工作效率,保证有限的立法资源用在"刀刃上"。正如时任全国人大常委会法工委主任李适时同志所言,地方人大通过健全立法立项机制,加强立项主导,"努力改变部门提什么人大就审什么的模式,由被动等米下锅转变为主动点菜上桌"。④

需要说明的是,在立项文件中,立法规划的时间跨度较长,在制定立法规划时准确预测未来五年的立法项目的难度较大,也不符合立法的科学规律。因此,在近年来的

① 参见孙潮、徐向华:《论我国立法程序的完善》,《中国法学》2003年第5期,第22页。
② 参见沈国明、刘华:《地方法制化建设和地方立法》,《毛泽东邓小平理论研究》,2005年第4期。
③ 参见安·赛德曼、罗伯特·鲍勃·赛德曼、那琳·阿比斯卡:《立法学:理论与实践》,刘国福、曹培等译,中国经济出版社2008年版,第67—68页。
④ 李适时:《发挥人大在立法中的主导作用》,《中国人大》2014年第10期,第18页。

立法实践中,无论是全国人大还是地方人大,都越来越重视纳入规划的立法项目与现实情况的实际契合程度,不再为了完成立法规划而强推某一部法规。这样一来,立法规划的指令属性不断被削弱,指导性色彩愈来愈浓厚。2008 年 4 月,吴邦国同志在十届全国人大常委会二次会议闭幕时的讲话中也明确指出:"五年立法规划应当是预期的、滚动的、指导性的,而不是指令性的。"①相比之下,立法计划的时间跨度较短,对一年内立法项目的判断可以做到相对准确。因此,立法计划的落实情况要明显好于立法规划,如 2003 年全国人大常委会确定年内各次会议安排审议的法规有 13 件,当年完成上会审议的有 11 件,占比 84.62%。2004 年,全国人大常委会确定年内各次会议安排审议的法规有 13 件,当年完成上会审议的有 11 件,占比 84.62%。② 上海的实践情况也是如此,即立法规划的完成率近年来维持在 65% 左右,而立法计划的完成率维持在 90% 左右。当然,实践中,未列入立法规划、立法计划或者原本作为立法规划、立法计划预备项目的,也可能根据实际情况转为正式立法项目提交审议。如 2009 年,上海市人大常委会将《上海市控制吸烟条例》列为年度立法计划的预备项目,根据形势需要拟将其转为年度立法计划正式项目,故主任会议在听取了市人大教科文卫委员会、市人大常委会法工委关于该项目从预备转为正式的报告后,决定将该项目转为正式项目,该项目遂于当年经过常委会两次审议后表决通过。

获准立项的项目大部分与市委的中心工作契合,这充分说明了地方人大将坚持党对立法工作的领导作为一项基本原则。在我国,是先有中国共产党,后在中国共产党的领导下建立国家政权的。2000 年出台的《立法法》明确了立法的一条重要原则就是应当"坚持中国共产党的领导"。从中央到地方人大立法相关文件看,在谈到党与立法关系时都强调要"以党的重要指导思想为指导",自觉接受党的领导。如"彭真同志一再对我们说,立法要贯彻党的路线和方针政策,法就是实践证明正确的党的方政策的具体化、法律化,要我们很好研究掌握党的方针政策,对制定法律中的有关重大问题,要向中央请示报告"。③ 时任全国人大常委会委员长李鹏同志也曾指出,我国人大承担着将党的政策合法化的责任,其主要途径就是立法。"人大工作就是要使党的主

---

① 参见人民网新闻:http://www. people. com. cn/GB/shizheng/16/20030427/980378. html,访问时间 2010 年 3 月 4 日。

② 全国人大常委会法工委立法规划室:《中华人民共和国立法统计(2008 年版)》,中国民主法制出版社 2008 年版,第 325—327 页。

③ 顾昂然:《立法札记——关于我国部分法律制定情况的介绍(1982—2004)》,法律出版社 2006 年版,第 89 页。

张通过法定程序,成为国家意志,成为法律法规,成为全社会和全体人民的行为规范。"①在 2011 年中国特色社会主义法律体系形成时,十届全国人大常委会委员长吴邦国同志在总结法律体系形成的五条经验(第一条经验就是坚持党的领导),谈到确定立法项目时,特别指出"我们要紧紧围绕党和国家中心任务统筹谋划立法工作,科学制定立法规划和立法计划,积极推进重点立法项目,保证党和国家重大决策部署的贯彻落实。对党中央提出的立法建议,及时启动立法程序,坚决贯彻中央意图,圆满完成中央交办的政治任务"。中央立法如此,地方立法也是如此,这就不难解释获准立项的项目与同期党委的中心工作相互契合的原因。

获准立项的项目有 80% 以上来源于政府的提议,且 70% 的项目由政府起草,从这些实证数据中折射出政府在政策议题形成以及政策方案形成上的信息优势、专业优势和资源优势。(1)信息优势。由于政府部门处于行政管理的第一线,所涉及的范围广泛,所遇到的问题繁杂,所汇聚的信息多样,往往对立法需求有第一时间的感受。而地方人大虽然有联系群众、代表民意的优势,但囿于集体合议制的特点,实践中人大在回应公众立法愿望上往往表现出迟缓性的特点。(2)专业优势。20 世纪以来,社会生产力获得了极大提高,社会结构发生深刻变化,社会生活节奏加快,社会关系趋于复杂,社会事务趋于多样化,专业分工细化。仅靠政治家的一般素养,已经难以适应现代立法形势发展的步伐,政治判断必须以专业判断为基础,而这需要具有专业知识的人才。正如博登海默所言:"在专门的政府管理领域中,有些立法活动要求对存在于该特殊领域中的组织问题与技术问题完全熟悉,以致由一些专家来处理这些问题就比缺乏必要专业知识的立法议会处理这些问题要适当得多。"②而行政机关及其工作人员长期从事相关领域的管理工作,对立法中的各种专业性、技术性很强的问题,他们往往更有发言权。近年来,地方人大通过加强内部专门委员会设置和人员配备等做法,力图加强自身在专业问题上的力量。但实践中专门委员会"驻会"(专职)委员多不超过 10 人,专门委员会的办公室工作人员也不超过 10 人,而一个专门委员会要对口 20 个左右的政府部门,主要联系某项立法的往往是一位专门委员会委员和一位工作人员,很难全面掌握相关的专业领域的情况。(3)资源优势。一方面,人口多、底子薄的国情决定了我国"以经济建设为中心"的发展路径,也相应地决定了对经济发展效率的要求。有效

---

① 李鹏:《从我国的国情出发走自己的政治发展道路——李鹏委员长接见中共全国人大常委会机关第三次党代会代表时的讲话》,《中国人大》2002 年第 15 期,第 2 页。

② [美]E.博登海默:《法理学——法哲学及其方法》,华夏出版社 1987 年版,第 402—403 页。

的经济发展需要与之相适应的政治效率,因而具有效率优势且实际控制社会公共资源的行政机关在参与重大决策上具有先天优势。另一方面,立法关涉权利义务的调整,其背后则是利益资源的调整、分配,作为资源所有人或者有权调配资源的主体,政府当然更愿意由其自行设计权利义务安排。实践中,每件法规所提出的若干要求都需要相应的人、财、物支撑,而对这些资源的实际调控权均掌握在政府手中,若地方人大自行提出某项制度安排,政府部门可以以没有人、财、物支撑为由提出制度不具有可操作性的反对意见。

毋庸讳言,法规草案由部门起草无论是法理上还是结果上都存在天然的不足。从法理角度分析,有学者指出,"部门起草违背立法机关主导原则。立法与执法的分离是现代法治的基础。现代立法所要实现的是一种整体利益,而不是某种局部或个别利益,这就要求立法机关在立法过程中应当始终占据主导地位。这一地位不仅仅存在于审议和表决阶段,也体现在起草过程中""部门起草违背立法参与公平原则。在立法面前,管理方和被管理方双方是平等的。让管理者'设计'自己的管理权,对被管理者来说,无公平可言""部门起草违背立法程序公开原则。部门起草由于自身利益倾向,往往采取本部门单独起草的方式,使起草阶段处于封闭状态"。① 从起草结果看,由部门起草的法规草案,难以克服部门保护主义的局限,在一定程度上造成部门立法利益化、部门利益合法化,把本不属于自己的职权也自赋己有,造成"政出多门,相互打架"以及"部门利益法制化"。因此,近年来,从中央至地方均积极采取举措改革草案由政府部门为主起草的现状。如本文前述提及,地方人大不仅注重提高自主组织起草的比例,还通过提前介入、督促起草进度、发放立项通知书等多种方式,加强对政府起草法规草案的指导与督促。

三、人大主导功能发挥现状之二:从法案到法的阶段

从法案到法的阶段,是指"由法案提出直到法的公布这一系列正式的立法活动所构成的立法阶段"。② 本阶段立法活动具有如下几个特点:第一,无论是在法律条文中还是在实践中,该阶段的运作环节和步骤都更加确定、正式和复杂。第二,理论研究

---

① 任静:《地方性法规起草主体》,《法制与社会》2010年第2期,第17页。
② 周旺生:《立法论》,北京大学出版社1994年版,第138页。

上,该阶段比另两个阶段更受重视。第三,该阶段最集中、最明显地体现了立法"代表民意、表达民意"的过程。① 一般而言,从法案到法的阶段包括提出法案、立法审议、表决法案和公布法案四个主要程序。这四个环节的法律效力均有明确的法律规定为依据,法案必须依次经过四个环节后,方可获得法之形式与效力。本文依照四个环节的先后顺序,对地方人大在立法过程中主导功能的发挥情况分析如下。

(一)提案权行使的实际结构

根据《上海市制定地方性法规条例》规定,人代会主席团、人大常委会、市人民政府、市人民代表大会各专门委员会及市人民代表大会代表 10 人以上联名,均可以向代表大会提出立法议案。主任会议、市人民政府、市人民代表大会各专门委员会,常务委员会组成人员 5 人以上联名,可以向常务委员会提出立法议案。上海市的实际情况如表 3 所示。

表 3　上海市人大历年立法议案提案人情况　　　　　　　　　　单位:件

届别	立法总数	人大有关方面②	政府系统	代表团	代表联名	委员联名
七届	8	5	3	0	0	0
八届	33	9	24	0	0	0
九届	48	21	27	0	0	0
十届	110	55	55	0	0	0
十一届	79	18	61	0	0	0
十二届	83	16	67	0	0	0
十三届	61	18	43	0	0	0
合计	422	142	280	0	0	0
占比	100%	34%	66%	0	0	0

1.政府提出法规议案:66%

从 1979 年市人大常委会被赋予地方立法权开始至 2012 年年底,共立法 422 件。其中,人大(人大有关委员会、主任会议等)提出的法规案 142 件,占比为 34%(又可分

---

① 赵颖坤:《立法过程与立法程序》,载周旺生主编:《立法研究》(第 2 卷),法律出版社 2001 年版,第 245—246 页。

② 此处的"人大有关方面"指代人大有关专门委员会、主任会议以及常务委员会。

为 4 种情况:常委会向代表大会提出;主任会议向常委会提出;专门委员会向代表大会提出;专门委员会向常委会提出);政府提出的法规案 330 件,占比为 66%;其他主体如代表团、代表 10 人以上联名、常委会组成人员 5 人以上联名提案的数字皆为零。数据上看,政府提出立法议案的比例占到绝大多数,呈现出"行政垄断提案"的现象。相比之下,不少主体的立法提案权长期虚置。①

2. 常委会向代表大会提案:1%

按照法律规定,省级人民代表大会及其常务委员会,均可以制定地方性法规。鉴于实践中人民代表大会立法较少的情况,《立法法》特别规定了本行政区域特别重大事项的地方性法规应当由人民代表大会通过,各地也据此作了相应规定。但从地方立法实际情况看,人民代表大会的立法数量很少。据笔者统计,从 1979 年地方人大及其常委会享有地方立法权至 2012 年年底,上海市人民代表大会通过的法规只有 8 件,包括《关于代表议案的规定》《关于代表书面意见的规定》《关于修改〈上海市人民代表大会关于代表议案的规定〉的决定》《上海市人民代表大会议事规则》《关于修改〈上海市人民代表大会议事规则〉若干条款的决定》《上海市制定地方性法规条例》《上海市青少年保护条例》等。从其内容看,主要涉及人大自身的会议规则以及代表工作、立法工作等领域,这些领域的立法相对而言具有不可替代性,即只有代表大会才能对自身及其组成人员的活动进行规范,相应地,其主要由作为代表大会闭会期间常设机构的常务委员会组织起草并提出法规议案。而对照《上海市制定地方性法规条例》关于"本行政区域特别重大事项"应当由代表大会立法的要求,贯彻实施得并不尽如人意,仅在 2001 年《上海市制定地方性法规》提交代表大会审议,之后十余年,各相关主体并未向代表大会提出立法议案,是值得注意的问题。② 相关情况可见表 4。

---

① 上海市的情况并非个案。如北京市人大有关统计表明,北京市人大常委会的历届立法项目当中,向常委会提出法规案的主体也主要是市人民政府及市人大常委会主任会议,长期以来形成的大致分工是:市人民政府提出属于其职权范围内的行政管理方面的法规案,其他诸如属于人大常委会自身建设、民主政治建设、民事等方面的法规案,由主任会议提出。由于政治、经济、刑事、民事、司法等制度或基本制度由国家立予以规定,故人大常委会审议的法规案大多数由政府提出,约占到总数的 80%。"在确定计划的时候,对于哪些由政府提出、哪些由常委会主任会议提出这个问题,几乎不用讨论,大家都心里有数。"参见李小娟、刘勉义:《地方立法程序研究》,中国人民公安大学出版社 2003 年版,第 29 页。

② 近年来,地方人大已开始注重代表大会立法的问题,并逐步增加代表大会立法的频次。如上海市人大于 2014 年年初召开的人代会上审议通过了《上海市实施〈代表法〉办法(草案)》等三部法规,于 2015 年年初召开的人代会上审议通过了《上海市老年人权益保护条例》)(修订)。

表 4　人大有关主体自行提出法案情况　　　　　　单位:件

届别	人大提案总数	常委会提出	主任会议提出	各专委会提出
七届	5	0	5	0
八届	9	0	6	3
九届	21	5	9	7
十届	55	0	7	48
十一届	18	1	8	9
十二届	16	0	8	8
十三届	18	0	15	3
合计	142	6	58	78

2.主任会议向常委会提案:13%

从统计数据看,主任会议向常委会提出的议案为 58 件,占总提案数的 13%。在内容上,主任会议向常委会提出的议案,主要包括三个方面:常委会工作议事规则(如上海市人民代表大会常务委员会关于工作制度的暂行规定)、人大履职规范(如上海市人民代表大会常务委员会关于市人大代表视察的试行办法)以及法制方面的综合性法规。前两类实践中称为"人大自身建设"类法规,即人大行使立法权、任免权、监督权、重大事项决定权以及人大代表工作、人大会议规则等,相应地,这些法规分别由人大常委会办公厅、常委会人事代表工作委员会、常委会法工委代为起草,并由这些部门的负责人受主任会议委托向常委会作出议案草案的说明;后一类法制方面的综合性法规有8 件,其中 4 件为法规集中清理后由作为常委会法制综合部门的法工委起草草案,由主任会议向常委会提出。另有 2 件为上海市信访条例修订,关于市政府规章设定罚款限额的规定(制定 1 次,修改 1 次)。

3.专门委员会向代表大会及其常委会提案:18%

专门委员会提案主要是由专门委员会根据专业对口领域向代表大会或者常务委员会提出法案。目前,上海市人大设有内务司法委员会(2001 年之前称法制委员会)、城建环保委员会、财政经济委员会、教科文卫委员会、华侨民族宗教委员会、法制委员会,以及 2011 年新设立的农业农村委员会、外事委员会共 8 个专门委员会。从统计情况看,8 个委员会中提出立法议案的主要为,内务司法委员会提出 27 件,城建环保委员会提出 15 件,财政经济委员会提出 14 件,教科文卫委员会提出 16 件,华侨民族宗教委员会提出 6 件,合计 78 件。法制委员会因主要承担法规案统一审议工作,故没有提出过立法议案;农业与农村委员会和外事委员会因为成立时间短,也没有提出过立法议案。从内容看,这类立法议案主要分为 4 类:一是权益保障类,如《上海市妇女儿童保护条例》《上海市少数民族权益保障条例》等;二是行政管理类或者发展促进类,如《上海市公园管理条例》《上海市外高桥保税区条例》;三是工会、宗教、基层政权建设类,如《上海市工会条例》《上海市宗教事务条例》《上海市村民委员会组织法办法》;四是人大履职类,如《上海市人民代表大会常务委员会监督司法工作条例》《上海市预算审查监督条例》。(见表 5)

表 5　各专门委员会提出法案情况表　　　　　　　　　　　　　单位:件

届别	内司委	城建委	财经委	教科文卫委	侨民宗委	合计
七届	0	0	0	0	0	0
八届	2	1	0	0	0	3
九届	4	2	0	1	0	7
十届	11	11	13	10	3	48
十一届	5	0	1	2	1	9
十二届	3	1	0	3	1	8
十三届	2	0	0	0	1	3
合计	27	15	14	16	6	78

4.常委会委员联名提案:无

根据对上海市人大常委会历届立法立项情况的统计,尽管《上海市制定地方性法规条例》等法规明确了常委会组成人员 5 人以上可以提出立法议案,但至今还没有委员以这种方式提出法规案。

5.人大代表联名提案:数量多但均未直接进入立法程序

虽然从结果看,上海市人大及其常委会历年立法中无 1 件是由市人大代表联名提出的,但实际情况并不是人大代表没有联名提出立法议案。恰恰相反,代表历年来在人民代表大会上提出了多件立法议案,只不过直接列入会议议程并"从法案转化为法"

的数字为零。[①] 表 6 为各届人大代表提出议案及其处理的情况。

表 6　各届人大代表提出议案及其处理情况

单位:件

届别	提出议案总数	列为书面意见	列为议案	占比（％）	列入会议议程	交有关专门委员会处理
七届	3337	2194	1143	34	0	1143
八届	257	196	61	24	0	61
九届	1108	885	223	20	9	214
十届	443	367	76	17	0	76
十一届	483	385	98	20	0	98
十二届	428	326	102	24	0	102
十三届	445	288	157	35	0	157
合计	6501	4641	1860	29	0	1851

　　从表 6 可以看出,人大代表提出议案的热情很高,虽然每届的总数有一定的曲线变化,但是这些议案基本上只有两个流向,一是约 60％转为代表意见、建议和批评。从实际情况看,代表提出议案的数字从十届开始基本稳定在每届 400 多件,而议案转为书面意见的比例大致保持在 65％～55％。以上海市第十三届人民代表大会第三次会议为例,共收到市人大代表 10 人以上联名提出的议案 78 件,转为议案处理的 25 件;另有 53 件议案"内容也很重要。但这些议案,有的事项涉及国家专属立法事项……有的事项属于政府以及有关部门职责……其中有些代表十分关注又涉及本市经济社会发展的重要问题,建议由市人大常委会主任会议、市人大有关专门委员会作为重要事项进行督办"。[②]二是约 40％交有关专门委员会审议。即议案审查意见中提出交有关专门委员会审议,鉴于地方人大的代表大会议程、日程一般在会议召开之初

---

　　①　只有九届人大有 9 件议案列入会议议程,但这 9 件也并非立法议案。列入该次会议议程的议案中,市政建设委员会和 12 个区 2 个县的代表 159 人提出 8 件议案,长宁区代表团 35 位代表有致大会主席团公开信,要求该届政府在任期内完成黄浦江上游引水二期工程,1989 年作出具体安排。会议经过审议,通过《关于黄浦江上游引水二期工程议案的决定》,授权市人大常委会根据代表的意见,对关于黄浦江上游引水二期工程的议案进行审议,作出相应决定。还有一件议案是建议市人大华侨民族宗教事务委员会组成人员中增加归侨委员的议案,已在会议审议通过该委员会组成人员人选时一并予以审议。参见《上海市人民代表大会志》,上海社会科学院出版社 1998 年版,第 226 页。

　　②　参见市十三届人大三次会议副秘书长朱言文《关于上海市第十三届人民代表大会第三次会议代表议案审查意见的报告》,网址:http://www.spcsc.sh.cnckzlmode-2661.htm,访问时间 2012 年 11 月 5 日。

即经过主席团会议、大会预备会议通过，将某件代表议案提交当次大会审议不太现实。因此，议案交专门委员会审议后，专门委员会一般会在代表大会会后处理，或者请政府等有关部门抓紧调研，适时启动立法等程序；或者对已经列入相关立法规划或者计划的项目，建议有关部门积极推进立法进程。需要说明的是，与前一部分所述法规草案由政府部门为主起草相关，代表议案的原稿往往只能作为部门调研起草的参考，最终提请审议的法案已经是政府相关部门另行组织起草而提出的法案。①

(二)审议环节之现状

审议法规是具有决定意义的审议，审议过程是集中意志的过程，是有效合议的过程，而且常委会组成人员的审议发言是法规修改的重要依据，因此，审议与一般会议的讨论有很大的区别。由于篇幅所限，且考虑到常委会立法作为地方立法实际上的主要形式，这里主要以常务委员会审议法规时地方人大主导功能发挥情况为例进行研究。按照《上海市制定地方性法规条例》及其实践做法，上海市人大常委会审议法规一般实行"两审三表决"，即法规经常委会两次审议后，在第三次会议上提交表决。与兄弟省份相同，按照《立法法》的要求，上海市人大常委会在专门委员会审议职责上，也是采取有关专门委员会负责常委会一审前和一审有关工作，一审后至法规提交表决的相关工作主要由法制委员会负责，常委会法工委则配合法制委员会做好统一审议的工作。

1.审议意见的量化分析：对法规案近60%条款提出审议意见

在常委会会议审议中，常委会组成人员都会在会议上发表很多对法规草案、法规草案修改稿的意见。实践中，上海市人大常委会将65人的组成人员分别编入4个小组进行分组会议或者全体会议审议。以下笔者选取上海市十三届人大常委会五年任期内（2008—2012年）每年通过的最后一件法规为例，对常委会委员的审议情况作简要的量化分析（见表7）。

---

① 如2001年2月上海市十一届人大四次会议上，杨绍钢等12位人大代表提出了建议市人大制定《上海市法律援助条例》的议案，市人大有关委员会提出的审议结果报告中建议政府有关部门抓紧调研起草。为此，市政府法制办、市司法局、市法律援助中心启动了调研工作。2003年在市人大十二届一次会议上，厉明等11位代表和刘兵等16位代表又分别提出制定《上海市法律援助条例》的议案。市人大常委会将制定《上海市法律援助条例》作为"抓紧调研论证项目"列入市人大常委会五年（2003—2007年）立法规划中。2005年7月6日，上海市人民政府向市人大常委会提交了《上海市法律援助若干规定（草案）》的议案及草案。对照代表几次提出的议案原案，政府提出的草案完全是自成体系，主要反映了具体起草部门的立法意图，与代表原案在文本上几无关联。有关情况参见惠熙荃：《以人为本话立法》，载周慕尧主编：《立法中的博弈——上海地方立法纪事》，上海人民出版社2007年版，第2—4页。

表 7

年份	名　　称	条文数	发言人次	对条文意见	覆盖比率(%)
2008	房产登记条例	78	22	38	49
2009	科技进步条例	50	38	33	66
2010	终身教育条例	34	28	21	61
2011	建设工程条例	72	19	42	58
2012	信访条例	52	23	32	61
合计		286	130	166	59

注：表中条文数指法规草案的条文数。

需要说明的是，由于统计依据的是常委会对法规草案第一次审议发表意见、建议的汇总稿，对条文意见数字的统计可能因汇总人的主观因素和归纳能力而有所差异。以上数字可以粗略地看出，只有1件法规审议时发言人数超过组成人员的半数（这其中可能存在因附和、附议他人审议意见，而没有被工作人员独立记录审议发言的情况），但对条文的审议意见数接近法规草案条文数的60%。可见，从数量上看，常委会审议意见发表较为充分。

2. 人大对法规修改的量化分析：实质性修改已达35%

根据常委会审议意见以及社会各方面的意见，法规草案要进行多次修改完善后才能进入表决环节。而地方人大对法规草案的实质性修改，恰恰是体现人大常委会在多大程度上集中了民意、主导立法权的标志之一。为了更加深入地反映人大在审议环节对法规草案的实质性修改情况，本文从三个角度进行了分析：一是对上海市人大30多年来对法规的修改情况进行了抽样比较研究；二是对上海市最近一届任期内的所有法规修改情况进行了量化分析；三是对"居改非"（居住用途的房屋改为商业等非居住用途）这样一项法律制度的修改情况进行个案分析。

（1）历届修改情况比较：由不做修改逐步走向实质性修改

本文从上海市八届人大任期开始，选取每届第四年第一件法规[①]作为分析的对象。

[①] 由于地方人大及其常委会每届任期五年，实务界一般认为到每届任期的第三年、第四年，是履职最为成熟的时期，故本文选取第四年第一件法规为例。此外，鉴于七届人大常委会任期时间短，立法工作刚刚起步，故以八届人大为起点做样本选择。

八届人大常委会对《上海市中外合资经营企业、中外合作经营企业、外资企业的申请和审批规定(草案)》的修改。该《规定(草案)》出台时间在1986年《上海市制定地方性法规程序暂行规定》之前,故常委会对该法规的审议还是采取一次会议审议通过的做法。1986年6月20日该《法规(草案)》提交常委会会议审议,在听取市对外经济贸易委员会负责人起草情况说明后,市人大财经委员会向常委会做了初步审议报告,称"规定草案的内容,符合中央的有关法律、法规,又结合上海的实际情况,是合适的,可行的,建议市人大常委会予以审议通过。此外,提出两点建议:1.规定草案通过颁布后,要切实认真组织贯彻实施。2.要加快制订涉外经济地方性法规"。① 随后,常委会当天对法规进行了表决,未对市政府提出的法规草案做任何修改。

九届人大常委会对《上海市外商投资企业清算条例(草案)》的修改。1990年12月20日,在九届人大常委会第二十三次会议上,上海市人大常委会对该《条例(草案)》进行了第一次审议。审议时,委员们对仲裁、法院可否介入企业清算等提出了意见。会后,财经委员会专门赴京听取中央有关部门意见,之后形成的草案修改稿对草案的修改达31处,占《条例(草案)》57条的54%;到1991年3月9日常委会第二次审议时,恰逢《中华人民共和国民事诉讼法》正在审议,许多委员仍对法院能否介入清算、条例与国际通行规则是否相符提出了意见。财经委员会再次赴京听取意见,之后形成的修改二稿对修改稿又作了29处修改。在当年8月16日的常务委员会会议上,根据委员的意见财经委员会对修改二稿又进行了10处修改,提出了表决稿,最终提交会议表决通过。综上,到九届人大常委会时,上海市人大常委会历时8个多月,对该《条例(草案)》进行两次审议、三次修改,修改前后达到70处。②

十届人大常委会对《上海市外高桥保税区条例》的修改。该《条例(草案)》由市人大财经委员会组织起草,于1996年12月16日提请常委会审议。目的是对上海作为全国第一个保税区的性质、功能、管理体制、运行规则加以界定规范。该次会议上,常委会审议认为《条例》的准备工作做得较扎实,内容基本可行,同时,还提出了一些意见。财经委员会据此作了18处修改,提出了草案修改稿。根据12月17日常委会会议第二次审议草案修改稿的意见,财经委再次作了13处修改,形成草案修改二稿,提

---

① 关于上海市人大财政经济委员会对《上海市中外合资经营企业、中外合作经营企业、外资企业的申请和审批规定(草案)》的审议报告,参见《上海市人民代表大会常务委员会公报》1986年第3期,第12—14页。
② 对法规的深度审议和实质性修改在九届人大并非个案,如《上海市图书报刊市场管理条例(草案)》34条,修改稿对28处做了修改,修改二稿对14处做了修改。参见《上海市人民代表大会常务委员会公报》1991年第2期(总第53期),第9—20页。

交常委会于 12 月 19 日表决通过。① 总体来看，由于该《条例》由人大有关委员会起草，且在提交会议审议前做了大量调研准备工作，故虽然在一次会议上审议通过，但也修改了两次，50 个条文共修改了 31 处。

十一届人大常委会对《上海市中小学校学生伤害事故处理条例（草案）》的修改。该《条例（草案）》由上海市教委从 1996 年开始组织起草，为全国第一部规范中小学校学生伤害事故处理的创制性地方性法规，于 2000 年 12 月 12 日提请十一届人大常委会二十四次会议第一次审议。关于学生与学校的法律关系、事故的归责原则、赔偿的标准等都是各方关注的热点，政府草案也对此作了重点说明。会后，教科文卫委和法制委、法工委等组成联合修改小组，重点对各方责任、事故处理程序和资金来源等 11 处做了实质性修改。2001 年 7 月常委会对法规进行第二次审议，根据委员们提出的意见，法工委又作了 10 处修改，提出了修改二稿，提交常委会表决通过。从修改的内容分析，该《条例（草案）》进入人大常委会审议后，共作了 20 多处完善性修改，尤其是推动解决了事故赔偿资金来源等立法难题，但对归责原则、赔偿范围和标准等基础性问题均予以认可。②

十二届人大常委会对《上海市法律援助若干规定（草案）》的修改。该《规定（草案）》于 2005 年 10 月提交上海市十二届人大常委会二十三次会议审议，常委会审议时争议最大的问题是关于应当享有法律援助的"公民经济困难标准"的确定问题。《规定（草案）》提出应"参照本市的最低生活保障标准执行"。会后，市人大法制委员会请市政府方面对该标准再行研究，市政府有关方面仍坚持提交草案时的意见。经过反复论证并请示常委会党组，修改稿中明确"法律援助对象经济困难的标准，应当高于本市最低生活保障标准"。③ 此外，修改稿还根据委员意见增加了对有关见义勇为法律援助等四个问题的规范。且在提交常委会二审后委员们没有提出意见，遂当次会议就提交常委会表决通过。总结来看，该《规定（草案）》的修改，不仅增加了四方面草案中没有规范的内容，且对草案中的焦点问题先请市政府自行研究，在政府坚持原来意见的

---

① 参见三个立法文件：关于《上海外高桥保税区条例（草案）》的说明、关于《上海外高桥保税区条例（草案）》的修改情况和审议结果的报告、关于《上海外高桥保税区条例（草案）》（修改稿）修改情况说明。《上海市人民代表大会常务委员会公报》1996 年第八号，第 8—22 页。

② 作为当时立法的见证者，笔者认为其中一个主要原因是人大有关委员会对该法规提前介入得比较深入，仅法工委工作人员参与的前期起草调研活动就有近 20 次。

③ 参见惠熙荃：《以人为本话立法》，载周慕尧主编：《立法中的博弈——上海地方立法纪事》，上海人民出版社 2007 年版，第 4—10 页。

情况下,上海市人大常委会通过召开论证会、常委会党组会议研究等形式,最终否定了政府草案的意见。

十三届人大常委会对《上海市养犬管理条例(草案)》的修改。该《条例(草案)》重点规范了养犬登记、养犬行为规范、强制免疫等内容,并取消了政府规章中规定的养犬管理费,明确养犬人应当承担犬只狂犬病免疫、电子标志和相关证照的成本费用,总计约300元。根据第一次审议时各方面提出的意见,草案修改稿针对狂犬病免疫接种点过少的情况,增加规定经兽医主管部门认定的宠物诊疗机构即宠物医院,可以开展狂犬病免疫接种工作;针对草案中提出每户限养一条犬只的规定,修改为"在城市化地区内饲养犬只的,每户限养一条"。除《条例(草案)》已有规定外,规定办公楼、文化娱乐场所、餐饮场所、商场和宾馆等场所也禁止犬只进入。修改稿提交常委会第二次审议后,根据各方面的意见,草案表决稿对养犬收费制度作了重大调整,即恢复收取养犬管理费,理由是"犬只也会占用一定的社会公共资源,养犬人应当承担必要的管理服务费"。①

从以上6件法规的审议修改情况看,地方人大审议从八届人大对法案未做任何修改一次审议通过,逐步走向以充分审议、实质性修改为主的修改模式。

(2)十三届常委会任期内61件立法整体分析:35%的修改比率

笔者以《上海市人民代表大会常务委员会公报》为依据,对上海市十三届人大常委会任期五年期间(2008—2012年)所有61件立法的立法文件进行了检索统计,试图从宏观层面揭示人大常委会在多大比例上对法规草案进行了修改(见表8)。

表8 委员发言与法规条款修改情况统计

年份	法规(简称)	总条文数	一审修改数	二审修改数	占比(%)
2008	世博会筹办决定	5	6	0	120.0
2008	电力设施保护规定	22	11	4	68.2
2008	常委会议事规则	14	12	-	85.7
2008	电子商务发展规定	22	13	5	81.8
2008	任免工作人员规定	29	7	3	34.0
2008	房地产登记条例	77	18	4	28.6
2009	市容环卫条例	16	16	1	106.3

---

① 参见上海市养犬管理条例的说明、审议结果的报告、修改情况的报告。

年份	名称	总条文数	一审修改数	二审修改数	占比（%）
2009	义务教育法办法	52	20	5	48.1
2009	志愿服务	32	13	4	53.1
2009	节约能源条例	80	14	5	23.8
2009	金融中心条例	39	16	4	51.3
2009	拆除违法建筑	25	15	3	72.0
2009	防震减灾法办法	36	12	3	41.7
2009	旅游条例	20	12	1	65.0
2009	控制吸烟条例	24	11	6	70.8
2009	水源保护条例	34	10	3	38.2
2009	消防条例	71	14	2	22.5
2010	动物防疫条例	17	9	4	76.5
2010	公交条例	31	11	6	54.8
2010	行业协会规定	12	10	3	108.3
2010	建筑节能条例	52	14	3	32.7
2010	科学技术进步	49	11	5	32.7
2010	综治条例	40	7	1	20.0
2010	城乡规划	63	15	3	28.6
2010	归侨法办法	36	7	1	22.2
2010	物业管理规定	88	18	9	30.7
2010	职代会条例	48	12	2	29.2
2010	终身教育条例	35	13	4	48.6
2011	养犬管理条例	61	13	11	39.3
2011	代表直选细则	24	4	2	25.0
2011	中小企业条例	47	11	6	36.2
2011	食安法办法	62	14	20	54.8
2011	机场条例	58	16	8	41.4
2011	实施代表法办法	49	7	—	14.3

续表

年份	名称	总条文数	一审修改数	二审修改数	占比(%)
2011	学生伤害事故	5	2	0	40.0
2011	安全生产条例	74	9	11	27.0
2011	口岸服务条例	31	5	1	19.4
2011	建设工程条例	70	11	10	30.0
2012	产品质量条例	50	7	2	18.0
2012	体育健身条例	45	18	10	62.2
2012	城管条例	42	24	11	83.3
2012	规章备案办法	16	10	4	87.5
2012	募捐条例	48	7	3	20.8
2012	国防教育条例	28	6	2	28.6
2012	审计条例	44	9	3	27.3
2012	邮政法办法	36	12	8	55.6
2012	任免办法	7	1	0	14.3
2012	代表书面意办法	15	9	3	80.0
2012	创新驱动决定	9	8	0	88.9
2012	安置帮教规定	16	3	1	25.0
2012	国际贸易中心条例	41	19	2	51.2
2012	社区文化服务规定	33	18	4	66.7
2012	包装物减量规定	12	4	1	41.7
2012	突发事件办法	25	12	3	60.0
2012	信访条例	66	22	5	40.9
平均修改率		—	—	—	35.0

需要说明的是,以上修改数的统计来源于法制委员会提出的法规草案修改稿、法规草案表决稿的说明,这两份报告中都对法规草案的主要修改情况,也即实质性修改情况作了交代,其他修改包括文字性、技术性的修改往往以"此外,对法规草案(修改稿)的若干文字作了修改"一笔带过。从统计情况看,地方人大常委会对草案的修改量超过35%。

（3）以单独一项制度的修改为例进行分析："居改非"制度审议前后的变化

"居改非"的问题在上海由来已久。1997 年上海市人大常委会通过《上海市居住物业管理条例》，其第三十条第一款规定"住宅不得改变使用性质。因特殊情况需要改变使用性质的，应当符合城市规划要求，其业主应当征得相邻业主、使用人和业主委员会的书面同意，并报区、县房地产管理部门审批"，也就是允许特殊情况下的"居改非"。到 2003 年前后，"居改非"的负面效应逐渐显现，因此，在市政府 2003 年报送市人大常委会审议的《上海市住宅物业管理若干规定（草案）》中，严格了"居改非"的实体和程序规范：（1）明确封闭住宅、非沿街底层住宅等均不得改变使用性质，这一点较之 1997 年的条例有明显的范围限定。（2）规定非封闭的、沿街底层的住宅，如果要改变使用性质，必须符合城市规划、文物、优秀历史建筑保护和房屋使用安全的规定。（3）"居改非"要经过两道审批程序。首先，规划部门负责区域性功能调整的审批；其次，房地产部门负责房屋单元改变使用性质的审批。以下具体分析该制度经过常委会两次审议后的变化情况。

——常委会第一次审议。审议时委员们有两种意见：一种意见认为，对"居改非"要慎重对待，有堵有疏；另一种意见则认为，对"居改非"要严格禁止。之后，市人大法制委员会、市人大常委会法工委会同市人大城建委员会采取了一系列公众参与的形式听取公众意见，市民对"居改非"主要有三种意见：第一种意见认为，"居改非"严重影响了其他居民的正常生活，因此建议增加严格的制约措施。第二种意见认为，现在政府鼓励就业，希望在住宅楼里可以像国外一样允许开家庭公司，只要征得邻居同意，不影响他人正常生活，就应给予宽松政策。第三种意见认为，对此问题不能一刀切，现在的主要问题是沿街底层房屋"居改非"影响了他人正常生活，要求私营小企业都到商务楼办公成本太高。在听取各方面意见的基础上，法制委员会向常委会提出的草案修改稿增加了运用经济杠杆对"居改非"进行调控的内容："经批准改变住宅使用性质的业主，应当按照所在物业管理区域的物业服务费用的十倍交纳物业服务费用。该项费用扣除物业服务成本后，主要用于补充房屋的专项维修资金。"[①]

——常委会第二次审议。对草案修改稿提出的方案，常委会第二次审议时委员们仍有不同意见。有的委员赞成这一修改，但也有委员提出，在本规定中明示了"居改非"的审批程序和经济制裁，难以读出"以普遍禁止为原则，以个案处理为例外"的立法

---

① 参见时任上海市人大法制委员会副主任委员会、法工委主任沈国明在常委会上所做的《上海市人民代表大会法制委员会关于〈上海市物业管理若干规定（草案）〉审议结果的报告》。

意图,可能使对个别情况的处理普遍化。部分市民对有限制地允许"居改非"也仍有不同意见,认为"政策开一个小洞,下面执行时就会打开整个一面墙"。据此,最终提交会议的草案表决稿删除了草案修改稿第二十八条关于如何改变使用性质程序的规定以及提高物业使用费的规定,只在法规中明示,"业主、使用人应当按照规划管理部门批准或者房地产权证书载明的用途使用物业,不得擅自改变物业使用性质",并在立法说明中指出,从住宅物业的建设目的看,如果擅自改变物业的使用性质,不仅影响了其他业主的居住利益,也是对城市规划的破坏。因此,总体上应当严格禁止"居改非"。至于实践中个别需要改变使用性质的情况,应当先从城市规划的角度考虑其可行性,这方面的内容,在《上海市城市规划条例》第五十条中有原则性规范,要求需要变更建筑物使用性质的,必须先报原审批的市或者区、县规划管理部门批准。

在这个例子中,对一项制度的争论是激烈的,修改也经历了几次反复。不难发现,地方人大对社会关注的制度的修改,是在综合各方面多种不同意见基础上反复权衡后作出的,力求取得"最大公约数"。

(四)表决公布环节之现状

法规草案经过审议修改后,就进入了表决程序。法规案表决的结果无非两种,通过该法规案或者不通过该法规案,经表决通过的法规经过公布后即成为生效的法律文件。本节将表决、公布两个程序合并为一节,对地方人大的主导功能发挥做简要分析。

关于表决程序。上海市地方立法史上从未出现过法规表决结果未过出席人数半数的项目,也就是说,所有进入表决程序的法规,均获得人大及其常委会表决通过,且在表决时投反对票、弃权票的数量较低。以上海市人大常委会65位组成人员计,出席人数约60人的话,反对票、弃权票合计一般不超过5票。

关于公布程序。从上海市的实践看,1986年之前通过的由政府提案的法规,均由市政府颁布,如1982年七届人大常委会十九次会议审议批准的《上海市水产养殖保护暂行规定》、七届人大常委会二十三次会议审议批准的《上海市拆迁房屋管理办法》,均在法规附则规定"由市人民政府颁布施行"。到1986年《上海市人民代表大会常务委员会制定地方性法规程序的暂行规定》出台后,法的公布权就一直由人大及其常委会掌握。该《规定》第十八条明确:"常务委员会通过的地方性法规,由常务委员会发布公告,通过《上海市人民代表大会常务委员会公报》和本市报纸予以发布。"立法实践中,法规通过后由法工委对拟公布的文稿再次核对后,报常委会分管法制工作的副主任签发,送相关媒体予以公布。至于《上海市人民代表大会常务委员会公报》,一般每次会议出版一期,法规通过后在相应的公报上予以公布。

(五)法案到法阶段运用"过滤程序"之现状

除了常规的提案、审议、表决、公布环节外,在现有地方立法程序安排中,大都仿照《立法法》中全国人大及其常委会立法程序的规定,设计了对提案进行修改完善、搁置审议、暂不付表决、终止审议、修正案等"过滤性"特别程序。这些程序的设置,意在对"先天不足"的法案或者分歧意见较大的法规进入下一立法程序有所"拦截",以提高表决通过的法规的质量。下文逐一对地方人大在运用这类"过滤程序"的主导状况做实证分析。

1.要求对提案所附草案再行修改完善。

《立法法》出台后,各地多在立法程序中增加了主任会议认为法规案有重大问题需要进一步研究的,可以建议提案人修改完善后再向常务委员会提出这一"缓冲阀门"。从上海市的实践情况看,几乎所有法规议案经专门委员会初步审议后,都顺利经由主任会议决定列入常委会会议议程。因此,这一"缓冲阀门"极少运用,可归入运用这一程序的项目有 3 例,前一例严格按照法定的要求操作,后两例对法规列入议程予以"拦截"的情况,与法定程序略有差异。[①] 例如,2006 年 8 月 19 日,上海市政府向市人大常委提交了《上海市保护电力设施和维护用电秩序规定(草案)》。市人大财政经济委员会对法案审查后,针对法规草案授权市电力公司行使危害电力设施和扰乱用电秩序违法行为的行政处罚权的规定,提出合法性、合理性方面的意见,经主任会议决定,建议市政府将草案修改完善后再提出。2008 年 4 月 11 日,市政府将修改后的《上海市保护电力设施和维护用电秩序规定(草案)》再次提请人大常委会审议。从形式上看,2008 年提出的议案相当于"重新提出",其议案的文号已经重新编号,在议案的说明以及其他立法文件中对 2006 年的补充过程"只字未提",修改后的法规草案将危害电力设施和扰乱用电秩序违法行为的行政处罚权改授予市电力监察机构。

2.搁置审议程序。

该程序主要适用于当常委会在审议法规案的过程中,围绕某个和几个重大问题存在意见分歧时,需要暂停审议程序进行协调完善,以期达成共识。如《上海市制定地方性法规条例》规定,常务委员会会议第一次审议地方性法规案时,专门委员会或者五名以上常委会委员认为制定该法规的必要性、可行性等方面存在重大问题,可以提出搁

---

① 后两例分别为 2005 年市人民政府提出的《上海市促进就业若干规定(草案)》和 2006 年市政府提出的《上海市生产性废旧金属收购管理若干规定(草案)》,因篇幅关系,本文不作详述。

置审议的动议。上海市的立法实践中出现过两例搁置审议的案例。[①] 如 1999 年 11 月 22 日,上海市十一届人大常委会十四次会议对《上海市国有资产流失查处条例(草案)》进行初审。时任常委会副主任漆世贵提出,该《条例(草案)》有很多不确定的内容,比如,对"流失"的外延和内涵都缺乏科学的界定。再如立法对象,是对管理机构立法,还是对国企的经营者立法,或者两者皆有?时任财经委员会委员阮庆堂提出,在尚没有制定国有资产管理条例,并且法律对因违法违规致使国资流失的情况已有规定的情况下,国资流失查处条例"既很难生产,也没有必要由我们(上海市人大常委会)来生产"。[②]会后,根据常委会会议的审议意见,市人大财政经济委员会向主任会议提出,条例修改的难点主要集中在立法调整范围、行政处罚设定、市国资办的职能定位等三个问题上,尤其是市国资管理部门未列入新一轮的政府机构改革序列,其职能定位尚不明确,因此建议对草案的修改工作暂时停止。2000 年 4 月 3 日,主任会议采纳了财政经济委员会的意见,决定对条例草案"暂缓审议"。

3.终止审议程序。

终止审议主要是指常委会经过审议认为法规案的主体内容不成熟,不适宜继续讨论,从而作出终止审议的决定。《上海市制定地方性法规条例》规定的终止审议主要有三种情形:一是提案人撤回议案;二是搁置审议满两年;三是暂不付表决经过两年没有再次列入常务委员会会议议程审议。在这三种情形中,提案人撤回议案必须经主任会议同意并向常委会报告,后两种情形需要由主任会议向常委会提出终止法规案审议的报告,该法规才能正式终止审议;时间计算上,对搁置审议或者暂不付表决的法规,如果在这期间常委会对该法规案又进行了审议,计算时间应当重新计算。上海市立法实践中实际上终止审议的法规有 3 件,包括《上海市国有资产流失查处条例》《上海市滩涂管理条例(修正案)》《上海市废旧金属收购许可管理若干规定》。严格地说,这 3 件法规均未履行终止审议的程序性规定,即并未由主任会议向常委会提出终止法规案审议的报告并由常委会作出决定,而是搁置审议或者暂缓审议后,"不了了之"致实际上终止审议。

4.表决时提出修正案的程序。

由于我国立法实践中主要采取法规案整体表决的做法,若对法规案个别条款持保

[①] 另有一例是 2006 年市人大常委会对《上海市滩涂管理条例修正案(草案)》一审后各方面认为有重要问题需要研究,最终党组会议决定对该法规"暂缓审议",因篇幅关系,本文不作详述。

[②] 邢亚飞:《走向理性和成熟》,载周慕尧主编:《立法中的博弈——上海地方立法纪事》,上海人民出版社 2007 年版,第 196 页。

留意见难以有相应的表达渠道,则可能会影响法规的表决结果。[1]为了保证常委会组成人员充分表达意见,同时又不致使法规审议"久议不决"或者表决时"以偏概全",不少地方都建立了法规表决前的修正案制度。[2] 如《上海市制定地方性法规条例》规定常务委员会组成人员五人以上联名,可以在表决四小时前,书面提出对表决稿的修正案,由主任会议决定是否提请常务委员会会议审议。这方面的案例主要有两例。[3] 如2002年上海市人大常委会对《上海市出版物发行管理条例(草案)》进行两次审议后,拟提交2002年10月28日的常委会会议表决。在表决草案的前一天,贾树枚等6位常委会组成人员联名对法规草案第五条提出修正案,认为对法规草案第五条第二款"出版物发行单位和出版物交易市场的设立,应当符合本市出版物发行发展规划规定的总量、结构和布局要求"的规定,仍留有"计划经济"的痕迹。[4] 在常委会会议上,贾树枚委员作为议案领衔人陈述了修正案的内容及理由。时任市法工委主任沈国明、常委会副主任沙麟以及时市新闻出版局楼副局长分别发表了自己的意见,对修正案所提意见进行了回应。常委会会议对表决稿修正案进行了表决。表决结果为:14票赞成,24票反对,10票弃权,2人未按表决键。由于赞成票未过半数,修正案表决未获通过。

(六)法案到法阶段地方人大主导功能的总结与评析

68%的法案由政府提案,32%由人大系统(主任会议、有关专门委员会)提案,其他享有提案权的主体有效提案数为0。30多年来地方人大立法提案的统计结果,与前述立法准备阶段地方政府在回应立法需求方面的效率性、政府在起草法案方面的优势等一脉相承。如何提高人大有关专门委员会起草并提出法规草案的比例,尤其是如何将代表议案直接转化为正式的法案,需要地方人大直面问题,着力寻求破解之道。这方面上海市人大常委会已经采取了建立立法滚动推进机制、重点项目前瞻调研等方法,不断提升人大在提出法规草案方面的主导作用。如2015年上海市人大常委会将信用

---

① 如1989年10月,七届全国人大常委会十次会议表决《中华人民共和国城市居民委员会组织法》时,由于常委会组成人员对法案第四条中是否规定居民委员会可以兴办"生产服务事业"中的"生产"二字有不同意见,结果法律案未获通过。同年12月,市七届人大常委会十一次会议删去了该条中的"生产"二字,法律案在这次会议上获得通过。参见李诚:《当代中国法律是如何产生的——中国人大立法工作程序研究》,载王晓民主编:《议会制度及立法理论与实践纵横》,华夏出版社2002年版,第44页。

② 近年来,对一些争议较大的条款,有的地方还规定了单独表决,2015年新修正的《立法法》对此也有相应的规定,实践中一些地方也已经开始试行对有争议的条款进行单项表决。

③ 另有一例为2005年市人大常委会审议《上海市住房公积金管理若干规定(草案)》表决前修正案的提出与处理,因篇幅关系,此处不作详述。

④ 阎锐:《记立法修正案制度的首次运用》,载周慕尧主编:《立法中的博弈——上海地方立法纪事》,上海人民出版社2007年版,第176页。

建设立法列为年度重点立法调研项目,由市人大常委会副主任担任调研组负责人,市人大财经委员会牵头,各相关部门参加共同开展调研工作。经过一年的调研,2016 年 2 月该项目正式进入起草阶段,经过"政府版""专家版"的比对,市人大财经委员会于 2016 年 12 月向市人大常委会提出《上海市社会信用条例(草案)》。

不容否认的是,提案率高低并不是判断人大是否主导立法过程的唯一标准,在西方国家政府高提案率也并不少见。[①]如果人大能够在后续程序中对法案进行实质性的审议、修改、表决,也不失为发挥主导功能的另一种选择。正如十一届全国人大常委会委员长吴邦国同志所言:"衡量专门委员会的工作,主要不是看起草了多少部法律,而是看在法律案的审议中提出了多少有价值的意见。"[②]实证分析表明,在有关专门委员会的辅助下,地方人大经过对法规草案较为充分的审议,并综合社会各方面意见,对法规修改总量已近 40%,对法规核心制度的实质性修改日渐增多。如前文所抽取的实例《上海市外商投资企业清算条例》,常委会在立法过程中就草案中主要问题两次进京请示,对草案的四个核心制度均有实质性修改;《上海市住宅物业管理规定》立法过程中不仅对法规的名称、调整范围作了较大的修改,对"居改非""业主委员会成立与运作""物业管理区域划分"等核心制度均作了实质性的修改。另一方面,虽然对法规的修改分量越来越重,但地方人大在实践中极少运用"过滤性"的程序,且从未有否决某项法案的实例。[③]结合实证材料,笔者认为大致可以归纳出如下几点结论:(1)地方人大已经逐步从"方案确认者"走向"方案创立者"。地方立法起步之初,由于长期秉持积极慎重立法的精神,地方人大习惯于将实践证明行之有效的举措通过立法固定下来,转化为全社会一体遵循的法律规范,因此,逐渐形成了"先出台规章,经过实践检验后,再上升为地方性法规的"立法路径。正如彭真同志所指出的那样:"在立法过程中,全国人大常委会要同国务院和省、自治区、直辖市人大常委会分工协作,密切配合。在制定法律前,中央和地方反复研究,全面权衡利弊,社会实践证明是成熟的、正确的,就用法律把它肯定下来。这样立法谨慎一点,比较符合实际,法律就可以比较稳定,法律的

---

① 如英国在体制上号称"议会至上",但 1978—1982 年,英国政府向议会共提出 497 项议案,议会通过 472 项,通过率为 95%;同期议员共提出 632 项法案,议会通过 122 项,通过率为 19%。参见李林:《关于中国立法权限划分的理论与实践问题》,载王晓民主编:《议会制度及立法理论与实践纵横》,华夏出版社 2002 年版,第 84 页。

② 参见"吴邦国委员长在十届全国人大常委会第二次会议上的讲话",中国人大网:http://www.npc.gov.cn/npc/wbgwyz/content_1614367.htm,访问时间 2012 年 11 月 13 日。

③ 参见《法制来信简报》1997 年第 4 期,转引自蔡定剑:《历史与革命》,中国政法大学出版社 1999 年版,第 378 页。

威信就可以慢慢地树立起来。"①在这样的背景下,尤其是在政府起草提案为主的情况下,地方人大对法规草案中的许多制度设计往往会予以确认,因为这些制度设计往往是规章或者政府有关规范性文件中已经出台的、经过检验的制度,即使与规章或者规范性文件中的设计略有差异,也往往是经过实践证明需要做相应调整的。而近年来对政府草案中的制度设计做实质性修改越来越多的现象,也正说明地方人大更加注重从制度上进行顶层设计和规划,注重把经验式、确认式的立法模式与能动性、前瞻性的立法模式结合起来,凭借其常委会组成人员经验丰富的优势以及汇集民意、集中民智的优势,有能力自主开展制度设计,对政府草案中的部分制度进行实质性的修改完善,甚至提出新的制度设计方案。(2)地方人大在审议、修改、表决阶段的主导功能,还有不断完善提升的空间。从实践情况看,由于常委会组成人员并非全部驻会专职从事人大工作,受常委会审议法规时间等因素的限制(通常常委会第一次审议法规采用分组审议的形式,一件法规审议时间为一个半小时至两个小时,常委会第二次审议多采用全体会议的形式,一件法规审议时间约为半小时),审议中观点交流、碰撞并不多,对实体问题以及核心条款的审议可能不尽充分。法制委、法工委和有关专门委员会在之后的修改中由于前述信息、专业、资源方面的限制,对政府法规草案进行否定式修改、另起炉灶创制制度均存在一定程度的难度,而使用重新修改完善后再行提出、暂缓审议、搁置审议、暂不付表决、修正案等特别程序,也与中国传统文化中"和为贵"的思想相悖。但是,提高立法质量是地方立法永恒的主题,正如习近平总书记所言,当前:"人民群众对立法的期盼,已经不是有没有,而是好不好、管用不管用、能不能解决实际问题;不是什么法都能治国,不是什么法都能治好国;越是强调法治,越是要提高立法质量。"无论法案由谁提出,如何在地方人大的议事平台上通过观点的交流、交锋不断地凝聚共识,推动良法的形成,需要地方人大直面存在的问题,积极寻求破解之道。

四、地方人大主导功能现状之三:立法完善阶段

关于法的完善的必要性,许多学者都有过论述。如李林先生形象地将法的完善与法的制定看成一个系统的"入口"与"出口",即法的制定是在生成一部新的法律、承担着实现法律从无到有的任务,是这个系统的入口;法的修改、解释,使既存的法律更趋

① 彭真:《立法要适应改革、开放的需要》,载《论新时期的社会主义民主与法制建设》,中央文献出版社1989年版,第266—267页。

于完善,以适应不断变化着的社会现实;法的废止则把丧失了存在价值的法律从现行法律系统中剔除出去,从而保证整个法律体系的和谐、完美,是这个系统的出口。[①] 从我国目前立法现状看,法的完善阶段主要包括法的修改、废止、清理、解释等环节。

(一)法规修改废止环节之现状

统计表明,1979 年至 2012 年的 30 多年间,上海市人大及其常委会共制定法规218 件,修改法规 166 件,且修改法规的数量呈逐年上升趋势。到上海市人大常委会十二、十三届任期期间,法规修改的数量已经开始超过制定的数量。回到本文的主题,既然地方立法的重心已经开始逐步向制定与修改并重转变,那么在法规修改过程中,地方人大的主导功能表现如何? 兹分析如下。

1.法规修改案的提案情况

从数据上看,从 1979 年至今,上海市人大及其常委会修改法规 166 件;这 166 件修改的法规中,由市政府提出的为 83 件,人大提出议案的为 83 件。人大提出修改议案的 83 件中,关于人大自身建设的为 28 件,专业领域的为 55 件。从数量上看,地方人大提出修改法规的议案较多,其中一个重要原因是 55 件中有 37 件是根据 1997 年《行政处罚法》出台的要求集中清理后作的修改,若将其归并为 1 件,则人大提出的专业领域的法规案只剩 18 件(见表 9)。统计表明,与制定法规议案多数由政府提出一样,多数法规的修改案均由政府系统提出。政府提出法规修改的情况主要包括案例,适应经济社会发展引发的法规修改案,适应行政管理体制变化引发的法规修改案,适应上位法调整引发的法规修改案,落实中央和市委要求引发的法规修改案以及回应人大代表议案引发的法规修改案。

表 9　上海市人大审议地方性法规修改案提案人情况

届别	修改总数	人大提出修改案总数	事关人大自身	事关其他专业领域
七届	1	1	1	0
八届	3	2	1	1
九届	9	5	4	1
十届	50	43	4	39
十一届	27	11	6	5
十二届	49	10	5	5
十三届	28	11	7	4
合计	166	83	28	55

[①] 李林:《试论法律废止》,《宁夏社会科学》1991 年第 4 期,第 15 页。

地方人大常委会废止已经制定的法规,主要通过两种方式:一是作出废止决定;二是在制定新法规的同时废止原法规,俗称"立新废旧"。本节考察在此过程中地方人大的主导功能发挥情况。

2. 法规废止案的提案情况

统计表明,1979 年至 2012 年,上海市人大常委会作出法规废止决定 15 件,立新废旧 24 件,合计 39 件。其中,由人大提出废止的法规有 12 件,占比为 31%。具体而言,废止决定由人大提出议案的共 6 件,分别为教科文卫委员会 1 件,城建委员会 2 件,内务司法委员会 2 件,主任会议 1 件;人大提出立新废旧的共 6 件,分别为内务司法委员会 2 件,教科文卫委员会 1 件,主任会议 3 件。总体来看,对法规是否废止的提议仍基本由政府提出,占比为 69%。

3. 法规修改案的审议表决情况

对法规的修改案,地方人大往往会在提出不同意见并作适当"修改"之后顺利通过,本文着重对此作简要分析。以《上海市民用机场地区管理条例》为例,该《条例》于 1999 年通过,其中授权上海机场(集团)有限公司可以以自己的名义对机场地区 8 个领域 34 项具体违法行为实施行政处罚或者采取行政强制措施。其后,2003 年、2005 年、2011 年分别作了三次修改。《条例》中关于授权机场集团行政处罚权从制定开始就有争论,且在修改中又不断对执法体制作出调整,因此在审议过程中有较大分歧,但最终均顺利通过。

2003 年第一次修改。2003 年,市政府提出对机场条例等法规进行修改的议案,重点包括取消机场条例中的 2 项行政许可、2 项备案,另有 1 项行政许可改为内部征求意见。市人大城建环保委员会审议同意对这些行政审批事项的修改,并提出了一些完善性建议经常委会审议后,同意城建环保委员会的具体修改意见,该修正案顺利表决通过。2005 年第二次修改。2005 上海市委、市政府对机场的行政管理体制进行改革,决定撤销法规中原规定的"行政主管部门"——市空港办,同时建议修改《条例》,将"《条例》中的行政管理主体由原来的市空港办修改为机场集团公司",还建议将一项行政许可也授权机场集团行使。常委会审议时,委员们对授权机场集团行政处罚权和行政许可权是否合适以及相关工作程序提出了较多意见。据此,法制委员会提出的表决稿中着重对授权的范围作了进一步明确,对机场集团公司行使行政管理职能增加了相应的监督制约措施。2011 年第三次修改。中共中央、国务院于 2008 年 10 月 18 日批复同意的《上海市人民政府机构改革方案》中,将上海机场(集团)有限公司承担的上海空港地区行政管理职能划归市交通运输和港口管理局,2009 年行政审批制度改革中机场集团公司行使的 5 项行政审批事项被取消,因此该《条例》又由市政府于 2011 年提出第三次修改的议案。经常委会两次审议,对明确市交通港口局作为机场地区行政管理部门的具体职能、对机场集团公司 5 项行政审批事项作出调整均给予认可,对有关行政审批操作程序作了完善性修改。

综合来看,在法规修改过程中,关于法规是否需要修改、何时启动修改、修改什么内容,仍主要由政府为主提出建议并推动相关立法程序;修改法规的议案报送到人大及其常委会之后,与制定法规一样,人大及其常委会作"完善性"审议修改的居多。

4. 法规废止案的审议表决现状

对废止法规的议案,人大在审议过程中均采用了一次审议的形式,其结果也均是顺利通过。

综合来看,在法规废止环节仍主要由政府为主提出建议并推动相关立法程序;废止法规的议案,在审议程序的安排上相对简单,其他各方主体参与较少。

(二)法规清理环节之现状

对法律、法规清理的定位,法律中并无明确规定。在地方立法条例中,个别地方如上海、重庆对此作了规定。《上海市制定地方性法规条例》第五十五条规定,人大有关委员会应当适时对法规进行清理,向主任会议提出清理情况的报告;对需要修改、废止法规的,还应当提出修改或者废止的建议。同时规定,市人民政府及其工作部门、法院、检察院可以提出清理法规的建议。近年来,上海市人大常委会还推行即时清理的做法,跟踪国家法律、行政法规出台的情况,经对照,如发现地方性法规与上位法不一致的,由法工委在编制年度立法计划时一并提出修改或者废止的建议。从数据上看,上海的立法实践中,有过五次法规集中清理活动。形式上看,五次法规清理都是由人大常委会或者常委会主任会议通过法规清理工作的方案再组织实施;依据上看,五次法规清理均根据国家有关法律的要求或中央的有关部署。如 2001 年 9 月,中共中央办公厅和国务院办公厅下发了《关于适应中国加入世贸组织进程,清理地方性法规、地方政府规章和其他政策措施的意见》(中办发〔2001〕22 号),统一布置了各级地方政府的法规清理工作。[①] 再如《中华人民共和国行政强制法》通过后,为保障该法的正确有效实施,全国人大常委会法工委下发《关于做好地方性法规中有关行政强制规定清理工作的通知》,对相关法规清理工作作出部署,有关清理情况详见表10。

---

① 参见张德霖主编:《中国加入 WTO 经济法律调整概览》,法律出版社 2002 年版,第 3 页。

表 10 上海市地方性法规清理情况统计

年份	依　据	性质	清理法规数(件)	处理结果
1997	行政处罚法	专项	87	修改 37 件,废止 0 件
2001	加入 WTO	专项	33	修改 2 件,废止 3 件
2003	行政许可法	专项	122	停止执行 22 件法规中 36 项许可
2010	法律体系形成	全面	135	修改 48 件,废止 5 件
2011	行政强制法	专项	149	修改 13 件,废止 1 件

从上述统计看,相对于法规制定、修改、废止阶段,法规清理阶段地方人大居于相对主导的地位。这一方面反映出在当前各种主客观条件下,地方人大有能力作为立法活动的组织者、协调者以及决断者;另一方面,地方人大只有在全国人大有明确指令的情况下才占据立法活动的主导地位,一定意义上反映出地方人大要发挥主导功能,往往需要对"工作依据"的依赖。

(三)法规解释环节之现状

法规解释环节地方人大主导功能发挥现状如何?实证分析如下。

1.地方人大立法解释权鲜有运用。

《立法法》出台至今,上海市人大常委会作出立法解释的仅 1 件。2004 年 2 月 9 日,由于市政府拟对市消费者协会进行改制,将上海市消费者协会更名为上海市消费者权益保护委员会,上海市人民政府向市人大常委会报送了一件立法解释的议案,提请市人大常委会对《上海市制定地方性法规条例》中消费者协会的职能适用等问题作出解释。2 月 19 日,上海市十二届人民代表大会常务委员会十次会议通过了上海市人大常委会历史上唯一一件立法解释案。①

2.立法解释的替代形式:法工委询问答复。

如前所述,《立法法》规定:"全国人民代表大会常务委员会工作机构可以对有关具体问题的法律询问进行研究予以答复,并报常务委员会备案。"这可以看作是对全国人大常委会工作机构法律"答复权"的规定。实践中,各地方、各部门因对法律条文理解、适用存有困惑而向全国人大常委会法工委提出"请示",全国人大常委会法工委则作出

----

①　此次立法解释案的出台并非政府的自觉选择。当政府非正式地向人大财经委、法工委沟通此次立法需要后,人大有关部门经过研究,认为可以采用立法解释方式,且立法解释在《上海市制定地方性法规条例》出台后并未使用过,遂提出激活这一制度的建议。

书面或者口头答复。地方据此也作了类似的规定,如《上海市制定地方性法规条例》第五十四条规定:"对实施本市地方性法规有关具体问题的询问,由常务委员会法制工作机构研究后予以答复,并报常务委员会备案。"实践中,上海市人大常委会法工委也曾作出了共计 10 余件法规询问答复,而这些答复均在文尾注明"以上意见,供参考",表明答复并不具有法律上的"强制约束力"。

3. 政府主管部门应用解释有待监督。

根据 1981 年全国人大常委会关于法律解释问题的决定,地方性法规的主管部门也享有对法规条文中具体应用问题作出解释的权力。实践中,虽然各部门作出应用解释在公开媒体上可查的不多,至今累计也仅 10 余件,但这些应用解释并未向市人大及其常委会备案。具体而言,依解释权来源划分,政府部门的应用解释包括法规授权解释和自行解释。前者多出现在 1998 年之前,当时上海市地方性法规的附则中多有明确规定,"(本条例的)具体应用问题由市人民政府(××部门)负责解释",根据这一授权,政府主管部门对有关条文作出相应解释;后者即地方性法规中并无明确授权性规定,政府主管部门依照"职权"自行作出的应用解释。依据解释的内容划分,政府部门的应用解释又可以分为阐释性解释与创制性解释,前者严格对照地方性法规,对其中的用语、要求等作出解释;后者虽然用应用解释的文体,但创设了新的行为规则。

综合上述情况看,在法规解释环节,地方人大及其常委会对正式的立法解释运用极少,法工委对有关询问虽然时有作出答复,但不具有正式的法律效力,在程序上也多走非正式程序。而实际上享有应用解释权的行政主管部门,既有对个案适用法规的指导性解释,也存在解释性文件中创制新的行为规则的情况。

(四)法的完善阶段地方人大主导功能的总结与评析

与制定法规相似,对法规是否修改、是否废止,以及何时修改、何时废止,基本上都是由地方政府部门提出议题和具体方案。从统计数字看,90%的法规修改议案均由政府提出,超出制定法规政府提案的比例,从一定意义上说明对法规进入社会后是否适应经济社会发展新的现状,政府部门有更大的发言权。在程序意义上,法规是否需要修改、废止等立法时机的判断,多由政府主导。虽然地方人大在法规通过后采用执法检查等办法跟踪法规的实施情况,近年来还探索了立法后评估方式了解立法与社会的适应性,但人大执法检查、立法后评估与法规修改、废止的启动尚未建立及时的传送机制。

就执法检查而言,地方人大每年都会组织法规实施情况的执法检查,如上海市十三届人大常委会任期五年期间,就对 19 部法律、法规的实施情况开展了执法检查。执法检查报告的内容多分为三个部分：一是法规执行的总体情况；二是法规执行中存在的问题；三是对贯彻实施法规提出若干建议，对法规的完善提出若干建议。因此，对立法工作而言，执法检查建立了"独立的、可控的立法信息搜集渠道"。[①] 如 2000 年、2006 年上海市人大常委会分别组织对《上海市居住物业管理条例》《上海市住宅物业管理规定》开展执法检查，在执法检查报告中均提出对法规修改的建议，2006 年执法检查报告中提出"着手开展对《规定》的修改调研工作"的建议。[②] 但是，从实践情况看，人大执法检查所提建议并未及时转化为人大对法规修改完善的自主行动，法规的修改程序仍由政府部门启动。上述两次执法检查后，分别于 2004 年、2010 年对《上海市居住物业管理条例》《上海市住宅物业管理规定》进行了废止或修改，且两次修改的法规议案均由政府部门提出。有学者对全国人大常委会的情况作了统计，发现自 1990 年至 2006 年，全国人大常委会共组织 71 次执法检查，只有 12 部法律的修订受到了执法检查的"影响"。[③] 综上可见，虽然执法检查对立法完善产生了一定的影响，但地方人大在执法检查与立法完善之间尚未建立直接的、及时的程序传送机制，地方人大有关委员会本享有提出包括法规修改议案在内的提案权，但即使在执法检查中发现立法需要完善的问题，仍较少直接启动法规完善的程序，还是交由政府部门最终提出议案，这至少反映出人大虽然对政策议题的形成有足够的判断，但关于政策方案的形成仍然较多"倚重"政府。

立法后评估是近年来由地方人大先行创设的立法工作方法，意在根据对法规通过后的"体检"，评估法规制度设计的优劣。与执法检查属于人大监督工作范畴不同，立法后评估是立法工作在立法完善阶段的延伸。以上海市为例，2005 年上海市人大常委会首次开展了立法后评估工作，对《上海市历史文化风貌区和优秀历史建筑保护条例》管理体制、专项保护资金、公有优秀历史建筑使用权调整、保护对象四个问题的制度设计进行重点评估。虽然该次立法后评估报告就适时对法规进行修改和完善提出了建议，但该法规至今并未启动修改程序。因此，地方人大如何运用现有的工作机制将立法需要完善的信息转化为立法完善的方案和行动，是需要在实践中研究并着力解决的问题。

虽然几次法规清理中人大多居于主导清理进程、清理标准、清理范围，以及提出处

---

① 林彦：《执法检查：立法程序外完善法律的制度途径》，《北大法律评论》2010 年第 2 期，第 501 页。

② 参见《关于检查〈上海市住宅物业管理规定〉实施情况的报告》，上海市人大网：http://www.spcsc.sh.cnckzlcontent/2006-09/28/content_38428.htm，访问时间 2013 年 2 月 22 日。

③ 林彦：《执法检查：立法程序外完善法律的制度途径》，《北大法律评论》2010 年第 2 期，第 506 页。

理建议的地位，但是法规清理工作本身带有运动式的特征，且多以全国人大通过的法律或者国家发出的清理通知为依据。这样的情况并非上海独有。以广东省为例，自1979年以来，广东省人大常委会共进行了2次全面清理和5次专项清理，只有2次为自发全面清理，其余均为根据全国人大等有关要求展开的。① 由于没有常态化的、主动式的清理，一些应当及时修改、废止的法规往往继续"带病运行"，暴露出地方人大对法规全面、系统、及时的"自我体检"机制尚未形成。究其原因，笔者认为，一是地方人大在地方立法"制定"环节"倚重"政府的惯性，延续至法规通过后。即使法规通过后国家法律修改、社会现实情况变化等新情况出现，反应最敏感的当属政府部门，即地方性法规中出现的"行政主管部门"。实践中，地方人大有关委员会发现已制定的法规与国家新出台法律等不相一致的，大多会征询政府主管部门是否需要修改，而不是主动启动修改程序。二是与人大常委会会期短等原因引发的立法资源有限相关，已通过的法规存在与国家法律不一致、与之后出台的法规不协调的，若即时启动修法、废法程序，可能频繁占用有限立法资源。因此，实践中往往以上位法效力优于下位法、后法效力优于前法来暂时解决法律冲突问题，待立法存在的合法性、合理性等问题积累到一定程度后一并启动立法程序。上海市人大常委会近年来已经意识到这一问题，并提出建立即时清理与定期清理（如5年）相结合的常态清理机制②，但如何将这一机制健全完善还有待落实。

从实证分析结果看，多年来上海市人大仅做过一次正式的立法解释，人大常委会法工委的答复实际上成为法规立法解释的一种替代形式，政府部门自行作出法规应用问题的解释在实践中较为常见。究其原因，概有如下几点：一是正式立法解释的程序2000年才在《立法法》中得以确立，之前关于法规解释的主要依据是1981年《关于法律解释问题的决议》。根据该《决议》，"凡属于地方性法规如何具体应用的解释"，由政府主管部门解释，"凡属于法规条文本身需要进一步明确界限或作补充规定的"，由人大常委会解释。由于实践中需要解释的情形多发生在具体应用阶段，即使是"需要明确界限的"，也多与具体应用交织在一起，加之许多法规由政府部门起草，政府部门又是法规中赋予法定地位的管理、监督某项工作的"行政主管部门"，熟悉法规起草、实施的具体情况，因此，关于法规应用问题的解释以及许多应当作出立法解释的问题，多由政府主管部门作出。二是相较正式立法解释程序，法工委询问答复具有程序简便的特

① 雷斌：《地方性法规清理制度初探》，《人大研究》2009年第5期，第25—26页。
② 吴汉民：《关于进一步做好地方立法工作的几点思考》，《上海人大》2012年第5期，第7页。

点。许多需要立法解释的问题,如果启动《立法法》规定的解释程序,以上海为例,需要
政府主管部门向市政府法制办提出,由市政府法制办审核后,以市政府名义提出立法
解释的要求,经市人大常委会审议后做出解释;而若采用提请法工委作出询问答复的
方式,则程序较为简便。从实证分析看,政府部门自行作出的法规应用问题在解释实
践中较为活跃,但这些应用解释既有对法规条款作不当扩大解释的个案,也有借应用
解释之名另行创制规则之嫌。而对政府部门所作的法规应用解释,地方人大目前尚没
有建立制度化的监督机制。

五、完善地方人大在立法过程中主导功能的建议

有学者指出,政策形成能力和决策能力是衡量立法机关能力的重要标准。立法机
关的政策形成能力和决策能力可以表现在三个方面:一是根据社会要求提出问题并形
成方案;二是对有关方面提出的法案进行审议、修改;三是对法案通过后的执行情况进
行监督。[①] 而以上实证分析中展现的现实,与法律规范意义上关于地方人大主导立法
过程的规定有一定差距,对地方人大而言,还有许多进一步完善和提升的空间。正如
周旺生先生所言:"作为主要立法机关的权力机关应当成为事实上的权力机关,而不应
当仅仅是法律上的权力机关,它必须有立法的决策权。既然权力机关是由普选的人民
代表组成的,就应当相信它;如果它不能很好行使权力,可以加强它和改选它。"[②]有鉴
于此,考虑到完善地方人大的组织结构与议事方式方面的研究较多,如缩小人民代表
大会特别是常务委员会的人员规模、人大组成人员专职化改革、人大会期制度改革等,
立足当前国情,笔者从工作机制角度对完善地方人大在立法过程中的主导功能提出如
下建议。

建议1:改革地方人大组织协调立法的方式。

正视地方人大立法的宪法地位,并不是一味地排斥其他主体对地方立法的介入和
影响。笔者认为,为了适应现代社会对立法专业化、立法灵活性、立法回应性的要求,
强化地方人大立法主导功能,并不一定要求地方人大独立完成立法过程中的所有活
动,地方人大在某些阶段完全可以将工作重心放在组织、协调上,利用政府、社会等诸
多资源优势,弥补人大立法本身能力、信息方面的不足,而不必事事"亲力亲为"。正如

---

① [日]岩井奉信:《立法过程》,李薇译,经济日报出版社1990年版,第9页。

② 周旺生:《中国立法五十年》,载周旺生主编:《立法研究》(第1卷),法律出版社2000年版,第79页。

党的十八大提出的,"支持人大及其常委会……加强立法工作组织协调"。因此,发挥地方人大在立法中的主导作用,应当重点加强对地方人大对立法工作的组织协调,如可加强立项环节的组织协调,明确立法规划、计划遴选的标准,通过组织专项论证、联合论证,确保真正发挥引领推动作用的项目进入立法规划和计划;可加强起草环节的组织协调,通过发放"立项通知书",明确起草的重点和要求,督促指导起草单位充分按照体现引领和推动作用的要求开展制度设计;可加强审议环节的组织协调,科学安排审次,对涉及改革全局、有分歧意见的立法项目增加审次,力求在反复协商的基础上求得"最大公约数";可加强立法后环节的组织协调,通过建立法规动态清理机制,实施法规清理与立法规划、计划编制的有效衔接,通过加强配套文件制定,确保引领推动作用落到实处。需要注意的是,这里的"组织协调"必须是实实在在的牵头、统筹,最终将立法的决策权掌握在人大手中,而不是放手让政府等部门"单干"。

建议2:建立开放的法规立项机制。

如前所述,立项虽然起到了筛选以政府为主提出立法建议的作用,但项目来源单一等问题仍使地方人大在立项环节深受政府的影响。为此,笔者建议:一是将立项过程向社会公开。征集立法项目不仅面向政府、人民团体以及党委有关部门等"体制内"单位,还要面向社会公众;在立项论证环节,可以重点听取全体人大代表的意见,由全体人大代表代表对各方面提出的多个立项建议进行排序,从中选出公众认为最需要立法的项目。二是建立常态化的立法建议征集处理渠道。如在网站开通立法项目征集栏目等,让公众随时根据自己的意愿提出相关设想,并落实人大内部接受处理公众立法建议的部门,将公众随时提出的立法建议定期向人大代表、常委会组成人员印发,在立项时将公众立法建议作为立项的重要参考。如在美国威斯康星州,公民就是形成新的立法的主要思想源泉,如果他们认为健康保险费用难以支付、汽车司机开车应系上安全带,他们就会想到"这儿应当有一条法律",就可能与众议会议员、参议会议员、州长接触。[①]

建议3:建立人大组织的多元法规起草机制。

本文实证分析中列举的个案表明,地方人大组织立法起草有其现实可能性。从专门委员会的组成看,虽然人力有限,但专门委员会的组成人员往往是由对口领域的党委领导或者行政领导转岗到人大任职,这些同志熟悉党和政府工作,且拥有大量的组织资源,由其联系某方面的立法起草工作应当说在专业性问题的判断上并无劣势。为

---

① 刘建兰、张文麟:《美国州议会立法程序》,中国法制出版社2005年版,第66页。

此,笔者建议建立由人大有关委员会组织、牵头,多元主体参加的立法起草工作机制。这里的多元,强调的是政府部门之外多方主体对法规草案起草的参与。具体工作方式上,既可以成立由实践中立法工作的"接力四方"(政府部门、政府法制办、专门委员会、法工委)共同组成的起草小组;还可以采取委托起草的方式,发挥委托起草不受部门利益的局限、专业性强、较为超脱的优势,委托专家学者、科研机构成立起草小组,进行某个法案或者法案某个章节、某项制度的起草工作。无论哪种方式,都由人大有关委员会作为起草组的组织者、负责者,主导立法起草指导思想、框架设计,对法规起草过程中的问题进行协调,对起草稿是否成熟进行论证,并判断何时可以提出立法议案,而具体的制度方案设计可仍由政府部门草拟。

建议4:建立人大代表议案转化推动机制。

从实证分析看,6000多件人大代表议案无一能够进入立法程序。从目前人民代表大会会期较短的实际出发,笔者对改变这一现状提出如下建议。一是建立人大代表议案协助起草机制。人大代表作为代议机关的组成人员,由其提出的立法议案从理论上说更能代表民意。因为我国人大代表都是兼职履行代表职务,加上专业信息有限等原因,代表起草完整的法规草案确实存在难度。为了解决这一问题,可以借鉴德国议会的做法,德国相关法律规定,"议员可以要求其党团助理或议会助理机关代为起草法案,也可以委托利益集团起草"。[①]现阶段可尝试人大代表提出议题,请政府部门帮助起草,或者请人大常委会工作班子(如法工委工作人员)参与起草等做法,人大代表将起草的意图和解决问题的思路告知上述部门和人员,由其开展调研并设计制度形成法规草案稿。二是一些确实重要且代表所提案相对成熟的代表议案,可以采取先列入当次代表大会会议议程,会后再转交常委会继续审议完善的做法。这样做,一方面有利于保护代表提出立法议案的积极性;另一方面,可以在常委会会议审议前后,请政府部门等参与共同对法规草案继续进行完善,继而经表决通过后转化为法规。

建议5:激活立法程序中的过滤机制。

立法中以理性、交涉、民主为理念的过滤程序的设计,本身就为保障少数人的言论权、动议权及对多数意见的正当挑战权和否决权留有通道,目的就是通过这些程序设计,使法案经受时间的考验和理性的磨炼而成为"精品"。[②]鉴于实践中的情况,笔者建议,对法规草案不尽成熟的,专门委员会可以向主任会议提出请提案人补充完善的

---

① 蒋劲松:《德国议会法案的提出程序》,《人大研究》1998年第4期,第29页。
② 孙潮、徐向华:《论我国立法程序的完善》,《中国法学》2003年第5期,第59页。

建议,也可以由主任会议讨论后决定请提案人对法规草案补充完善;对进入审议程序的法规草案有重大问题或分歧意见的,可以由法工委或者法制委提出搁置审议或者暂不付表决的建议,为谨慎起见,在操作上可以采取先经过人大党组讨论同意,再提交常委会会议依照法定程序启动过滤机制的做法;对法规表决前有不同意见的,既可以采取由常委会组成人员提出立法修正案的方式,也可以采取单项表决的做法,即对某个条款单独进行表决,以便常委会组成人员更科学地表达自己的意志。

建议6:建立立法审议辩论机制和公开机制。

从当前立法实际看,常委会审议的交涉性、互动性比较差,不同观点的充分碰撞、充分交流不够,是影响法规实质性审议质量的重要因素。如何破解这一问题?笔者建议建立立法审议辩论机制和公开机制。一是建议召开全体会议对社会关注度高的法规进行立法辩论。立法辩论制度产生于西方政治文明,源于"议会辩论"。议会辩论是指"立法机关依议事规则围绕一项动议所举行的正式讨论、争辩和表决"。① 综合目前地方立法实践中分组会议审议、全体会议审议两种审议方式的特点,建议法规审议先召开分组会议,在分组会议充分发表个人意见、了解情况、"热身"的基础上,再召开全体会议,全体会议的主要功能就是立法辩论,对法规中的主要问题,尤其是存有不同观点的问题,在主持人的安排下,逐一进行辩论,使"真理越辩越明";也可以借鉴日本的做法,对委员们在分组会议上反对或赞成某问题作出归纳并"编组",审议时,请赞成方和反对方交错发言。二是建议以多种方式公开立法审议过程。在西方,立法审议公开的形式很多,如通过广播、电视对议会辩论、表决等活动进行转播,实行自由旁听制度,公开议会的全部档案和议事录,在大众传媒上公开讨论立法中的问题,等等。鉴于当前实际,可以考虑采取录播甚至未来直播常委会会议审议情况的方法,或者进一步改革当前公民旁听制度,扩大旁听规模,简便旁听申请手续,并允许公民全程旁听,不仅旁听常委会安排的全体会议,还可以旁听分组审议会议。

建议7:建立立法听证常态化机制。

从实践看,立法听证会意见较多被采纳,反映出意见表达的公开性与参与效果之间的正相关关系,也给我们如何提高公众参与立法实效提示了一条可行的路径。虽然上海市人大常委会至今已经举行了10余次立法听证会,数量在省级人大常委会中居于前列,但是平均1年只举行了1次多,与立法总量相比只能是凤毛麟角。其原因与举办立法听证会的人力、物力、财力成本较高存在一定关系,且由于听证会"舶来品"的

---

① 蔡定剑、杜钢建主编:《国外议会及其立法程序》,中国检察出版社2002年版,第40页。

性质,近年来立法听证会往往作为立法机关的"重头戏"由常委会领导参与决策,"使一种本来可以日常化、程序化的简单程序变成了复杂的政治过程"。[①]为此,笔者建议,探索小型听证会的举办形式,让立法听证会常态化。一是切实推行委员会立法听证。现阶段各地召开的立法听证会虽然名义上为法工委或者有关专门委员会召开,但实践中均演变为常委会的立法听证会。按照目前的操作模式,参加立法听证会的人数总计约 150 人,而要让立法听证会常态化,应当切实推行委员会立法听证,以委员会为单位,简化听证会参与、组织程序,如可以以委员会组成人员参与为主,到社区召开立法听证会,听证会公告在社区宣传栏等张贴,直接听取社区群众的意见。二是可将立法听证会的核心元素植入立法座谈会和立法论证会之中。听证会最基本的原则是公开性和参与对象的非指定性,鉴于座谈会、论证会是当前地方立法机关惯常采用的听取意见方式,可以将听证会的核心元素植入座谈会和论证会中,如可在人大网站公布召开会议时间地点,接受公众报名,并向媒体开放,由此而召开的会议可以视为"听证会"。这样做,只需对现有座谈会、论证会的召开方式略作改革,就可以在一定意义上达到与听证会同样的民主效果。

建议 8:建立法规实施与立法完善互动机制。

针对目前地方人大对立法完善反应不够及时的现状,笔者建议,建立法规实施与立法完善互动机制。具体而言,一是建立法规生命周期制度。作为一种公共产品,法律法规与其他产品一样,也应当有其生命周期。从统计情况看,在当前经济社会快速转型期,地方性法规在 5~10 年都要经历一次修改。为了提高法规的适应性,地方人大可以考虑建立法规生命周期制度,如规定法规有效期是 5 年,期限届满前人大应当组织清理,评估其是否继续有效,是否需要修改、废止,借此将法规完善的主动权掌握在地方人大手中。二是建立执法检查、立法后评估与立法完善互动机制,在编制立法规划尤其是年度立法计划时,将执法检查报告以及立法后评估报告中提出修改、废止法规的建议,作为立项的重要参考,尽可能编入立法规划或者立法计划,有关专门委员会可直接将这类项目列为本委员会拟提案并组织起草的项目。此外,在立法完善的方式上,还可以积极运用立法解释程序,实现"立、改、废、释"并重。

提高立法质量是立法工作永恒的话题。最大可能地实现立良法的目标,需要切中要害的、方法适当的制度设计,需要精细完善的立法表达技术,但是所有这些都离不开

---

① 杨雪冬:《制度移植与本土实践:以立法听证为个案的研究》,载《华中师范大学学报(人文社会科学版)》2005 年第 6 期,第 35 页。

地方人大在立法过程中主导作用的发挥,离不开立法过程中各个参与主体角色和功能的恰当定位。虽然本文的实证研究揭示出地方人大在主导功能发挥上不尽如人意的状况,但无论如何,在党的领导下,地方人大及其常委会切实发挥立法中的主导功能,各有关主体在地方人大及其常委会的组织协调下积极有序参与立法过程,是我们的期望所在,也是立法实务工作的出发点和落脚点所在。

地方立法中可操作性原则的践行

——以上海市人大的地方立法为例

◎许 超

摘 要:2014年10月,党的十八届四中全会通过了《中共中央关于全面推进依法治国若干重大问题的决定》,其中对于推进科学立法、民主立法、完善立法体制等问题作了强调。在地方立法实践中,往往将地方立法的可操作性要求作为一项基本原则。地方立法的可操作性强,意味着地方立法的质量较高,能够明确地对具体的法律关系与事项做出指引,有针对性地解决相关问题。而推进科学立法、民主立法正是增强地方立法可操作性的有效途径。另外,在最近一次《立法法》的修改过程中,"法律规范应当明确、具体,具有针对性和可执行性"的表达第一次出现在正式的《立法法》条文中,可见立法者对于增强立法可执行性与可操作性、提高立法质量的重视。

地方立法涉及和覆盖的领域极广,不可避免地会面对来自各个领域的问题和挑战。其中,有不少因素影响了地方立法的可操作性。面对各种影响地方立法可操作性的因素,增强地方立法可操作性、提高地方立法质量的根本途径在于推进科学立法、民主立法。围绕科学立法、民主立法和完善立法体制来建设与完善相关制度,将是增强地方立法可操作性的必由之路。

关键词:地方立法;可操作性;立法质量

2013年6月,武汉市公布了《武汉市人口与计划生育管理若干规定(征求意见稿)》,其中第26条规定:"未婚生育且不能提供对方有效证明,或者明知他人有配偶而与其生育子女的,当事人应当依照《湖北省人口与计划生育条例》的规定缴纳社会抚养费。"这一地方立法规定的本意应该是规范和管理未婚生育的行为,重点在于对社会生活中人们深恶痛绝的"第三者"进行处理,对其征收社会抚养费。然而,出乎立法者意料的是,正是其出于打击"第三者"的目的所设计的"未婚生育且不能提供对方有效证

许超,上海社会科学院法学硕士。

明,或者明知他人有配偶而与其生育子女的"的表达,使得这一地方立法的可操作性被大大削弱,很难在实践中被贯彻落实。上述规定中"未婚生育且不能提供对方有效证明,或者明知他人有配偶而与其生育子女"的覆盖人群远远超出了"第三者"的范围,现实生活中未婚生育又无法提供对方身份信息的情况往往并不都是违法违规或者违背道德的,也有不少合情合理的情况存在,其中最为典型的例子就是通过精子库的精子进行人工受孕的情况。由于精子库在管理过程中,对供精者与受精者进行严格的隔离,人工受孕的当事人一般无从知晓精子提供者的身份,更无从获取其身份信息,然而这一情况恰好完全符合《武汉市人口与计划生育管理若干规定(征求意见稿)》第 26 条的规定。按照规定,凡是上述人工受孕的当事人也应当缴纳社会抚养费,这样的结果显然是不合情理的;而如果上述人工受孕的情况不适用第 26 条的规定,那么"第三者"们恐怕就坐不住了,不免会有这样的争辩:"法律面前人人平等。同样的法律,同样的适用,人工受孕同样符合规定,不能做区别对待,要么都适用,要么都不适用。"这就使得相关规定的实施陷入了两难。显然,上述地方立法在可操作性方面出了问题。具体而言,地方立法中相关概念的外延远远超出了其想要规定的内涵,立法的目的与立法的文本不相匹配,使得实际约束的对象超出了立法者的预期,将很大一部分不在立法目的之内的人群和事项纳入了本不该适用的规定范围内,导致出现"合法而不合理"的现象,削弱了地方立法的可操作性,降低了地方立法的质量。

上述例子只是地方立法缺乏可操作性的一种比较典型的表现。在当下的立法实践中,随着各地对于地方立法工作越来越重视,地方立法的可操作性在不断增强,地方立法的质量也随之不断提高。然而不可否认的是,还有不少的地方立法自表决通过以后,由于缺乏必要的可操作性,难以得到贯彻实施,无法实现立法意图,长期处于沉睡状态,无人问津,逐渐地沦为了摆设。地方立法的可操作性显然有待增强。

2015 年修订的《立法法》第六条第二款规定:"法律规范应当明确、具体,具有针对性和可执行性。"可见立法者对于增强立法的可操作性、可执行性、提高立法质量给予了更多的关注与重视。那么,为什么立法尤其是地方立法要坚持可操作性原则?什么是地方立法中的可操作性原则?地方立法中可操作性原则的内涵和评价标准又该如何界定?对于这一系列问题,目前理论与实务界都没有给出明确的答案,也没有形成统一的标准。本文以近些年来上海市人大的地方立法为主要研究对象,通过对上海市地方立法中可操作性原则的践行情况的分析,对地方立法可操作性原则的标准进行概括,对地方立法坚持可操作性原则过程中存在的问题进行梳理,分析影响可操作性的因素,并且对这些因素背后更深层次的原因进行挖掘,有针对性地提出增强地方立法可操作性的方法和建议,增强地方立法可操作性,让地方立法真正发挥作用,解决具体的问题。

一、地方立法中坚持可操作性原则的必要性

2014 年 10 月,党的第十八届中央委员会第四次全体会议通过了《中共中央关于全面推进依法治国若干重大问题的决定》,《决定》强调要深入推进科学立法、民主立法,提高立法质量。提高立法质量的根本途径在于坚持科学立法、民主立法,而提高立法质量的落脚点则在于加强立法的可操作性,让法律能够真正得到贯彻落实,得到遵守和执行,使得社会主义现代化建设的方方面面不仅是有法可依,更是有良法可依,依法行事能够真真切切地解决现实生活中所面临的问题,收获良好的社会效果。可以说,在立法尤其是地方立法中,对于可操作性原则的坚持是社会主义法治建设的必然要求,也是对习近平同志在对《决定》进行说明时所强调的"法律的生命力在于实施,法律的权威也在于实施"的深入解读。①

(一)可操作性原则的概念与内涵

1. 对于可操作性原则的认识。

有不少学者认为,对于地方立法而言,"不抵触、有特色、可操作"是地方立法过程中所必须坚持的三项原则。"不抵触"要求地方立法不与上位法相抵触,保证了地方立法的合法性;"有特色"要求地方立法不是对于上位法的简单抄袭和模仿,而是能够结合地方实际,具有地方特色和针对性;"可操作"则要求地方立法具备科学性和合理性,能够卓有成效地解决具体问题。这三项原则从不同层面对于地方立法提出了要求,彼此之间也相互呼应、保证了地方立法的质量和实施效果。上海市人大在对新当选的人大代表进行立法方面知识和要求的培训时,就将"不抵触、有特色、可操作"作为地方立法过程中要坚持的三项原则,再对这三项原则展开作细化的要求。

2. 可操作性原则的内涵。

所谓地方立法中的可操作性原则,就是指地方立法中的条文具有明确的指引性,各个相关主体可以按照条文的指引进行活动,行使权利、履行义务、承担责任。具体而言,就是相关的主体在面对某一具体事项时,在地方立法的指引下,无论其是否接受过

---

① 习近平:《关于〈中共中央关于全面推进依法治国若干重大问题的决定〉的说明》,人民出版社 2014 年版,第 41—62 页。

专业的法学教育,都能够从通俗易懂的地方立法条文中了解到对于某一相关事项,自己享有哪些权利、承担哪些义务;应该如何行使权力、如何履行义务;如果行使权利不当或者怠于履行义务,又将会承担什么样的责任。地方立法坚持可操作性原则所追求的效果看似简单,每一部地方立法都会有权利、义务、责任的规定,但是真正要想将相关的规定明确细化、让人一目了然,给予相关主体具体而明确的指引,却并不是一件简单的事情。地方立法的可操作性原则决定了在地方立法这一复杂的系统性工程中,每一个环节都不能有丝毫松懈。

上海市在推进依法治市的过程中,曾于 2008 年对于上海市地方性法规的可操作性、实施效果等情况进行过一次问卷调查,其中可操作性部分的调查结果如表 1 所示。[①]

表 1 不同受访对象对地方性法规满意度的统计

满意度项目	412 名受访的市人大代表中满意和比较满意率(%)	329 名受访的市政协委员中满意和比较满意率(%)	2511 名受访律师中满意和比较满意率(%)	526 名受访的网民中满意和比较满意率(%)
法规的可操作性	69.9	43.3	47.7	37.1
法规的实施效果	此项未调查	52.6	56.2	此项未调查

从表 1 反映的情况来看,只有受访的市人大代表对于地方性法规的可操作性的满意度超过一半,受访的市政协委员、律师、网民对于地方性法规的可操作性的满意度均未能超过一半,可见上海市的地方立法在可操作性方面仍然存在着问题与不足,需要改进和提高,而这只是各地地方立法过程中可操作性不强、地方立法工作有待改进的一个缩影。

(二)可操作性原则在国家立法与地方立法中的分配

1. 国家立法与地方立法的关系。

国家立法是指拥有立法权的中央国家机关为调整全国范围内根本的、基础的、全局的、特别重要的社会关系而进行的立法活动。相对应的,地方立法则是指拥有立法权的地方立法机关根据本地区的具体情况和实际需要,为执行国家立法或补充国家立法而进行的立法活动。地方立法对于国家立法而言,既有一定的从属关系,又相对独立。

---

① 王叔良、史建三:《上海法律实施状况之评析》,《政治与法律》2012 年第 3 期,第 27—36 页。

地方立法从属于国家立法。从效力等级来看,我国规范性法律文件在效力上从高到低依次是:宪法、法律、行政法规、地方性法规、地方政府规章。很明显,作为地方立法的地方性法规和地方政府规章的效力要低于其他国家立法。[①] 从调整内容来看,国家立法调整的是全国范围内根本的、基础的、全局的、特别重要的社会关系,具有全局性、根本性的特点,而地方立法调整的仅是本地区内的地方性事务。

地方立法相对独立于国家立法。地方立法并不完全从属于国家立法,其与国家立法一样,是我国立法体系中不可或缺的一部分。国家立法为了照顾到各个地区发展的不平衡,保证制度与政策的长期稳定性,对于许多问题不可能做出"一刀切"的规定。在此情况下,为了保证相关规定的针对性和可操作性,地方立法就起到了关键的作用。在不与宪法、法律、行政法规相抵触的情况下,地方立法根据本地区的具体情况和实际需要对国家立法进行细化补充,对于国家立法中尚未规定的事项暂时予以规定明确。

2.国家立法与地方立法在坚持可操作性上的不同。

国家立法与地方立法相互配合、相互协作,共同构成了具有中国特色的社会主义法律体系。由于国家立法与地方立法在规范的对象、调整的范围、承担的使命等方面都有所差异,两者在对于一些立法原则与规范的坚持与践行方面也存在一定的差异。对于可操作性原则,国家立法与地方立法在践行过程中存在的差异主要表现在以下方面。

国家立法要求对于全国范围内根本的、基础的、全局的、特别重要的社会关系进行调整,这就决定了国家立法在坚持可操作性的过程中,应当适当把握好规定具体的细化程度。具体而言,由于我国国土面积大,各个地区在经济、文化、风俗习惯等方面都存在着不小的差异,国家立法在对某一具体事项进行规定时,必须做到统筹兼顾,充分考虑各个地区的实际情况与存在的差异,尽量避免"一刀切"的规定,达到实质的平等与公平。例如《刑法》第二百六十四条中规定:"盗窃公私财物,数额较大或者多次盗窃的,处三年以下有期徒刑、拘役或者管制,并处或者单处罚金。"与之相对应的,《最高人民法院、最高人民检察院关于办理盗窃刑事案件适用法律若干问题的解释》中规定:"盗窃公私财物价值一千元至三千元以上的,应当认定为刑法第二百六十四条规定的'数额较大'。各省、自治区、直辖市高级人民法院、人民检察院可以根据本地区经济发展状况,并考虑社会治安状况,在前款规定的数额幅度内,确定本地区执行的具体数额标准,报最高人民法院、最高人民检察院批准。"可见,由于各地区经济发展状况、社会

---

① 崔卓兰、于立深等:《地方立法实证研究》,知识产权出版社 2007 年版,第 5—7 页。

治安状况等的差异,对于构成盗窃罪的最低盗窃数额的规定,在国家立法层面只作了相对宽泛的规定,没有"一刀切"地强制规定某一具体数额,而是给了一个指导范围,具体的数值由各地根据其自身的经济、治安等因素加以具体明确。

相较于国家立法的统筹兼顾,地方立法更加关注本地区内的具体情况,追求因地制宜、有针对性地解决本地区内的实际问题。所以,可操作性原则要求地方立法更加细化具体、有针对性、能够提供明确的指引。还是以上文提及的对于构成盗窃罪的最低盗窃数额的规定为例,上海将"数额较大"明确为两千元以上,而新疆维吾尔自治区将"数额较大"明确为一千元以上。在此处,地方立法对于国家立法的规定进行了细化补充,使得《刑法》中关于盗窃罪的规定在地方立法的配合协作下真正在地方上得以明确,从而被贯彻执行。地方立法对于国家立法进行细化补充、结合本地区具体情况有针对性地解决实际问题的使命,决定了其自身必须更加细化明确,更具针对性和可操作性。

可操作性原则在国家立法与地方立法中的分配有所不同,而由于地方立法更加贴近社会生活,更加着眼于实际问题的指引与解决,可操作性原则对于地方立法往往有着更高的要求。因此,地方立法中对于可操作性原则的践行更具有典型性和代表性。本文将研究对象确定在地方立法领域,主要结合上海市人大近些年来在地方立法实践过程中践行可操作性原则的情况展开研究,力求能够更好地展现可操作性原则在立法实践中的践行情况,分析其中存在的问题,并有针对性地提出相关的解决方案。

(三)地方立法坚持可操作性原则的依据

1. 坚持可操作性原则的法理依据。

强调把可操作性原则作为地方立法中的一项基本原则,并在地方立法实践中积极践行可操作性原则,其法理依据主要在于两个方面。第一,地方立法是立法的重要组成部分,其产生的地方性法规、地方政府规章等均属于广义的法律的范畴,应当具有法律的一般特征,对人们的行为具有普遍约束力的同时,同样也具有指引、评价、教育、预测和强制的作用。所以,地方立法必须具有清楚的表达、现实的可操作性和明确的指引性,而不能含糊其辞、模棱两可,让人看后无所适从。这是基于法律自身性质和作用在可操作性层面提出的要求。第二,从宪法和《立法法》的相关规定来看,地方立法主要分为三类:一是实施性的地方立法,指为了贯彻执行法律、行政法规,结合本地区实际情况,制定具体的实施办法或实施细则等;二是自主性的地方立法,指根据本地区的具体情况与地方性事务的需要,对于地方性事务进行的自主立法;三是先行性的地方立法,指对于国家尚未制定法律或者行政法规的事项,根据本地方的具体情况和实际需要,依法先行制定地方性法规。上海市于 2008 年对当时有效的 142 件地方性法规进行了全面的立法后评估,表 2 反映了上海市人大地方立法三种不同类型的比例。[①]

表 2　三类不同性质地方性法规的比例

法规类型	数量(件)	比例(%)
实施性立法	62	43.7
自主性立法	48	33.8
先行性立法	32	22.5

可以说,地方立法的主要功能在于对法律、行政法规的贯彻执行、细化补充、拾漏补缺,结合本地区的实际情况,着眼于解决本地区的具体问题,而较强的可操作性无疑是保证地方立法能够充分发挥其功能、收获良好的实施效果的必要条件。

2.可操作性原则在地方立法中所占据的地位。

"不抵触、有特色、可操作"这三项原则在地方立法过程中往往缺一不可。"不抵触"是地方立法的存在前提,"有特色"决定了地方立法的个性特点,"可操作"则是地方立法的生命力所在。如果将地方立法比作一个婴儿,那么"不抵触"就是这个婴儿的准生证,决定了其合法地位;"有特色"决定了这个婴儿特征和个性,使其区别于他人;而"可操作"则决定了这个婴儿的生命力,保证了其将来能获得很好的生存和发展。

法律的价值和生命力只有在其实施过程中才能得以体现,对于一部法律的评价也只有结合到其实施的效果,才能真正给出客观、全面的结果。而在影响法律实施效果的众多因素之中,就法律本身而言,其可操作性的强弱很大程度上反映了法律制定的科学与否及质量高低,是左右法律实施效果的最为重要的因素。因此,抛其他因素,就法律本身而言,其可操作性的强弱是评价立法质量的一个重要指标,同时也是影响其价值实现、决定其生命力的最重要的因素。

二、地方立法中可操作性原则的要求

法律的生命在于实施,从来没有一部优秀的法律是在制定出来之后就被束之高阁,仅仅供人们瞻仰,那样的法律是不可能为人们所接受的,是没有长久的生命力的。

---

① 史建三:《地方立法后评估的理论与实践》,法律出版社 2012 年版,第 152 页。

地方立法可操作性的强弱是评价其立法质量的一项重要指标,也是影响其价值实现的重要因素。而对于地方立法中坚持可操作性原则应当包括哪些具体的评价标准,一直以来都没有一个统一的标准,只是一些学者和立法工作者在研究与实践过程中会有一些零星的归纳,缺乏系统性的总结和统一的标准。而这一统一标准的缺失对于地方立法工作的展开显然是十分不利的。在此,本文结合上海市人大近些年来在地方立法实践过程中践行可操作性原则的情况,归纳总结了地方立法中坚持可操作性原则所应当遵循的标准。

(一)形式要求

1.立法体例选择得当。

地方立法的立法体例一般有三种形式:第一种是"条例",对某一方面事项作比较全面系统的规定,如《上海市轨道交通管理条例》;第二种是"规定",对某一方面事项只作部分的规定,只规定某一方面事项所面对的某一或某些具体问题,如《上海市促进行业协会发展规定》;第三种是"实施办法",对贯彻落实法律、行政法规给出比较具体的规定与做法,如《上海市实施〈中华人民共和国邮政法〉办法》。[1] 在实践中,一部地方立法覆盖哪些领域、涵盖哪些事项、调整哪些行为都是要首先规划确定的,这就要求对所采用的立法体例加以明确。

由于在地方立法过程中,不可避免地会牵涉到一些政府部门利益,所以有些政府部门会千方百计地争取立法项目,争到了立法项目,又想方设法地要制定"条例"。制定条例一般而言就意味着可以从总则到分则,再分章分节,搞"大而全"的法规,这样既体现了该部门参与地方立法、推动法治建设的积极性,也使部门利益在地方立法中得到全面的保护。另外,还有部分立法者抱着地方立法追求"大而全"的陈旧的立法观念开展工作,习惯性地选择"条例"作为立法体例,阻碍了地方立法的发展与进步。

当然,选择"条例"作为地方立法的体例并不是不可以,在遇到一些地方性的事项需要作比较全面的规定时,"条例"就是最为恰当的选择。比如,《上海市产品质量条例》就是对于上海市产品质量安全领域内一系列事项进行的全面而系统的规定,从生产者、销售者等多个环节对于产品质量安全做了详细的规定,而这对于上海市产品质量的规范与提高是十分必要的。但是,并不是所有的地方立法都适合以"条例"作为立法体例,特别是在某些事项已经有上位法全面规定的情况下,相对应的地方立法可能只是在不多的几处地方对上位法的规定进行了细化或者补充,这种情况下就没有必要

---

[1]　孟庆钟:《立法中的博弈——上海地方立法纪事》,上海人民出版社 2007 年版,第 51—62 页。

选择"条例"作为立法体例,否则就可能出现制定出的地方立法大量抄袭上位法的内容,华而不实,白白浪费大量宝贵的立法资源。[①]

2.立法语言精简准确。

立法语言精准的核心问题是地方立法条文中概念的准确,只有每一个概念都清晰明确,为人们所认知和理解,才能达到对于地方立法的遵守和执行。在地方立法中,对于已有定论的概念,应当做到界定清晰,明确具体;而对于尚未形成定论、存在争议或变化发展较快的概念,则可以留有适当的余地。

在《上海市促进电子商务发展规定》的制定过程中,曾经就条文中对于"电子商务"的定义问题展开讨论。上海市人大常委会在对草案进行第二次审议时,有委员提出,电子商务正处于高速发展阶段,现在不可能定义得很清晰,建议所定义的电子商务要为今后的发展留下空间。也有委员提出,规定草案对于电子商务、电子商务企业的定义不够科学,建议予以修改。经过研究,法制委员会认为,对电子商务的内涵和外延,无论是学术界还是实务部门,意见很不一致。鉴于定义应当准确和缜密,而规定草案尚未达到此要求,于是在草案修改稿中删去了原草案第三条第一款关于"电子商务"的定义,同时,将第二款关于"电子商务企业"的分类单列一条作为草案修改稿第二十一条。最后,在草案修改稿中明确了所涉及的电子商务企业的四类模式,虽然不会对法规的实施和电子商务的发展带来不利影响,但是对于"电子商务"仍缺乏明确的定义。

紧接着,在对草案修改稿进行第三次审议时,又有委员提出,在一部这样专门针对促进电子商务发展的地方性法规中,对于"电子商务"的定义是十分必要的,清晰的范围界定更有利于规定的贯彻实施。最后,经过与市政府法制办、市经济和信息化委员会、市商务委员会的反复研究,法制委员会认为,为了便于法规的实施,明确规定所调整的电子商务的范围并作单独规定是必要的。为此,在草案表决稿第三条第一款中规定:"本规定所调整的电子商务,是通过互联网进行销售商品、提供服务等的经营活动。"同时,将原草案修改稿第二十一条关于"电子商务企业"的名词解释作为草案表决稿第三条第二款内容。

由此可见,在地方立法的条文中,每一个概念的提出和明确,都必须经过反复斟酌、周全考虑,既要保证概念的科学准确,给公众以明确的指引,避免误导相关公众;又要兼顾该领域各项事业的实际情况与发展趋势,在下定义的过程中把握好范围与程度,不要阻碍了该领域事业的发展。

---

① 周伟:《论我国地方立法存在的问题及其解决》,《河南财经政法大学学报》2013年第2期,第66—73页。

3.立法条文加强针对性。

地方立法的一项主要功能和使命在于对法律、行政法规进行贯彻执行、细化补充。如何更好地结合本地区的实际情况,解决本地区所面对的具体问题,是地方立法所要面对的挑战。霍尔巴赫在《自然政治论》中对于立法的针对性有过经典的表述:"立法如果能够考虑并且抓住下述因素的一切联系及其相互关系,就能达到完善的地步。这些因素就是国家的地理位置、领土面积、土壤、气候,居民的气质、天赋、性格和信仰。"①对此,地方立法应该明确自身的定位,充分结合本地区内的实际情况,加强其针对性,给相关公众以明确、适用的指引,使得公众在适用和遵守的过程中能够提高效率,节省时间。

例如,《中华人民共和国道路交通安全法》(以下简称《道交法》)第七十六条规定:"机动车发生交通事故造成人身伤亡、财产损失的,由保险公司在机动车第三者责任强制保险责任限额范围内予以赔偿;不足的部分,按照下列规定承担赔偿责任:

(一)机动车之间发生交通事故的,由有过错的一方承担赔偿责任;双方都有过错的,按照各自过错的比例分担责任。

(二)机动车与非机动车驾驶人、行人之间发生交通事故,非机动车驾驶人、行人没有过错的,由机动车一方承担责任;有证据证明非机动车驾驶人、行人有过错的,根据过错程度适当减轻机动车一方的赔偿责任;机动车一方没有过错的,承担不超过百分之十的赔偿责任。交通事故的损失是由非机动车驾驶人、行人故意碰撞机动车造成的,机动车一方不承担赔偿责任。"

虽然《道交法》第七十六条对于机动车发生交通事故造成人身伤亡和财产损失的赔偿责任作了规定,但它比较原则,没有具体的量化规定,实践中仍然不好操作,各地实务部门对此类问题的处理也缺乏统一的标准,处理起来各有不同,造成了一定的困惑。上海市在贯彻落实《道交法》的过程中,针对其中的第七十六条专门制定了《上海市机动车道路交通事故赔偿责任若干规定》(以下简称《若干规定》),在认真分析和梳理目前交通事故处理情况的基础上,重点对《道交法》第七十六条进行了细化补充,作出了具体规定,明确了在各种不同类型的交通事故责任下,各方所应当承担的赔偿责任的额度。这是对赔偿责任额度的进一步量化规定,一方面在交通事故的处理过程中,对于实务部门的处理给出了明确的指导,提高了办事效率;另一方面,也使得交通事故中赔偿责任的承担对事故当事人而言更加有说服力。

---

① [法]霍尔巴赫:《自然政治论》,陈太先,眭茂译.商务印书馆1994年版,第287页。

此外,《若干规定》在第一条中明确规定:"根据《中华人民共和国道路交通安全法》第七十六条等条款以及有关法律、行政法规的规定,结合本市实际情况,制定本规定。"这就使得相关公众在第一时间能够认识到规定所指向的法律条文是《道交法》第七十六条,可以迅速地结合相关条文对整个规定所要解决的具体问题有一个重新的、更加全面的认识。如此简明清晰的表达使得规定的定位与作用得以明晰,极具针对性,为问题的解决节省了大量的时间。

《若干规定》仅用了区区 10 个条文,就极具针对性地对上海市贯彻落实《道交法》第七十六条这样一个上位法中的条文进行了明确,并在公布实施后取得了良好的社会效果。可以说,这是地方立法具有较强针对性的代表案例,同时也是地方立法在立法体例选择上的一个成功案例。地方立法本就应该更加具有务实精神,条文应当具有针对性、实用性,能够解决社会生活中所面临的具体问题。全国性的立法可能由于各地实际情况的不同,需要统筹兼顾,往往不具有很强的针对性,但是作为对上位法贯彻执行、补充细化的地方立法,一定要更加细化、更具针对性,这样才能完成地方立法所承担的使命。

(二)内容要求

1.主体明确细分。

小到一项具体的条款,大到一整部法律,对于法律法规及规范性法律文件而言,首先要明确的就是条文中的主体问题。明确地方立法中的相关主体给相关实务部门开展工作提供了合法性保障,同时也给公众提供了明确的指引,使其可以在行使权利、履行义务过程中找到相对应的实务部门。

上海市在 2011 年颁布实施了《上海市养犬管理条例》,其中第五条规定:"市公安部门是本市养犬管理的主管部门。区、县公安部门负责本辖区内的养犬管理以及相关处罚。市公安部门设立的犬只收容所负责犬只的收容、认领和领养工作。

兽医主管部门负责犬只的狂犬病防疫,指导动物卫生监督机构实施相关管理以及处罚。

城管执法部门负责查处城市化地区饲养、经营犬只过程中影响市容环境卫生的行为。

工商行政管理部门负责对从事犬类经营活动的监督管理。

住房保障房屋管理、卫生、财政、物价等相关行政管理部门按照各自职责,共同做好养犬管理工作。

乡、镇人民政府和街道办事处应当配合有关行政管理部门做好养犬管理工作。"

上述条文明确了公安、城管、工商等各个部门在养犬管理中所扮演的不同角色,其各自都有不同的负责领域,在领域内对相关事项行使职权,各个相关部门可以对号入座地开展各自的工作;与此同时,公众在养犬过程中遇到的一系列问题,在对照法条后也就一目了然了,有什么问题可以对号入座地找到相应的主管部门进行解决。一方面,各个实务部门可以依法就各自领域内的问题展开相关工作,明确工作的内容和重点,提高工作效率;另一方面,公众在一系列繁杂的问题面前,也可以按照法条的指引在对事项进行分门别类之后找到相对应的主管部门,与其进行沟通与对接,提高了解决问题的效率。

2.法律责任明确。

"法律责任作为法律运行的保障机制,是法治不可缺少的环节。"[1]如果说"无救济则无权利"的话,那么在这个道德规范对于人们行为的约束力日趋减弱的时代,"无责任则无义务"的观念似乎已经在许多人的心中埋下了种子。所以,从某种程度上说,任何一项法律责任的明确,都是为了更好地鞭策人们履行义务,给法律义务的履行提供一个保障。特别是在公权力机关职权职责统一的情况下,对职权的怠于行使就可能是对职责的疏忽,对其自身义务的不履行,因此对责任的落实是为了促进义务的履行,保障地方立法的贯彻与落实。

2009年,上海市人大常委会在对《上海市公共场所控制吸烟条例》的草案进行审议的过程中,有委员提出,应当追究控烟行政管理部门和监督执法机构及其工作人员不作为的责任。经过研究讨论,法制委员会采纳了这一意见,增加了一条有关部门和人员的法律责任的规定:"控烟行政管理部门、监督执法机构及其工作人员在控烟工作中,不依法履行职责或者徇私舞弊的,对直接负责的主管人员和其他直接责任人员依法给予行政处分;构成犯罪的,依法追究刑事责任。"这一规定最终以地方立法条文的形式出现在上海市2010年新颁布实施的《上海市公共场所控制吸烟条例》中。

上述规定填补了关于追究相关控烟监管部门渎职责任的空白,明确了控烟行政管理部门、监督执法机构及其工作人员在控烟工作中的违法渎职责任,可以看作是对其依法行使职权、履行职责的一种强调与警示。事实上,法律责任的存在与明确,一方面是为了在出现违法违规的情况、追究责任时,有法可依、有据可循;另一方面,法律责任在很大程度上也是一种给予义务主体的告诫和警示,时刻警示和敦促其依法履行自己的义务。而法律责任无论是作为责任标杆还是告诫警示,只有做到细化具体,才能够真正地形成有价值的标杆和有威慑力的警示,从而促使地方立法更加具有可操作性,

---

[1] 张文显:《法哲学范畴研究》,中国政法大学出版社2001年版,第116页。

促进地方立法的贯彻和执行。①

3.程序设置合理。

如果说关于权利义务等内容的条文解决的是"巧妇难为无米之炊"的问题,那么关于相关程序如何运行的条文所解决的就是"有了柴米油盐之后怎么把这顿饭做好"的问题。显然,为了"做好这顿饭",地方立法中对于某一程序性事项的规定应当更加具体,对于程序的方式、步骤、结果等因素应当细化明晰,使得相关主体可以轻松地了解到程序启动、运行、结果等各个环节,方便其行使权利、履行责任,提高地方立法的可操作性,使各项相关的程序能够顺畅运行,让地方立法更好地得到贯彻与执行。

2010年,在上海市人大着手对《上海市促进行业协会发展规定》进行修改的过程中,针对行业协会的退出机制,各方提出了不同的修改意见。有委员提出,本次修改应当对行业协会的退出机制进行研究,明确行业协会退出的情形、相关处理程序以及行业协会再发起设立的条件等。经过研讨,法制委员会认为,行业协会退出机制的建立,有利于促进行业协会依法照章开展活动,形成进出有序的发展环境。"年检制度"作为社团登记管理部门监督检查的一种方式,可以帮助社团登记管理部门实际了解行业协会的运作、活动情况。

最终,根据《社会团体登记管理条例》第二十七条和第三十三条中社会团体应履行的义务及未履行义务接受相应的处罚的相关规定,从是否依法接受年检的角度设计了行业协会退出的相关机制,在修正案草案修改后的表决稿中增加了有关的条文。

新增加的关于行业协会退出的条文,明确了行业协会注销这一程序的方式、时间、结果等因素,使得行业协会不再处于一个"只能进不能出"的尴尬状态,也避免了一些已经"人走茶凉"、空有一个虚壳的行业协会的存在,进而规范了行业协会的运行,促进了行业协会的健康有序发展。对行业协会退出机制这一程序性条文的规定,可以算得上是《上海市促进行业协会发展规定》修改过程中的一大亮点,其充分了解和把握了行业协会发展过程中所急待解决的问题,有针对性地对行业协会发展过程中所遇到的瓶颈,通过相关机制的设立与完善来突破,切实地加强了《上海市促进行业协会发展规定》的可操作性,解决了实践中困扰相关主体的难题,促进了行业协会的发展。

4.运行渠道明确。

一般情况下,立法者很难直接获取违法行为的一手资料,更多的情况下甚至连违

---

① 毕可志:《论完善对地方立法中法律责任的设定》,河南省政法管理干部学院学报 2004 年第 1 期,第 156—160 页。

法行为的发生都无从知晓,这就需要将广大的社会公众发动起来,充分发挥公众的监督作用。而不管是公众作为相关当事人向执法机关求助,还是公众作为目击者向执法机关报案,都需要有相关的机制作为保障,使公众可以及时与对应的执法机关取得联系、反映情况、表达意见、寻求救济。这些监督机制、救济渠道的建立和完善,必然会大大加强地方立法的可操作性,联系和动员相关力量投入到问题的解决中,改善地方立法的实施效果。

在上海市人大常委会对《上海市公共场所控制吸烟条例》草案进行审议的过程中,有委员提出,草案中赋予了任何个人有举报违反本条例行为的权利,但却没有相关的接受举报的工作机制。这不仅让人联想到日常生活中一个熟悉的场景:一些电视节目中经常出现"欢迎广大观众朋友们来电来函,我们将虚心接受您的意见"这样的一条宣传标语,但是却没有在电视节目中留下联系电话、联系邮箱或者任何联系方式,怎么看都给人一种假模假样的感觉。在对这一问题经过讨论后,法制委员会认为,公民个人的举报权利需要有相应的工作机制来保障落实,建议在禁止吸烟场所所在单位职责中增加规定,要求在禁止吸烟区域的醒目位置提供相关监管部门电话,并在个人与控烟工作有关的权利中增加"可以对不履行禁烟职责的单位,向监管部门举报"规定。上述讨论的结果最终催生了《上海市公共场所控制吸烟条例》第十二条第二款的规定:"禁止吸烟场所所在单位应当在禁止吸烟区域的醒目位置设置统一的禁止吸烟标识和监管部门电话。"

上述规定的确立,明确了监督权行使的渠道与具体方式,使得公众的监督权不再是一个漂亮的摆设。公众在参与监督的过程中不知不觉地影响和带动着自己周围的人,促使一些人在遵守相关规定的同时也能够参与到监督他人的行列,实现了良好的社会效果;而强有力的公众监督又在无形中给有违法意图者造成了巨大的压力,迫使一些人放弃了违法违规的意图。《上海市公共场所控制吸烟条例》在颁布实践后,收获了良好的效果,上海市在公共场所控烟上所取得的成果有目共睹,在全国范围内起到了很好的示范作用。

三、影响地方立法可操作性的因素

(一)地方立法坚持可操作性原则过程中遇到的矛盾与抉择

在地方立法中,对于很多问题的判断与抉择,不管是出于立法技术角度的考虑,还是出于保障最终立法质量的考虑,都是一个取舍和平衡的过程,既要保证地方立法有极强的可操作性,很好地给各种社会关系做出指引;又要在可控范围内给相关社会关系的处理留下必要的可操作空间,更好地保障地方立法的贯彻与执行。下面几对矛盾是地方立法过程中比较有代表性的,也是地方立法在坚持可操作性原则的同时需要着重考察和权衡的。

1. 条文"粗"与"细"之间的矛盾。

在地方立法过程中,仍然有不少立法者持有这样的观点,即"宜粗不宜细""有比没有好""多给实务部门一些空间"。① 诚然,这些观点和看法可能是地方立法在长期发展过程中受某一时期的特定政策等因素的影响而留下的,在当时可能是合情合理的,也是完全符合当时社会发展需要的。然而随着时代的发展,当时的观点越来越不能适应地方立法工作不断发展的新要求。以"宜粗不宜细"为例,地方立法制定得过于"粗",容易给人们造成一种错觉,法律只是一种纲领性、提倡性的宣言,很难对公众的具体行为进行规范和调整,是一种难以适用和操作的行为规范。这不仅不利于相关主体在具体事件中引用法律条款来解决纠纷,更加难以使社会公众形成对法律的信仰,损害了法律的权威。②

那么,是不是只要地方立法对相关事项作出事无巨细的规定,使得每一个实务部门的工作人员能够按照法条机械执法,这样的地方立法就能够收获最理想的实施效果呢?其实不然。实践中遇到的形形色色的社会问题远比想象得复杂,而"细化条文规定"的口号也并不是最近才有人提出的,这么多年以来的地方立法实践中,我们听到了太多这样的呐喊。但对许多问题的理解和解决思路随着时代的发展也在不断发生变化,而我们国家的司法体制决定了我国不能像判例法国家那样,通过一个典型的判例来改变对于某一特定问题的态度和规定,法律的滞后性问题是成文法国家不得不面对并且需要妥善解决的。我们国家的法律法规数量庞大,法律法规的修改完善工作往往存在滞后性,很难做到及时到位,难免会出现一些法律法规与时代脱节的现象。一般来讲,对成文法滞后性问题一个比较普遍也略显无奈的解决方法就是对一些问题的处理采取相对宽泛的规定,在可预见的范围内适当地留下可以选择的余地。当然,此处的"留有余地"并不是为"宜粗不宜细"寻找借口,与坚持可操作性原则中要求规定细化具体也不构成绝对意义上的矛盾。不可否认,地方立法中的规定还是应该坚持细化具体,明确指引,以"细"为指导思想,只是在一些特殊问题的处理上,在"粗"与"细"之间

---

① 雷斌:《改进地方立法的几个问题》,《人大研究》2011 年第 2 期,第 36—39 页。
② 郭世东:《地方性法规可操作性探析》,《江淮法治》2010 年第 4 期,第 46—47 页。

斟酌一番之后，需要在"细"的程度上有所选择。

2.宣示性条款有与无的矛盾。

提及宣示性条款，大家似乎会习惯性地将其与"假大空"联系到一起，对宣示性条款似乎十分反感与抵触。[①] 确实，地方立法中并不乏宣示性条款的存在，例如2009年修订的《上海市节约能源条例》第八条第二款规定："本市鼓励单位和个人采用节能技术和使用节能产品，提高用能效率。"本条明确了使用节能技术和节能产品是受到鼓励和支持的，至于怎么鼓励，公众翘首以盼的真真切切的"好处"却没有了下文，条例中并没有任何其他关于鼓励事项的具体规定。有不少人认为，像这样的宣示性条款在地方立法中可有可无，只是一种"摆设"，是立法者所追求的形象工程；这样的条文看似光鲜、鼓舞人心，却没有任何实际的意义，其存在的实践价值不大。

事实上，在地方立法中，宣示性条款并非一无是处，其存在有自身的必要性与合理性。首先，宣示性条款表明了立法者对于某一事项的立场和态度，对这一事项在法律上进行了定性，明确了其是被法律所肯定与支持，还是被法律所否认与禁止，给公众在对待这一事项时以明确的方向性指引。其次，有些情况下制定针对某一问题的具体规定的条件可能还不够成熟，暂时无法给出成熟有效的解决方案，也就不能给出具体的指引，只能在立法中作相对模糊性的规定，这样在表明立法的立场和态度的同时也为以后相关的法规、政策的出台留下了必要的空间和依据。所以，虽然宣示性条款在地方立法实践中并不被鼓励和提倡，但其存在几乎是必然的。

3.配套规定与具体规定的矛盾。

一些地方立法的可操作性不强，与其配套规定的不完善有很大关系。由于受到当时立法条件、立法技术等因素的限制，对于有些立法中的相关事项，往往很难作出具体的规定，而是授权给政府部门或者其他相关部门制定实施办法、实施细则等配套规定。然而，由于种种原因，很多配套规定不能及时出台，一拖再拖，严重影响了地方立法的有效实施。例如，吉林省1990年制定的《吉林省人民代表大会议事规则》中就有规定："省人民代表大会全体会议设旁听席。旁听办法另行规定。"时至今日，相关的旁听办法也没有出台。可以找到的相关规定仅仅是2000年开始实施的《吉林省公民旁听省人大常委会会议办法（试行）》以及2008年修改实施的《吉林省公民旁听省人大常委会会议办法》，但这些都是对吉林省人大常委会会议旁听的规定，而对吉林省人民代表大会全体会议的旁听问题并没有查找到任何相关的规定。没有相关配套规定作为支撑，

---

① 林开华：《谈地方立法的可操作原则》，《人大研究》2008年第11期，第37—39页。

很多地方立法的条文的实施就没有具体的规定作为保障,其贯彻落实也就无从谈起,自然也就成了"摆设"。

有些人不禁有这样的疑问:既然配套规定有时难以及时出台,和相关地方立法形成对接,那么为什么在进行地方立法的时候,不直接对相关事项作具体规定。其实,地方立法的具体规定之所以不能完成所有的任务,需要有相关配套规定的补充完善,原因主要在于以下几个方面。首先,由于所规定的事项具有较高的复杂性,当时的立法条件还不成熟,还不能够给出行之有效的解决方案,相关规定的制定也就只能暂缓。其次,地方立法在制定过程中,往往有相关的实务部门参与到草案的起草与修改中来,由于这些地方立法的实施往往与这些实务部门的管理执法工作密切相关,所以由实务部门对一些具体的操作程序之类的事项制定相应的配套规定可能更加有助于其提高工作效率,从而促进地方立法的贯彻与执行。最后,我们国家当前正处在全面深化改革的关键时期,自上而下的由行政推动改革的模式一直得以延续,也是效率比较高的一种模式。但无论什么改革都必须在法律的框架内进行,而成文法的稳定性与滞后性又决定了其难以成为引导改革的中坚力量。因此,在地方立法中会存在一些对政府及实务部门制定相关配套规定的授权,这样做虽然给这些部门创新性工作的展开提供了条件,但也在一定程度上给改革留下了空间。

(二)地方立法实践过程中可操作性不强的原因

地方立法的可操作性不强,从表面上看是因为地方立法条文的表达与设计有所欠缺,立法技术有待提高。其实,在地方立法可操作性不强的背后还有一些更深层次的因素在起作用,影响着地方立法的可操作性,左右着地方立法的质量。只有真正把这一部分原因分析清楚,并采取相应的对策,才能够真正地从本质上解决问题,增强地方立法的可操作性,提高地方立法的质量。

1."大政府"环境的影响。

我国是一个行政权力相对强势的国家,长期以来我国的改革与发展都是以"大政府"环境为背景,行政权力一直以来都是社会发展最有力的推手。而行政权力具有天生的扩张性,其强势的背后不可避免的是对立法权、司法权等的干预与影响。受到影响的立法又进一步以法律法规等形式对行政权力加以确认和巩固,使得行政权力的扩张变得合法化,逐渐形成了一个恶性循环。[1]

行政权力的过度强势对地方立法的可操作性也有着不小的影响,主要表现在以下

---

① 周静文:《浅析地方立法的"可操作性"特征》,《法制与社会》2014年第6期,第149—151页。

几个方面。第一,地方立法中对行政机关进行赋权的规定偏多,而对行政机关行使权力的条件、范围、限制、责任等方面则规定较少。第二,地方立法中对行政相对人的权利进行明确的规定较少,对其义务的规定则很多,行政机关权力的扩张与行政相对人的权利的收缩形成了强烈的反差。第三,地方立法中一些行政程序的设计多从便利行政机关行使权力的角度出发,对行政相对人行使其权利的难易程度的考虑较少。可以说,行政权力的强势,打破的是地方立法中权利与义务、权利与权力的平衡,而这一平衡的打破,使得行政机关权力的扩张具有了正当性,同时制约了行政相对人行使权利的正当性和充分性。说得夸张一点,这样的地方立法更像是行政机关对某些事项的"操作规范",纯粹在为行政机关服务。所以,受强势的行政权力影响的地方立法往往在行政机关与行政相对人各自权利义务的设定上有失偏颇,这样的地方立法其可操作性自然难以保障。

在"大政府"环境之下,地方立法中行政权力进一步扩张的原因是多方面的,主要包括以下几点。第一,立法观念落后,立法指导思想有待更新。地方立法的目的和归宿并不完全在于更好地服务于行政机关,使其顺利行使权力、提高行政效率,更在于监督和规范行政机关行使权力,督促其在发挥行政管理职能的同时也能够更好地提供公共服务。第二,部门利益驱动。立法是一个权力分配和平衡的过程,在这一个过程中,各方都不可避免地会积极寻求自身利益的最大化,而作为其中的一个强势者,行政机关也不例外,在利益的驱使下,其势必尽其所能地发挥其影响力,为自己在地方立法中争取权力和利益。第三,立法体制不完善。地方立法实践中,多数立法项目的提案都是来自于行政机关,不少地方立法的草案也都是由行政机关起草,这种"既当运动员又当裁判"现象的出现必然会导致地方立法中行政权力的扩张。实际上,综合上述地方立法中行政权力进一步扩张的原因,不难看出,行政机关在地方立法过程中的参与和强势是最根本的也是最应该引起关注的。

2. 立法调研论证不充分。

任何一部法律、法规或规范性法律文件都不可能是闭门造车的产物,要想具有较强的可操作性、获得广泛的认可与遵守,就必须在制定时进行充分的调研和分析论证。只有真正做到"对症下药",才能有针对性地解决具体的问题。地方立法是针对一定地区内某一事项的具体规定,其所针对的对象、范围等都更加明确和具体,所要解决的问题更加真切实际,地方立法中的相关规定也越要求细化具体,能够给出细化明确的指引,行之有效地解决问题才行。这就要求地方立法过程中进行必要而充分的调研工作,真真切切地把握好实际情况。然而,由于地方立法工作任务的繁重、地方立法资源的有限性等因素,实践过程中往往忽视了相关的调研工作,导致对一些实际情况把握存在偏差,对问题重点的认识与处理存在不足,未能真正做到结合地方实际作出判断与抉择,使得最终出台的地方立法的规定不切合地方实际,收获的社会效果不佳。实践中,这种在地方立法过程中忽视调研论证,盲目追求地方立法"效率",导致地方立法质量不高、可操作性不强,无端浪费宝贵的地方立法资源的情况也屡有发生,必须引起足够的重视。[①] 地方立法过程中调研不充分的情况主要表现在以下几个方面。

第一,对于社会需求的把握不到位。80％以上的立法项目来自政府部门,意味着在立法项目的提出过程中不可能有太多来自民间的群众的声音。虽然我们所说的"法律面前人人平等"并不涵盖立法权的平等,但是社会公众是法治社会运行的基础,能够得到社会公众广泛认可的立法需求不应该被忽视。而目前的地方立法实践中,没有有效的渠道和机制将具有代表性的、得到广泛认可的立法需求引入地方立法的程序中来。

第二,对于实际情况的把握不到位。有相当一部分的地方立法草案由政府部门起草,虽然草案还要经过两到三次的审议修改才会形成表决稿,但是一部地方立法在草案第一次完整呈现时,其基调已经基本奠定。在对草案进行审议修改过程中,起草部门往往会被要求对一些具体的问题进行解释和说明,然而这些解释和说明毕竟只是"一家之言",对于一些具体的问题,作为与地方立法有着直接利害关系的政府部门对草案的起草、解释和说明在一定程度上是很值得推敲的;在地方立法过程中对某些问题的认识存在模糊时,要想真正把握好实际情况,找到问题的症结所在,就必须依赖于一手的资料,必要的调研在地方立法中是必不可少的。"没有调查就没有发言权",只有及时的调研论证才能够使地方立法者对当时的实际情况有一个最新的了解和把握,地方立法才能够真正地做到因地制宜与因时制宜。

3.授权条款不规范,配套规定不完善。

授权条款在地方立法中出现的频率颇高,作为地方立法的常见组成部分,授权条款的存在是制定出台相关配套规定的依据和保证,是地方立法得到贯彻和落实的重要保障。相应的,授权条款的不规范,必然导致相关配套制度的不完善,地方立法中一些具体的规定无从落实。地方立法中授权条款的问题主要体现在以下几个方面。

第一,授权期限不明确。目前,地方立法中授权条款的表达五花八门,虽然都基本明确了被授权主体与授权内容这两大基本要素,使得授权条款具有了最基本的可操作

---

① 汤唯、毕可志:《地方立法的民主化与科学化构想》,北京大学出版社 2006 年版,第 256 页。

性,然而在授权条款中却几乎看不到对于授权期限的规定。诚然,并不排除有些事项具有相当的复杂性,涉及的面也很广,需要被授权主体在综合考虑各方面因素之后审慎地做出决定。但这些可以预见的客观原因并不是决定性的,任何一项规范性法律文件的制定都是一项复杂的系统工程,也正因为如此,它们事关重大,有关部门在承担起制定规范性法律文件的任务的同时,就应该引起足够的重视,投入大量的人力物力到相关的规范性法律文件的制定中。而地方立法中授权期限的普遍缺失,在一定程度上是对被授权主体在制定配套规定过程中的积极性与主动性认识不足的结果。实践中,在地方立法出台后,只有很少一部分的配套规定能够在授权之后的六个月内制定出台。① 大多数配套规定都在被授权后一年才得以制定出台,更有极少数配套规定在授权之后一拖再拖,几年后都没有制定出台。

第二,对于授权条款的实施缺乏必要的监督。一项制度法规要想得到落实,一方面要靠相关主体主动遵守执行,另一方面离不开有关监督机制的督促。地方立法中一些授权条款收效不佳,很大程度上要归咎于缺乏有效的监督机制。目前,对授权条款实施情况进行监督的主体并不明确,监督的机制也尚未确立。上海市虽然早在2004年就颁布实施了《上海市行政规范性文件制定和备案规定》,并于2010年对其进行过一次修改完善,以此建立了规范性文件备案监督机制,但是作为一项备案监督机制,其监督往往具有事后性与被动性等不足,发挥的作用相对有限,并且由于其审查的对象主要是规范性文件制定的合法性,与上文所说的建立对授权条款实施情况的监督还有着不小的差距。对授权条款实施情况的监督,应该是一种更加主动的、能够督促配套规定及时出台、有助于地方立法得到补充完善的监督。就目前的实践经验来看,对于监督主体,无外乎授权主体、配套规定的备案机关、被授权主体的上级机关这几种选择。然而,法律法规没有明确的规定由谁作为授权条款实施的监督主体,在法无明文规定的情况下,以上罗列的主体谁都不可能主动承担起这个责任,这就导致了各方面监督的缺位,有效的监督机制更是无从谈起。

① 李平:《地方性法规和规章授权制定规范性文件的理论和实务研究——以上海市立法实践为例》,《政府法制研究》2008年第2期,第1—42页。

四、提高地方立法可操作性的制度保障

(一)推进科学立法、民主立法

1.建立科学的立项论证制度。

上海市的法规立项论证工作开展得较早,并且制定有《上海市人大常委会立法项目立项论证工作试行办法》,专门对上海市地方立法中的项目立项论证工作进行指导。其中,明确将立项论证的对象分为"拟列入下一年度立法计划正式项目的立法项目"和"本年度立法计划预备项目、调研项目拟转为正式的立法项目"两类,所以其工作程序也主要分为两种。①

(1)"拟列入下一年度立法计划正式项目的立法项目"由立法项目建议单位自行论证。立法项目建议单位应当先行开展项目论证,并向市人大常委会提交立项论证报告。对于立项论证报告,市人大有关专门委员会、常委会有关委员会、常委会法制工作委员会、市政府法制办公室和市政府主管部门分别进行审查论证、研究协商。各方意见比较一致,认为论证比较充分的,建议列入下一年度立法计划正式项目,由法工委汇总,提请常委会主任会议决定。各方意见不一致的,可以组织联合论证或者建议列入下一年度立法计划预备项目、调研项目。常委会主任会议对建议列入年度立法计划的正式项目逐项审议,决定是否立项。

(2)"本年度立法计划预备项目、调研项目拟转为正式的立法项目"则需要进行联合论证。联合论证组主要由市人大常委会有关委员会、常委会法制工作委员会、市政府主管部门相关负责人、市人大代表和立法及相关领域专家组成。"本年度立法计划预备项目、调研项目"的来源主要是在上一年度立项报告论证时各方意见不尽一致的项目。这些项目要进入正式立法项目,必须取得各方意见的一致,而解决这一问题的办法就是组织联合论证组再次进行论证。

地方立法立项论证的重点围绕地方立法的必要性和可行性展开,包括立法目的是否明确、立法是否必要、是否与上位法相抵触、拟制定的地方立法是否具有操作性、选择何种立法体例等事项。在这当中,对于拟制定的地方立法是否具有操作性的论证占据了很大的比重。对于拟制定的地方立法是否具有操作性的考察论证,应重点注意以下几个方面。第一,拟制定的地方立法所要解决的关键问题是否已有相关的规定,如

---

① 闫鹏涛:《地方人大法规立项论证机制模式探讨》,《人大研究》2011年第7期,第40—41页。

果已有相关的规定,拟制定的地方立法只是在原有的规定的基础上加以修改完善,那么应当着重考虑原有规定的实施是否顺利,是否存在重大困难和障碍,对以往操作过程中暴露出来的问题应作针对性的改进和完善。第二,如果拟制定的地方立法完全属于创新性的规定,相关领域完全没有任何相关的规定和实践经验可循,则应考虑对拟制定的地方立法所涉及的关键问题进行针对性的调研,对于实践操作中可能遇到的问题有一个把握和预判。第三,应当充分发挥调研的作用,对于某一问题的认识,立法者往往各有各的见解,但是当对于某一问题的认识与判断出现模糊时,除了运用立法者的知识储备、专家学者的专业观点之外,还需要通过调研的方式获取一手的信息和资料,通过对真实情况的及时把握来进一步论证拟制定的地方立法的必要性和可行性。①

2. 推动完善"开门立法"、民主立法制度。

所谓的"开门立法",就是在立法过程中坚持走群众路线,立法过程向群众公开,让群众参与,实现立法民主化。具体而言,就是通过公开征求立法建议、立法听证等方式,让民众的意志从立法的最初阶段就得到体现,从而提高立法的透明度,使立法更好地集中民智、体现民意、符合民心。

我国 1954 年宪法的制定过程,可以说开创了"开门立法"的先河。当时曾在全国范围内公布宪法草案,并公开征求意见。讨论的时间长达两个多月,参与讨论的人数多达 1.5 亿人。在经历了"文化大革命"后,1982 年宪法在制定时,充分借鉴了 1954 年宪法广泛征求公众意见的成功经验,将新宪法草案向社会公布长达 4 个月,向全社会征求意见。此后,一些对公众有重大影响的重要法律草案,都会向全社会公布,通过新闻媒体向全社会进行全文公布,公开征求公众意见。社会各界可以将相关的意见和建议直接寄送给全国人大常委会法制工作委员会或者通过中国人大网站等渠道进行表达。② 上海市在"开门立法"方面的实践也不落人后,分别在 1999 年、2001 年、2009 年先后通过了《关于地方性法规草案公开征求市民意见的暂行办法》《上海市地方立法听证规则》《上海市人大常委会向社会公布法规草案工作程序》,通过一系列详细的规定保障了"开门立法"的顺利实施。

任何一部地方立法都不可能是闭门造车的产物,地方立法要想得到顺利实施,既离不开社会公众的认可和遵守,也离不开基层执法部门的配合与遵守。如果一部地方

---

① 李刚:《关于地方立法选项机制的思考》,《人大研究》2003 年第 1 期,第 26—28 页。
② 刘乔乔:《论我国民主立法中的问题及完善》,华东政法大学,2012 年。

立法在颁布之初就被公认为是一部恶法,受到各类社会主体的抵制,那么这部地方立法注定是失败的,是得不到贯彻落实的,这样的地方立法是不会有长久的生命力的。所以,在制定地方立法的过程中,应当抱着更加开放、民主的态度来听取社会公众、机关组织等的意见和建议。一般情况下,对于一部地方立法而言,社会公众是社会生活的基础,地方立法需要得到其认可和遵守,而社会公众在立法过程中的参与和意见保证了地方立法不会脱离群众,偏离实际,成为群众眼中的"恶法"。

虽然我国在"开门立法"上早有实践,并且长期以来也一直坚持这么做,然而"开门立法"在开展过程中还是存在着一些不足,主要表现在民主参与程度不够。在地方立法实践中,公众参与地方立法主要集中在法律草案的公布征求意见阶段,以及法律草案形成后通过举行立法听证会对重点关注问题的修改完善阶段,而在立法规划以及立法项目的确立、法律草案的起草等阶段,公众参与则往往比较少。诚然,一般情况下民主和效率之间都存在着一定的矛盾,两者很难兼顾。出于立法效率的考虑,地方立法过程中不可能实现事无巨细的民主,但是诸如立法项目论证这样关系到之后整个立法进程顺利与否以及将来立法实施效果的环节,则无疑应该有更多的公众调研、公开参与,充分听取公众的声音,了解公众的想法与需求。①

(二)完善立法体制

1.探索建立专业化的地方立法起草机制。

在我国目前的立法实践中,还没有形成专业化的地方立法起草机制,绝大多数的地方立法草案都由政府的相关实务部门起草,这样的做法在立法技术相对发达的国家是不多见的。在地方立法中形成专业化的起草机制,由专门的地方立法起草团队负责起草工作,有助于保证起草工作的客观、公正、高效,从而为进一步保障地方立法的可操作性、提高地方立法的质量打下基础。

建立专业化的地方立法起草机制,对地方立法机关的人员提出了更高的要求。要想保证起草团队的顺利运作,一方面要求立法工作者具有很强的专业素质,对某一领域也有相当深的了解和研究;另一方面,由于立法工作者人员的有限性,光凭地方立法机关的人员很难承担繁重的工作任务,还需要有相当多具备专业知识的人员在背后提供必要的支持。对此,很有必要借鉴许多西方国家采取的立法助理制度。立法助理,是指协助立法机关及其组成人员履行立法职责、完成立法工作的具有专门立法知识的

---

① 久思:《关于地方立法选项机制的思考》,《吉林人大》2013年第1期,第22—24页。

人员。① 同样倚重成文法的德国,早在 1950 年,其众议院就有 508 名立法助理,他们都是具有专业立法知识和技能的法律专业人士,从事大量的立法辅助工作,给立法机关及其组成人员提供了强大的支持,保证了立法机关的流畅运转,使得立法工作可以顺利高效地进行。2002 年,深圳市人大常委会与 19 名拥有硕士及以上学位的法律专业人士签订协议,使其成为我国首批兼职立法助理。② 面对与日俱增的立法任务,我国的立法机关的人员规模有限,立法资源严重短缺,迫切需要得到有力的支持,而立法助理制度很好地弥补了这一不足,给立法机关提供了强大的后援,值得借鉴和推广。

地方立法起草的专业化,不仅是对地方立法某一具体操作环节的流程化、专业化,其所带来的益处也是显而易见的。首先,提高地方立法起草的效率和质量。任何一项机制或操作方式的确定,都意味着一类事项的处理有了标准化的流程及专门的人员进行处理,这就避免了由人员、程序的不确定带来的麻烦,也省去了人员统筹协调方面许多不必要的困扰,在立法资源十分有限的情况下,这样的效率提高是令人欣喜的。另外,专业的立法工作者对于立法专业知识及立法技能的把握要远远高于相关实务部门的人员,由其起草的草案在立法技术上会有很大的提升,在语言表达、条款设计等环节都更加严谨、周全,有助于提高地方立法草案的质量,也降低了草案在审议过程中修改的工作量,从而进一步提高了地方立法的效率。其次,避免实务部门对于草案起草的过多参与。目前的实践操作中,许多地方立法的草案由相关实务部门所起草,这样的操作方式有利有弊。其好处在于,相关实务部门长期在行政执法一线开展工作,对实际情况的把握、解决问题的经验积累是地方立法机关所无法比拟的;但是这种做法的弊端同样明显,相关实务部门作为执法者起草地方立法,这种在一定程度上给自己授权的行为可能会带来行政权力扩张、公民权利无法得到充分保障的结果。地方立法起草的专业化避免了实务部门在地方立法起草过程中的过多参与,弱化了行政权力对地方立法的影响,避免了部门利益在地方立法中的过多体现,有效地保证了地方立法的独立性。需要说明的是,地方立法起草的专业化不同于一些学者所提倡的立法回避制度,立法回避制度要求相关的实务部门在与其有利害关系的地方立法的制定过程中完全回避。这种做法似乎有一些矫枉过正的嫌疑,相关实务部门毕竟最为了解所迫切需要解决的问题,完全将其排除在外,丝毫不征询其意见,显然是不合适的,这也不利于

---

① 吴大英、任允正等:《比较立法制度》,群众出版社 1992 年版,第 252 页。
② 曹胜亮:《论地方立法的科学化》,《法学论坛》2009 年第 5 期,第 64—68 页。

地方立法可操作性的提高,同时与开门立法、民主立法的原则也是相违背的。①

2.充分利用立法说明制度。

《立法法》第四十八条规定:"提出法律案,应当同时提出法律草案文本及其说明,并提供必要的资料。法律草案的说明应当包括制定该法律的必要性和主要内容。"由此可见,一部立法的法律案中必须包含立法说明。立法实践中,立法说明一般具体包括以下几块内容:制定法律的必要性,法律草案的起草过程,草案中需要说明的问题,结语。在这几块内容中,法律草案中需要说明的问题这一部分应该是篇幅最长、内容最多、最为主要的部分。这一部分对人们关心的法律草案的一些具体问题作了阐释,其内容包括法律概念的理解、具体条款的适用、法律原则的遵循等多个方面。

立法说明在地方立法中的重要性不言而喻。一方面,伴随着法律草案一起送交立法者手中的立法说明给了立法者对某一问题的初步认识,使得对某一特定领域并不十分了解的立法者有了一个大概的认知和理解,有助于对立法草案进行进一步的研究讨论;另一方面,立法说明也在很大程度上影响着今后立法解释的方向。进一步来说,立法说明对地方立法的可操作性而言,也有着不可替代的作用。面对一个个针对不同领域全新的法律草案,不要说是立法者,即使是来自该领域的专业人士,恐怕一时间也不能够完全弄明白所有法律条款的意思,更不用说其背后想要达到什么样的立法效果。所以,立法说明的存在是必要的和必需的。立法说明使得立法者对某一问题有了初步的理解,避免了很多不必要的重复劳动,当然立法者也应当带着辨证的眼光和对法律的独到认识来审视立法说明,有些问题并不是言之有理即可,立法者在立法说明的帮助下能理解的一些问题,法律颁布实施后普通公众未必能够理解,未必会配合法律的实施,这就会使法律的可操作性大打折扣。所以,在利用立法说明制度的过程中也应当尽量做好以下两个方面的工作。第一,立法说明应当尽量精简通俗地将内容阐释清楚,便于立法者理解之后展开研究和讨论;第二,在撰写立法说明的同时,不断反思法律草案的条文是否还可以更加优化,通过法律草案与立法说明的不断互动修改完善来实现立法的最优化。

3.严格规范配套规定制度。

上文分析表明,一些地方立法的可操作性不强与配套规定的不完善有很大关系。由于很多配套规定不能及时出台,一拖再拖,许多地方立法中的条文缺少具体的操作办法,不具有可操作性。而没有相关配套规定作为支撑,地方立法的贯彻落实也就大

① 周霞、陈邵辉:《控权论视域中地方立法的反思》,《江西金融职工大学学报》2007年第6期,第75—77页。

打折扣,自然而然地成了漂亮的"摆设"。

要增强地方立法的可操作性,抓好相关配套规定的制定是相当重要的一个方面。在地方立法实践中,配套规定制度还存在着一定的不足,相关配套规定制定拖沓落后的现象屡有发生,这主要是由以下几个方面的原因造成的。首先,政府和相关部门对配套规定的重要性认识不够,积极性不高,没有把配套规定的制定摆到突出的位置,没有花大力气去抓这一部分的工作。其次,一些配套规定制定难度较大,新的制度、新的规定仍需在实践中总结、积累经验,这无疑也需要有一个过程。但立法工作中遇到困难是难免的,任何事情都有一个从难到简的过程,不能因为所涉及的社会关系复杂等客观原因就怠慢了相关配套规定的制定工作。最后,几个被授权机关之间就相关配套规定的事项难以达成一致,彼此之间又互不让步,不肯妥协,导致相关配套规定久久不能出台。

为了增强地方立法的可操作性,保证地方立法得到贯彻与执行,应当进一步规范配套规定制度,确保配套规定及时出台,尽早地发挥配套规定所应有的作用。具体而言,要做好以下几个方面的工作。第一,加强宣传教育,调动被授权主体的主观积极性。加强宣传教育,让被授权主体充分认识到相关配套规定的制定对贯彻落实地方立法的重要性,调动其主观积极性,把制定相关配套规定的工作摆在突出的位置,作为工作的重点来抓。第二,应当建立和完善配套规定出台的保障机制。首先,在编制立法规划或者年度立法计划的时候,应当充分考虑其中的立法项目是否需要有相关的配套规定,如有需要,应当尽早研究,尽早准备。其次,对于某些特别重要又十分紧急的立法项目,在设计之初就已经明确由配套规定设计的,应当将配套规定的草案与法规草案一起进行同步审议。再者,在地方立法通过之后,如有需要制定相关配套规定的,立法机关应当积极组织研究,配合相关被授权主体制定相应的配套规定。最后,对于配套规定的制定,应当明确授权的期限,以此来敦促被授权主体积极行动起来,及时出台行之有效的相关配套规定。第三,建立和完善对地方立法中授权条款实施情况的监督。制定配套规定的法律依据一般在于地方立法中的授权条款,所以在某种程度上,对授权条款实施情况的监督就是对配套规定制定情况的监督。鉴于目前对授权条款的实施没有一个明确的监督主体,也没有明确的监督制度,建议明确由授权主体作为监督主体来监督配套规定的制定,由其指派专门的人员定期对配套规定的制定情况进行了解和调查,将各个阶段配套规定的制定进度与情况制作成报告的形式提交给监督主体,监督主体通过定期审阅相关报告来了解配套规定制定的具体情况,并进一步配合督促被授权主体及时完成配套规定的制定。